表征的秩序

重写纪实影像史

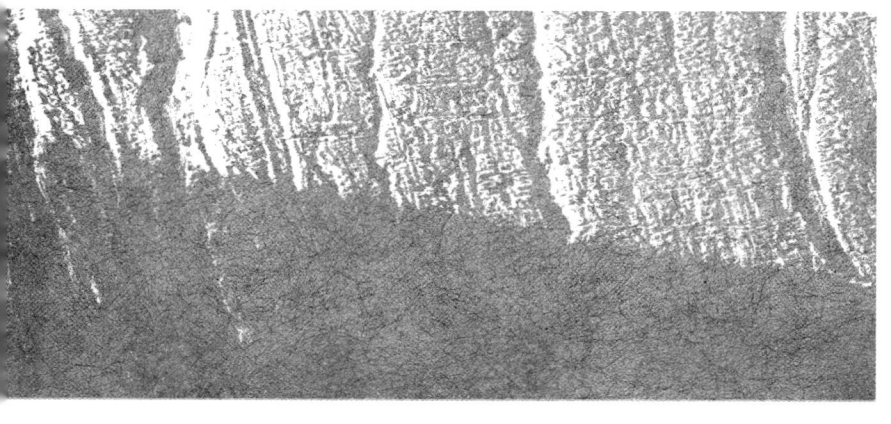

李莹 著

中国社会科学出版社

图书在版编目(CIP)数据

表征的秩序:重写纪实影像史/李莹著. —北京:中国社会科学出版社,2023.5
ISBN 978-7-5227-1730-2

Ⅰ.①表… Ⅱ.①李… Ⅲ.①知识分子—社会生活美—研究—中国—晚明 Ⅳ.①D691.71

中国国家版本馆 CIP 数据核字(2023)第 061710 号

出版人	赵剑英
责任编辑	郭晓鸿
特约编辑	杜若佳
责任校对	师敏革
责任印制	戴 宽

出 版	中国社会科学出版社
社 址	北京鼓楼西大街甲 158 号
邮 编	100720
网 址	http://www.csspw.cn
发行部	010-84083685
门市部	010-84029450
经 销	新华书店及其他书店
印 刷	北京明恒达印务有限公司
装 订	廊坊市广阳区广增装订厂
版 次	2023 年 5 月第 1 版
印 次	2023 年 5 月第 1 次印刷
开 本	710×1000 1/16
印 张	21
插 页	2
字 数	284 千字
定 价	108.00 元

凡购买中国社会科学出版社图书,如有质量问题请与本社营销中心联系调换
电话:010-84083683
版权所有 侵权必究

目　录

第一章　引言 …………………………………………………………（1）

　第一节　研究问题的提出 ……………………………………………（1）

　第二节　选题背景及意义 ……………………………………………（4）

　第三节　文献综述 ……………………………………………………（35）

　第四节　研究方法 ……………………………………………………（55）

　第五节　本书结构安排 ………………………………………………（57）

第二章　作为"奇观"的秩序：19世纪末—20世纪20年代现代视听媒介的早期发展与纪实影像的"个体复制" …………（67）

　第一节　分离"观察"与分离"传播"：摄影术与电报 ………（68）

　第二节　分离人所"可见"与机器所"可见"：留声机、活动摄影机与早期电影实践 ……………………………………（73）

　第三节　作为工业巨兽的媒介：电影工业与广播 ………………（82）

　第四节　早期"个体复制"纪实影像实践的顶点：弗拉哈迪与维尔托夫 ………………………………………………………（90）

　第五节　小结 …………………………………………………………（102）

— 1 —

第三章 作为"节日"的秩序:20世纪30—50年代现代媒介组织化扩张与纪实影像的"组织复制" …… (106)

第一节 法团主义组织化的媒介事业:广播的普及与电视的初步发展 …… (107)

第二节 法团主义组织化的媒介技术:从无声电影到有声电影 …… (111)

第三节 "组织复制"式纪实影像实践:以格里尔逊与劳伦兹为例 …… (120)

第四节 秩序的落实:第二次世界大战期间的纪录电影 …… (151)

第五节 作为"节日"的秩序:制作想象,汇聚意志 …… (161)

第六节 小结 …… (164)

第四章 作为"反思"的秩序:20世纪六七十年代现代媒介的自我表征与纪实影像的"机构复制" …… (167)

第一节 "媒介发明自身"的媒介:电视的起飞及发展 …… (168)

第二节 "机构复制"式纪实影像实践:"直接电影"与"真实电影" …… (179)

第三节 作为"反思"的秩序:自反的现代媒介 …… (207)

第四节 小结 …… (211)

第五章 作为"建构"的秩序:20世纪八九十年代电子媒介全球化扩张与纪实影像的"社会复制" …… (214)

第一节 电子视听媒介的全球机构化扩张 …… (215)

第二节 "社会复制"式纪实影像实践:"新纪录电影"对"自我表征"的延续与颠覆 …… (225)

第三节 作为"建构"的秩序:从以现实建构影像到以影像建构现实 …… (234)

第四节 小结 …… (237)

第六章 作为"日常"的秩序:20世纪末21世纪初数字化、互联网的媒介巨变与纪实影像的"个人复制"回归 …………(240)

 第一节 视听媒介的信息化逻辑转向:数字化与互联网……(241)

 第二节 新一轮"个人复制"式纪实影像实践:从作为物的影像到作为行为的影像 ……………(245)

 第三节 作为"日常"的秩序:当"秩序"本身已不再必要? ………………(298)

 第四节 小结 ………………(301)

第七章 结论 …………(305)

 第一节 研究发现 ………………(305)

 第二节 研究局限与展望 ………………(321)

附录 主要参考影片 ………………(322)

致谢 ………………(327)

第一章 引言

第一节 研究问题的提出

自从致力于视觉和听觉的记录与传输手段的基本媒介技术诞生以来，如摄影术、留声机、电影，它们对人类生活图景与视听感觉的复制能力对我们的普遍认知来说一直是一个强大的隐喻。对人类自己造成的这些媒介技术及其造物，我们的期许是双重的，一方面希望它们更透明、更不受意志转移地臣服而不是凌驾于人类的认知，另一方面则希望它们对现实的表征更高效、更浓郁、更言之有物；既忠实于反映，又活跃于表述，既投注于观察，又致力于传播。这一对中介物的双重期许的固有矛盾张力，可见于诸多现代媒介表征的历史叙事中，纪实影像史就是一个典型。

视听媒介承载了我们想要更好地认识现实进而改造现实的希望。在媒介文化形式上，这最典型地表现为主流纪实影像史的研究对象——这其中，如果说新闻片、电视新闻报道、电视纪实娱乐节目、教育宣导片等更偏单向大众传播的常规传媒产品被视作传媒产业视听流的一部分，而更多地被纳入大众传媒研究的话，那么一直以来被认为更"高级"的纪录电影作品，则被认为是艺术家与社会行动家创造力的产物，于是与电影艺术史一样，纪录电影在不同时期出现的典型人物、风格与流派，既是特定时空语境的产物，更是积极能动的文化实践的结果，因此一直以来被作为历史叙述主线加以强调。

作为传媒产品与作为电影艺术这两种研究纪实影像的取向，各自都已相对成熟；然而，若论广义的"纪实影像"（audiovisual documentary）——借助视听手段对现实时空的索引性（index）复制能力对现实世界进行的技术性复制，使被记录的现实可供传播——则太过庞杂，我们甚至可以说，单就索引性所保证的证据与档案价值的话，监视摄像头的自动录制、搁置未用的纪录片素材、电视采访中不经意的录音、我们所有人用手机随手记录的生活日常都有可能成为纪实影像，视听媒介的索引性保障了这个潜力。所以在研究纪实影像史时，作为传媒产品与作为电影艺术的两种大方向仍然具有必要性，只有这样才有探讨问题的可能，而不是迷失在无法把握的研究对象里。

但这就为我们更好地认识纪实影像的社会意义带来了问题：在研究中对研究对象的必要聚焦，是否也将视角变得狭窄甚至偏颇？我们真的能在纪实影像研究中自足于这种"真空"状态，预设那些无法把握的潜在纪实影像不具有力量吗？事实上，当下高度现代社会普遍的影像化已经给我们一种被包围甚至淹没的普遍感受，这种感受本身可能会大大影响对纪实影像的传媒产品与艺术表达形式的认识与态度。

就纪实影像尤其是纪录电影史来说，有一点一直没有得到明确：我们是通过媒介技术的中介来达成生产与传播的，而媒介本身并不是反映式地被动等待人们需求与目的的召唤，而是随着量变与质变的螺旋上升而具有增长和改变自身的可能。前文提到的那些广义纪实影像的遍在就是一个例子，它们不会因暂时未能获得意义与价值就立即自动消失，同样也不会因曾具有的重大意义与价值而维持永恒。人与现实之间永远需要媒介才能生产与传播，这在现代视听技术的自动机制下变得更为便捷深入，也更加脱离人的主观控制，使媒介技术的存在感再也无法被忽视。

纪录片、纪实，一方面作为一种话语、一种承载着某种历时性的意识形态变迁的媒介表达类型，需要在社会历史环境考察中开展语境化研究；另一方面，纪录片赖以形成的影像复制特性——"现实驱动的表征"[①]，本身也在经历媒介技术实现与传播扩散的变迁：无论是卢米埃尔活动电影机相比爱迪生"黑玛丽"带给电影的"在日常生活中诞生"[②]，还是电影从无声到有声的变革、两次世界大战期间大量影像资料的留存为汇编影片创造的丰富条件、20世纪六七十年代电视的发展与轻便摄录设备的革新，一直到20世纪末21世纪初DV的流行，数字媒介与互联网信息传播技术的发展，纪录片内容与形式转折都伴随着其物质存在条件的巨大变化。

但是一直以来，围绕着"人如何尽可能接近真实现实"和"人如何尽可能用现实进行表达"两者之间的张力进行线性发展式历史叙事的纪录电影史，遵循着文化工业研究与艺术创作研究以产品/作品为研究客体、将其进行对象化的思考方式，而更多地将媒介技术变迁作为历史语境及工具化手段的一部分，而作为产物的形式与风格特征才是研究的核心。于是主流纪录电影史的线性构建在20世纪末现代世界开始被高度媒介化时，也开始出现解释的困难。比如在概括始自20世纪七八十年代，相对于之前被"直接电影"与"真实电影"推至顶峰的纪实主义话语来说更为多元和具有反思性的纪录电影创作转向时，一个普遍被使用的历史特征概括是"新纪录电影"，学界与业界在这一概括之下汇聚了各种迥然有别甚至相互矛盾的纪录电影多元探索（详见第五章）——在无法延循线性历史叙事

---

① Renov, *Theorizing Documentary*, New York & London: Routledge, 1993, p. 1.
② Langlois, 转引自 Barsam, R., *The Vision of Robert Flaherty: The Artist as Myth and Filmmaker*, Bloomington & Indianapolis: Indiana University Press, 1988, p. 42。

之际，当下对纪录电影研究来说最恰当的似乎只是拥抱所有的大胆探索与可能性开掘，对几乎所有在事实与虚构、可见与不可见边界之间的试探都加以观察，而对历史上曾经坚实可靠的纪实传统则进行批判与反思（详见本章第三节对纪录片研究文献的简要梳理）。这就使纪录电影研究与当下的纪实影像实践似乎渐行渐远：一方面纪录电影研究领域早已将纪实话语的历史建构与霸权消解；另一方面，人们还迫切呼吁着能够在周遭庞杂的影像中看到现实图景。

主流纪录电影史解释力与洞察力在当下的削减，很有可能需要引入媒介变迁的视角，才能既不至于陷入将研究对象泛化的泥沼，又尽可能拓宽纪实影像与以往纪实影像研究本身的价值：我们不仅把主流纪录电影史的研究对象作为特定历史语境的产物，也不仅把其作为人类艺术创造力与能动性的体现，而是将其作为一种由现实驱动的媒介表征形式。那么在现代视听媒介技术变迁与生产量增长层面上，纪实影像对于现实世界的意义是如何发生改变的？

对这一研究问题，我将提出并论证的假设则是：现代视听媒介对现实的表征本身——典型体现为纪实影像——所形成的秩序，深刻影响着人们如何接近与表达现实，进而形塑着现代社会。为了更简明清晰地与以往的纪实影像研究领域进行对话，我将尝试在业已得到公认和固化的主流纪录电影历史叙述基础上，以现代视听媒介变迁的规律及其具体历程的视角重新加以阐释，找出本领域历史阶段划分之间更具有理论与现实发展空间的解释方式。

第二节 选题背景及意义

一 关键概念

（一）纪实影像

如前所述，将广义上遍在的"纪实影像"进行对象化研究是不可能的，因此"纪录电影"这一化约在现象认知与研究方面一直以来都显现出必要性。不过单就"纪录电影"（documentary film）一词而言，因其指向"film"（电影/胶片）这种特定传媒与物质形式，而无法囊括自电影诞生百余年来与广播电视、数字媒介等一同进化变异的大量具有延续性的纪实影像实践，因而在讲述纪录电影的历史时，学者普遍发现"纪录片"（documentary）这个更为笼统的影像类型更加适用一些，它使得其他媒介形式对电影视听配置的延续与超越得以放在一起讨论。为了强调媒介视角而非电影类型视角，我将"纪实影像史"放进标题以指向纪录电影史可能实现的更大研究价值，虽然为了实现研究与学术对话的可能性而采取了对"纪录电影史"经典叙述进行反思与重述的操作方式。至于在这个层面上"纪实影像"的操作性概念，则在不同的时代背景下因其可见性的差异而不断在协商、变化之中。我们可以"对现实世界的影像表征（representation）"这一笼统的外延起步，来探索这个协商变迁过程。

"表征"简单来说就是通过语言的"代替"同时"代表"事物来生产意义[1]；这里的"语言"是各种媒介中介形式，从语言文字到绘画雕塑等，再到现代媒介技术手段。从电影诞生之日开始——还可以追溯得更早，从摄影术在19世纪中期的产生与发展开始——人们就不断地在用影像技术媒介来表征现实世界，并认为其与语言文字传播相比具有更大的力量和效率，也因此不断从媒介的生产力（技术进步）、生产关系（产业、市场及其规制）和消费（社会文化的表达与互动）方面寻求突破。这个视听"幽灵世界"对于人类社会来说的重大价值是毋庸置疑的。媒介变迁发展"既界定又放大了幽灵世界，这个世界住满了鬼魂，它们看上去听起来都像人，但既没有人的个性存在，也没有人的肉体"[2]，我们绝无法通过操纵媒介中介物

---

[1] 霍尔：《表征：文化表象与意指实践》，徐亮、陆兴华译，商务印书馆2003年版，第16页。

[2] 彼得斯：《对空言说：传播的观念史》，邓建国译，上海译文出版社2017年版，第206页。

取代现实接触，但如果没有媒介的表征，又没有办法达成必要的感知。表征被认为"能指导人的行为，与此同时把无差别的空间转化成具体的地点……不是为了表达事物的复杂性，而是为了表现其简单性"①。即使只是"看见听见"也好过"看不见听不见"，后者是黑暗蒙昧时代的梦魇，而世界现代化进程一直以来许诺的，正是通过技术及其产品祛除它。

和其他文化现象一样，纪录片也是一种通过表征体现特定意义、并在社会互动中进行交换的符号象征形式②，它的特别（但不是殊异）之处在于，首先，它将"表征现实"（representing reality）③ 这一具有建构主义色彩的过程本身认领为自身的特质与使命；其次，它的表征行为一定是有现代媒介技术的参与才可能完成的。霍尔总结了对于表征的三种不同的解释取向：反映论的、意向性的和构成主义的④；纪录片赖以产生意义的基础是三者的合围，既包括作为文本的意图和被表征物之间的关系（反映论的与意向性的），也包括特定语境中的生产、传播与阐释（构成主义的）；自从人类的感知由现代技术媒介对时间和空间的双重复制与延伸所中介后，后者还包含着媒介表征本身的发展演变：媒介在20世纪经历了前所未有的更新迭代过程，纪实影像也在经历一系列探索后具有了丰富的形式、风格与实现手段。

对于本书提出的意义类问题，纪录电影史研究以往的思路往往是追溯文本、符号与意识形态，这是在将中介技术仅仅作为工具手段的前提下进行的，是以反映论与意向性的解释取向为主；而尝试

---

① 凯瑞：《作为文化的传播："媒介与社会"论文集》，丁未译，华夏出版社2005年版，第15—16页。

② 格尔茨：《文化的解释》，韩莉译，译林出版社1999年版，第13页。

③ Nichols, *Representing Reality: Issues and Concepts in Documentary*, Indiana University Press, 1991.

④ 霍尔：《表征：文化表象与意指实践》，徐亮、陆兴华译，商务印书馆2003年版，第15页。

从构成主义的角度来看现代工业社会以来技术媒介的中介作用，除了让对"现实的复制"越来越方便快捷以外，是否如麦克卢汉"媒介即讯息"的宣言，将通过它复制的现实本身的意义也潜移默化地改变了呢？就像福柯《词与物》中提出的，语言表征的积累与秩序变迁影响着特定历史时期的人文科学认识型，那么影像媒介表征是否也具有这种自身的认识型发展过程？

（二）秩序

因此我借用"词与物"英译（The Order of Things）使用的"秩序"（order），假设纪实影像发展变迁的特征可能揭示出的现代视听媒介对现实表征的"秩序"——它是在现代视听媒介自身力量的不断进化发展历程中呈现出的不同的主要特征趋势，同时促进与框限了纪实影像实践。

我们通常从三个层次来理解"秩序"：第一个层次的"秩序"是社会权力结构关系所单向给予的规定、设置，比如媒介技术的军事—工业开发、媒介产品的生产规模与等级化管理、媒介传播渠道的设计等；第二个层次的"秩序"是人们普遍对表征做出价值判断与意义理解的认知框架，如人们消费特定媒介产品的目的与期望、通过媒介表征达成的能动力量等；第三个层次的"秩序"则是表征自身形成的秩序——由于现代媒介的表征力量具有相对的独立性，它在广度与深度上的积累不仅受权力关系影响，也不仅影响认知，其自身也在相互影响。这个问题在现代媒介以机械复制的方式分离出人类感知之前还不成为显著问题，但现代媒介使这个第三层次出现了。

使用"秩序"概念正是看中了它能够同时表达这三个层次，因为三者以往被过于分开探讨，以至于互不对话。"秩序"可能比"形式"、"话语"或"规训"这些通常被用于反映论的、权力结构性影响的词更有利于凸显媒介的作用，以及通过媒介达成的纪实影像实践能动性，因为这个秩序一直向不断充实乃至转向的可能性敞开；

可能比"技术""配置"等词更有利于凸显人的作用，因为是人的纪实影像实践丰富和壮大着媒介力量，使其反过来具有形成秩序的潜力；而最重要的是，"秩序"不像"范式"等词可能带有的可迭代更替、被给予的形而上隐喻，而是强调其自发形成与生成性，它描述的是特定发展时期所呈现出的主要特征，但并不代表新的会取代旧的。这对于媒介研究来说尤其具有重要意义：媒介研究总会因技术进化论色彩而陷入"新的是否会使旧的死亡"这种争论中，而事实上，正是媒介不断发展过程中表征在不同基础之上的继续积累与繁殖，才得以促成不同主要特征的秩序，本书着力强调的，正是这个积累而非取代的过程，这典型地体现在以往所有纪实影像的当代价值上。

总而言之，秩序不应该是单向被给予的东西。影像表征对于人类生活世界的揭示作用仍然是有意义的，一些重要事件与社会决策下我们仍然需要纪实影像作为证据、作为观点表达甚至作为宣传工具。正因如此，假如仍然持"放定"的态度，仅仅对那些经典纪实传统亦步亦趋，或者干脆回到某种纪实原教旨主义，既不应该也不现实。需要历时性的、语境化的视角来看待文化与媒介形式的变迁，才能对我们所谓的镜头下的"真实"究竟指的是什么有更清醒的认识。接下来在研究背景的介绍中，我将首先把现代视听媒介的发展与现代社会的"现代性"变迁宏观历史分别进行简要梳理，在这两条发展轨迹的共同基础上，再简要分析纪实影像的意义及其生成一般可以分为哪几个方面。纪实影像的历史可以作为典型代表，通过它来认识媒介在现代社会发展过程中以自身的表征秩序实现的人类认识变迁。

二 研究背景：加速发展式的现代视听媒介

从15、16世纪的机械印刷媒介开始，到电子媒体、数字媒体与互联网信息传播技术，媒介的发展都是现代社会崛起的一个不可分

第一章 引言

割的部分。但是在过去的整个20世纪，尤其当广播电视等大众媒介的全球崛起已经令媒介本身的可见性在世界范围内变得无可回避后，在着手处理媒介与现代社会关系的一种紧迫性之下，媒介要么是被大部分现代性、现代化研究轻轻带过或作为第二性的、反应（react）与反映（represent）性的要素，要么坍缩成略带行业与学术焦虑感的诸如"媒介的角色到底有多重要"的反复争论。这固然一方面源于经典社会学理论是在19世纪面对工业化转变时，主要着手解决经济在社会形构中的基础作用的[1]——这使得其他领域，比如文化艺术与媒介，显得更像是表面现象，是被说明的，而尚不足以成为说明性的。然而另一方面，即使对媒介传播的地位加以凸显的研究，比如汤普森所强调的技术媒介的部署"通过在生产者与接受者之间建构一种基本的断裂、把社会互动与具体场所分开，进而产生新的社会关系"[2]，实际上也是在将着力点放在媒介在何种广度和深度上加以"建筑"（build to）了现代性社会。

而从20世纪七八十年代开始，随着信息与传播技术的发展，以数字化、互联网为显著标志，媒介研究也以"信息"及"信息社会"改头换面，以往还能够被驱赶入一个圈子里面加以探讨的媒介"羊群"，如今则很难再牵强地与其他社会部门分开考量了：果真如丹尼尔·贝尔、卡斯特等信息社会理论家所言，信息/知识取代资本成为生产力的主要源泉[3]，那么也没有理由认为，在此之前诸多技术媒介中介下已经产生的大量信息传播都只是因为技术局限的遮蔽才没有占据"第一性"。现在，如果要理解现代社会，就必须理解现代媒介的发展和影响；反过来，当我们探讨现代媒介及其表征形式时，

---

[1] Thompson, J. B., *The Media and Modernity: A Social Theory of the Media*, Cambridge, UK: Polity Press, 1995, p. 3.
[2] 汤普森：《意识形态与现代文化》，高铦等译，译林出版社2019年版，第15—17页。
[3] 韦伯斯特：《信息社会理论（第3版）》，曹晋、梁静、李哲、曹茂译，北京大学出版社2011年版，第127页。

需要对其现代性基因加以体认。

事实上就像 E. 爱森斯坦①所表明的，早从 15 世纪开始，近代世界的资本化进程就一直伴随着传播媒介的重要作用——就算不是"作为变革动因"，至少不容忽视：15 世纪中期谷登堡印刷机正式将文字传播机械化，将潜滋暗长的文艺复兴运动的主旨——文字表征在人文主义精神方面的变革潜力，从宗教的垄断中分离并普及；宗教改革得以席卷旧世界；哥伦布等的"地理大发现"以身体力行的确定性发现了新世界。更大范围地传播与共享信息，现在既是可供的条件，又是迫切的需求，因为人们既得以感知也得以想象一个"世界""全球"的概念。

这个感知和想象的"新世界"显著地体现在文化领域的转向上。文艺复兴的基本成就——"（透视地图和绘画的固定视点）形成了 4 个世纪的各种观察方法"②：既以个人而非宗教神谕为视角，又以抽象和功能体系开始逐步排除无法通约的个别经验。"世界"现在有了内外之分，而外部世界代表着新的财富机会与新的未知风险。马克思所说"两种极不相同的商品所有者互相对立和发生接触"③这一将单纯的物料向商品转化的条件，从 15 世纪开始就逐渐随着航线描绘的世界地图而铺开了。古代与中世纪时期以掠夺自然资源方式的人类生存发展，也因此开始向投资式经营方式的一种经济发展范式转变④。这一整套从制度到态度的变化，之后被社会学研究称为"现代性"——以工厂生产的发展、官僚化、城市化、科学精神的发展以及考察自然的新方式为标志，与"传统社会"之间

---

① E. 爱森斯坦：《作为变革动因的印刷机：早期近代欧洲的传播与文化变革》，何道宽译，北京大学出版社 2010 年版。
② 哈维：《后现代的状况：对文化变迁之缘起的探究》，阎嘉译，商务印书馆 2013 年版，第 305 页。
③ 《马克思恩格斯全集（第 23 卷）》，人民出版社 1972 年版，第 102—104 页。
④ 斯洛特戴克：《资本的内部：全球化的哲学理论》，常囤译，社会科学文献出版社 2014 年版，第 77 页。

发生决裂①。

在现代性一整套生产机制转变的意义上，与其说古登堡印刷机是在知识传播领域为打破封建状态打下了基础，不如说它所达成的文字表征机械化生产与大众化消费，正是世界开始普遍联系与对立所必需的"生产资料"之一种；"生活经验那种深远广阔的多样性造成了一种后果：与更简单、更有限的条件下的情况相比，我们现在必须在更大程度上以符号形式来包融、凝缩和表现生活经验"。②印刷媒介正是资本积累和扩张的投资经营逻辑的先声：技术的发展，作为最重要的生产力投资与生产关系经营的方式，在18世纪中期"蒸汽革命"中终于达到了高潮。机械化一方面带来资本的产能飞跃，另一方面也带来资本对"世界"的经营方式的改变，因为这时已不是重商主义时代欧洲君主们搜刮财宝、坐拥国富的状态；达到相当规模的生产，迫切要求的是可堪匹配的消费，唯其如此，资本才可以自由活动到需要的地方。于是人们正好在18世纪等到了亚当·斯密的现代资本主义自由市场论述；相应地，正好等到了在思想文化领域与之相辅相成的启蒙运动，"把许多个人自由地和创造性地工作所产生的知识的积累，运用于追求人类的解放和日常生活的丰富"③。就像蒸汽之于火车，启蒙理性也作为一架经营社会文化运转的机械，一方面以科学精神生产可用于普世的福祉的知识，一方面以民主进步观念确保它可以广为使用，最终使理性成为新生工业社会的基础设施之一。

但是启蒙运动所秉承的进步观念，背后是资本积累无限强力扩张的本性，这在19世纪中期终于不可避免地走向了阶段性的过度积

---

① 韦伯斯特：《信息社会理论（第3版）》，曹晋、梁静、李哲、曹茂译，北京大学出版社2011年版，第261页。
② 西美尔：《货币哲学》，陈戎女、耿开君、文聘元译，华夏出版社2018年版，第112页。
③ 哈维：《后现代的状况：对文化变迁之缘起的探究》，阎嘉译，商务印书馆2013年版，第20页。

累,在造成萧条的同时也面临"表达的危机",不仅表征财富的信贷体系崩溃,表征世界对人们的意义的各种形式,也面临"经济、政治和文化生活中时间与空间意义方面的一种根本性的重新调整"①。地理大发现以来的那个关于现实世界的观念逐渐被开拓殆尽,如果不想抱残守缺,就必须展开更多;手中的地图既不够大,也不够细。新的生产力、生产方式以及生产关系,从传统社会的默示知识与实践中不断地被表征出来,以便能够组装成新世界的巨轮。那些建立在相似性之上的能指、所指与关联的固定组合,在自以为平稳地运转着关于现实世界的认识与实践的同时,也在将自身的价值消耗殆尽;那些潜在于接合表述中、尚未显现的事物,在这种时候开始被需要了。一场表征领域的"圈地运动"需要开疆拓土,将世界以更有利于加快运转、消化人类活动成果的方式组织起来,传统的书写方式就无法满足——无论是口语、文字,还是绘画;即使是大众阅读与报刊发行,或者宗教世俗化催动的印刷术,也只是加快了复制与分发,而不是加快表征行为的生产。资本主义世界市场的发展,使当时的世界走到一个在需要更多的东西来"流动"的同时,还需要更多表征材料加入生产流通的阶段,以资匹配物质生产的日渐丰富。

于是在"电气革命"与殖民帝国主义开始新一轮生产力突进与生产关系扩张的同时,启蒙理性在科学、艺术表征领域以一种在变换不居中加以组织的变体形式,继续深入地推进对世界的加速新认识。摄影术、留声机与电影——用于复制和记录的现代技术媒介在19世纪接连诞生,它们与世界现代化进程密不可分:这一全球竞技游戏,逐渐把相隔万里的人们关联到一起;这些冲突与融合的地带将原本从未出现在人类思想与知识中的混沌地带加以开天辟地,把

---

① 哈维:《后现代的状况:对文化变迁之缘起的探究》,阎嘉译,商务印书馆2013年版,第325页。

"天"与"地"加以规划便成了紧迫的新任务,催生了这些新的复制现实的生产工具:摄影,把表征的权力从传统宗教与贵族血统观念解放到新兴资产阶级,从传统风景的图绘与操纵解放到社会结构的规划与组织[①];留声机,通过"不带语言意义地'倾听'声学事件"首次成为比任何考古学家还要完美的文化工程档案[②],开始将时间以技术的方式组织起来;电影,尤其是有声电影则正式宣告人类复制现实的生产性力量:从使用文字语言作经验转换,到可以跳过经验甚至认知,而直接用媒介装置复制,从此人类对世界的全部知识得以在影像语言中再次运行思考与阐释的齿轮,这不是出于人类文化卓越的叙事能力,而是以这些"非叙事"的原材料为前提甚至可能为它们所宰制的。这些工具反过来也将世界推向全球化与世界主义进程的叙事:视听媒介材料的产生、留存与传播,让人们"被迫主动"地着手处理"他者",从而也前所未有地,将实际上从未真正在自己的存在时空中在场的那些事物纳入了自己对于现实世界认知的一部分;并且随着这些复制机器的不断翻新迭代,生产出来的现实复制品密度越来越大,人类社会作为一个整体概念开始的微积分游戏,因大众媒介的生产与传播机制而被描摹得日益平滑,也日益将原本自信地掌控着这些媒介装置的人类,异化为只有接受现实复制手段的表征才得以成立的一段段叙事,然后"通过转向叙事,从无差别的流动中产生一种分级化、管制化的非连续形式,为了让人们从符号化的整体再现中检索出对应的意义"[③]。到 20 世纪初的"摩登时代",现代工业社会已经拥有了庞大的控制世界的新系统:"哥伦布四次航海的五百年后,地球被环游了,遮蔽被完全揭开,一切得以充分展示,

---

[①] 塔格:《表征的重负:论摄影与历史》,周韵译,重庆大学出版社 2018 年版,第 22—27 页。
[②] 恩斯特:《媒介考古学:方法与机器 vs 媒介历史与叙事》,载胡塔莫、帕里卡《媒介考古学:方法、路径与意涵》,唐海江主译,复旦大学出版社 2018 年版,第 236 页。
[③] 埃尔塞瑟:《弗洛伊德与技术媒介:魔法石板的不朽魔力》,载胡塔莫、帕里卡《媒介考古学:方法、路径与意涵》,唐海江主译,复旦大学出版社 2018 年版,第 107 页。

人们占据并使用了它。现代化的交通和远程通信往来犹如密集的蜘蛛网遍布。虚拟的外壳取代了想象中的苍穹天，随着电子通信系统的发展，距离的去除已经有效地植入了权力和消费的中心。"①

对于这个以电气工业为图腾的现代工业社会的描述，是人类思想领域体认得最为深刻、饱经痛苦与纠结的转折：从马克思、恩格斯对资本主义根本逻辑的唯物主义揭示，到尼采、叔本华等以生存和权力意志重估表象与价值的唯心主义主体性，再到涂尔干、韦伯分别将这两条路线正式带向对现代意义上的社会概念的建构与反思，"不变"与"变"之间的张力随着世界普遍联系的广度和深度发展而不断引发困惑与需要解释。这种张力既导致了那个表征的"虚拟外壳"——由机械化印刷媒介、电报电话等人际传播现代媒介、留声机与摄影电影等现代视听记录媒介的突飞猛进，同时也是以这个"虚拟外壳"逐渐在全球范围的"只手遮天"为基础才能达成更普遍的联系。一方面，作为工具与效率理性之"终极形象"的机器，本应代表着现代工业生产能够将一切不确定性都最终加以认知和规划，事实上这一进程一直朝着目标进步似乎非常合理；但另一方面，貌似饱含着一个"未来"的现代社会马上就在一战、大萧条及二战的接踵而至之下晕头转向了。在法西斯主义迫害下背井离乡的法兰克福学派就是对现代"进步"失去信心的代表，尤其是霍克海默和阿道尔诺在《启蒙辩证法：哲学断片》中所洞察到的，对线性进步的现代目的的质疑，不仅在于马克思早已指出的资本主义物质生产的剥削本质，还在于整个资本主义现实运动所表现的观念，已经将精神领域也物化成消费的领域了。②

如果连理性也不值得寄托希望，人类该走向何方？二战后至今，

---

① 斯洛特戴克：《资本的内部：全球化的哲学理论》，常晅译，社会科学文献出版社2014年版，第215页。

② 霍克海默、阿道尔诺：《启蒙辩证法：哲学断片》，渠敬东、曹卫东译，上海人民出版社2006年版，第3—4页。

关于现代资本主义进入"晚期资本主义"或"后现代"的分析与预测，在现代理性的废墟上逐渐建立起来。但是这一次，我们可以在这些宏观的现代性反思中看到媒介，或者更准确点说是现代视听技术媒介强烈的在场了。我们终究意识到，如果说在电子媒介时代之前还可以拥有设想人类感知、认识与思想的独立自主性的自由的话，那么到20世纪中后期，媒介对人类感知的延伸与分离已经不可避免地成为理性期许坍塌的一个重要语境，因为它正是一个将"事务成长量"与"科技加速"命定般结合在一起、构成现代社会特征的典型加速器①，尽管我们当然不会就这么"束手就擒"。站在"现代性之后"回望现代性的特征，是过去半个世纪以来的学术关切，无论是对于西方资本主义世界体系来说，还是对于相对于西方后殖民主义语境的第三世界民族与国家"后发现代性"来说，如何将现代性的种种辩证统一关系阐述清楚以供预测这个日益复杂的世界，从而将现代社会种种"失控"，包括电子媒介对人类感知的影响这种令人忧心的因素重新作为工具加以掌控，就成了重要的任务。

三 研究背景：双向运动的现代性

历史阶段总是通过后来出现的显著断裂来定义的，所以定义当下所处的时代总是十分困难的任务。很多具有洞见和内在关联的概念都被提出来，用与现代性相对的方式解释"现代性之后"，如鲍曼"流动的现代性"、贝克"风险社会"，以及更聚焦于文化生产领域描述的拉什等"非组织化资本主义""审美自反性"、莱克维茨"独异性社会"等。

在20世纪七八十年代关于现代性与后现代性的争论中，贝克指出了现代性内部的连续性与断裂性，这首先导致了现代工业社会关

---

① 罗萨：《新异化的诞生：社会加速批判理论大纲》，郑作彧译，上海人民出版社2018年版，第29页。

于发展的迷思——发展充分的工业社会将是现代性的顶点,是"历史的终结"——但事实上现代性的题中之义从来不是单向的,它的普遍化议程与分离化议程互为对照,密不可分。认为现代性不断攀升以至于能够达到某个顶点的迷思,源自我们已经将现代性的历史形态转化成先验范畴,以至于无法想象现代性会改变甚至走向反面。① 贝克以工业社会的"财富生产"与风险社会(对应通常所说的晚期资本主义或"后现代"资本主义社会)的"风险生产"之间的支配关系转向,概括现代化固有的自反性如何以风险的生产与分配逻辑代替了财富的逻辑。

如果说财富生产与分配的逻辑建立在对财富"稀缺"的体认基础上的话——也就是说,现代化进程许诺的是把人从"从不应有"的贫困和依附状态下解放出来②,那么在媒介表征领域也是一样的:我们能够看到的还远远不够,我们"缺乏"足够的视野来正确地认识世界;为了弥合这一缺憾,即使是注定可能失焦的技术中介也必须尽快投入使用,毕竟"失焦"意味着还有"焦点"可循。

对于现代性之后的"后现代",贝克以"风险"来加以把握,鲍曼则用"流动",将固定性与流动性视作蕴含在现代性本质之中的"一对由辩证关联性联结在一起的不可分离的组合"③。如果说在"固态的"现代性阶段里,主要的努力是对未来风险纳入结构并有力控制,那么在"流动"的现阶段首要关注就变成了"确保未来不被抵押",机会(也是风险)是依然没有公开、既不为人知也不可知晓的④;我们连它是机会还是风险的判断都还没有作出也不可能真的作出,但想做或能做的注定是将其扩大展开,如鲍曼所说的"液化"。

---

① 贝克:《风险社会:新的现代性之路》,张文杰、何博闻译,译林出版社2018年版,第4—5页。
② 贝克:《风险社会:新的现代性之路》,张文杰、何博闻译,译林出版社2018年版,第5页。
③ 鲍曼:《流动的现代性》,欧阳景根译,中国人民大学出版社2017年版,第5页。
④ 鲍曼:《流动的现代性》,欧阳景根译,中国人民大学出版社2017年版,第6页。

鲍曼所描述的当今现代境况的"流动性",最明显地体现在一系列的"解除规制"上:自由化、灵活化、弹性化,是"技术允许制度和它的自由的行动者实行快速分离、允许它们相互回避(而不是正面遭遇)"①。这里"制度"与"行动者"(actor)之间的新型关系,又最为明显地体现在经济领域,并被认为通过市场化、商业化这种化约手段渗透到意识形态领域,比如影响到媒介产业的社会角色:以20世纪80年代以来席卷欧美广播电视界,并在21世纪初对中国传媒界也产生了影响的新自由主义导向改革浪潮为主要表现,市场化、商业化以及被与它们紧密关联在一起的多元化话语,既大大解放了媒介产业的生产力,促进了全球化进程与国际交流,也为一种将市场化与"公共利益"不加反省地扭结在一起的迷思埋下隐患,引发了对其借助"自由市场"化约"自由"进而借助"多样产品"化约"文化多元"、借助"自由消费"化约"公共信息获取"的忧虑②。如果为启蒙运动所设想和为马克思所需求与期许之自由是根据"理想生产者"的标准来制造的,那么有利于推动市场的那种自由在理念上就是为"理想消费者"而设计的。③

从鲍曼的分析来看,无论是马克思,还是马克斯·韦伯,这些对资本主义现代性进行了奠基性研究的社会学家所处的资本主义阶段,是极难使其想象现代文明在工具理性准则运行下指向终极目标之余,还有任何力量能够与之抗衡的。到了当下,历史并未终结,而"是在许多流动的充满诱惑且又能够达到(指能够理性地追求)的目标中,考虑和决定哪些目标享有优先权的问题"④。人类在各个领域表征的扩张带来可能性的全面敞开,而随着表征的持续扩张

---

① 鲍曼:《流动的现代性》,欧阳景根译,中国人民大学出版社2017年版,第29—30页。
② 赵月枝:《传播与社会:政治经济与文化分析》,中国传媒大学出版社2011年版,第113页。
③ 鲍曼:《流动的现代性》,欧阳景根译,中国人民大学出版社2017年版,第11页。
④ 鲍曼:《流动的现代性》,欧阳景根译,中国人民大学出版社2017年版,第114页。

（取代工具理性成为一种无目的的手段），这些目标会让人感到不堪承受，"多数人的生活和多数人的生命将在目标选择的折磨中度过，而不是在寻找并不要求反思的实现目标的方法和手段中度过"①。这种被当下日常生活普遍感受到的"过剩"相应地也让表征生产经历着持续而迅速的贬值。为了使整个价值机制持续起作用，就不能让任何事物"被承认化成了永恒的现实……以免造成剩余机会无法进入而未来激动人心的活动被消灭于萌芽状态之结果"②。如果说在时间技术介入的表征实践迅速普及下，更多空间被认知、被客观化，使"沉重的"现代性显得日益庞大、扩张、膨胀的话，那么这个过程会达到那个光荣的终点，最终使一切世界图景尽收现代人类的眼底吗？但事实上，所谓的空间终点预设了边界，而边界也是在不断的分离和客观化过程中被建立起来的，而我们所处的"流动的"现代性正是在不断打破它们。

　　在"风险"与"流动性"的基础上来理解拉什"非组织化资本主义""审美自反性"以及莱克维茨"独异性社会"中对晚期资本主义从物质生产向文化、符号生产的显著转向的描述，就不应将这一转向先入为主地接受为对现代资本主义工业化必然的反制手段，而是要意识到其一脉相承的"脂解"逻辑——相对于"沉重"的资本主义物质工业生产设法将"人力"加以控制（典型的如福特制生产管理），现在看似"轻快"的文化工业生产所"解放"出的"人类力量"，实际上是变相的"强迫运转"。③ 拉什在当今全球性和信息化语境下，发现符号经济和空间经济主导的流动力量，不断掏空共享的"我们"的意义，"自我"因此受权接管社会结构的规则和资源，并监视其自身生活叙事的"自反性方式"，这种"各化"（in-

---

　　① 鲍曼：《流动的现代性》，欧阳景根译，中国人民大学出版社2017年版，第114—115页。
　　② 鲍曼：《流动的现代性》，欧阳景根译，中国人民大学出版社2017年版，第116页。
　　③ 鲍曼：《流动的现代性》，欧阳景根译，中国人民大学出版社2017年版，第208页。

dividuation，而非"个体化"individualization）脱离了共享意义基础上的"我们"，现在每个个体都因坐拥几近无限的符号信息流动可能性，而得以从将自己投入社区转变到随时随地编造社区；在信息化、自反性的现代性中，是意识、自反性来决定阶级结构。① 这种"审美自反性"典型地体现为莱克维茨总结的晚近现代社会的"独异性逻辑"：不再是相对于"普遍"的"特殊"，而是要"显得与众不同，也要被认定为与众不同"②，也就是说连独特本身都体现出自反性，所谓的"独一无二"无关可辨析的差异高低，而只是专注于产出和施行其赋值，自己把自己变得独异；这种独异性逻辑，如果说在前现代以及现代社会前期让位于普适性逻辑，到了晚近现代社会则因信息传播高速发展与文化资源的滥觞，而被推高成一种全局性的架构力量。③ 因此，文化与社会的媒介化（medialization）进程——"不断增长的媒介影响所带来的社会及文化机制与互动模式的改变"④——直到晚近现代社会，即"高度现代性"这一阶段才开始凸显：媒介与其他机构的差异化增大，并被重新整合到文化和社会之中⑤。但"新近被发现"不必然意味着"新近发生"，日益增大的差异性是累积达成的转向，关于这一点，虽然在宏观的社会学理论论述中已经较为普遍，但具体到某一生产领域，尤其是像纪录片这样特定类型的文化制品，转向本身总是被投入更多关注。

虽然听起来颇有些悲观色彩，但无论是"审美"还是"后工业

---

① 拉什、厄里：《符号经济与空间经济》，王之光、商正译，商务印书馆2006年版，第426—428页。
② 莱克维茨：《独异性社会：现代的结构转型》，巩婕译，社会科学文献出版社2019年版，第3页。
③ 莱克维茨：《独异性社会：现代的结构转型》，巩婕译，社会科学文献出版社2019年版，第320页。
④ 夏瓦：《文化与社会的媒介化》，刘君、李鑫、漆俊邑译，复旦大学出版社2018年版，第23页。
⑤ 夏瓦：《文化与社会的媒介化》，刘君、李鑫、漆俊邑译，复旦大学出版社2018年版，第9页。

社会""信息社会"都远远谈不上对未来的展望乃至提出解决方案，而更多的是对断裂感的敏锐体察。它至少说明了以下几个问题。首先，以资本主义全球化生产和消费为典型特征的现代世界，在20世纪六七十年代开始为我们所逐渐感知到的断裂感、"后"感，实际上很有可能是体现在表征领域的某种新的价值发现，就像19世纪末20世纪初电子媒介最开始将人类的视觉、听觉感知用机器分离出来，进而为其赋值一样，现代性运转所必需的"风险"与"流动"需要不断被创造出来，而如果没有人对客观世界进行认识的根本性互动，以及人与人之间的关系，所谓价值也就不存在，它本来就是用来表征关系而不是表征特质的[①]。其次，现代人所不断感受到的这些断裂带来的冲击，其速度之快、范围之广、力量之巨大，与我们在现代技术发展上所享受到的高速进化紧密相关：包括技术媒介在内，人类所创造出的由技术代劳的表征手段何其迅速，从对生物性的描摹，到数字化的符号转换，技术手段层层铺进地将世界的褶皱展开，而且不是一一展开，而是随着量的积累产生质的变化，整个技术机制已有自行运转的可能，算法就是关于现代性中根深蒂固的自反性的一个隐喻——最开始是人类编写程序来自动处理数据，现在算法则是自动生成和处理程序。我们所体验到的目不暇接也因这指数增长的表征速度和数量而远远超过前技术媒介时代人们的感知。所谓"从前慢"这一永远的媒介怀旧情绪也就不可避免了。

至此我们可以对现代性的特征作一简单总结，进而可以将其应用于对媒介史以及纪实影像史的分析——不是将其作为对社会结构的反映与反应（即使真的还存在早期现代所谓的"社会结构"的话），而是将其作为已上升为架构力量本身的"信息方式"来考察。

现代资本主义社会逐渐形成的过程，首先体现在可能性的敞开。

[①] 西美尔：《货币哲学》，陈戎女、耿开君、文聘元译，华夏出版社2018年版。

无论是被视为"风险"还是"机遇",新的联系必须不断产生出来,才能够促成关系,进而产生价值。如果说这个特征在现代以前并没有体现出来,那么在封建社会的封闭自足状态已经使可能性穷尽后,迫使它向普遍联系打开就不可避免了。

但是,围绕联系的可能性同时进行的是双向运动。一方面是分离与客观化:联系的前提是有分开的各部分,以能够产生新的可能性,就像人类最原始的物质生产不断在体现人与自然物质之间的关系变化一样,人与人之间、人与社会之间的关系变化也在不同历史时期因分离与客观化了不同的因素而表现出新的形态,从而可能为我们带来断裂感。另一方面则是整合与组织化:对可能性的管理与运作,也就是为各种差异、关联、距离与碰撞等赋予价值,使其在相对稳定的时空内成为可通约的、能够得到认可的常态,才能维护起一个生产与消费循环的秩序。关于这一双向运动,其实早在20世纪初资本主义现代工业社会初步形成时,就由西美尔描述了出来,他通过分析货币的哲学本质,发现了现代性的两个截然相反的方向:一方面趋向于平均化、包容性,一方面趋向于个性化、独立性和自主性,"而货币经济同时支撑两个方向,一方面使一种非常一般性的、到处都同等有效的利益媒介、联系媒介和理解手段成为可能,另一方面又能够为个性留有最大程度的余地"。[①] 西美尔这里将货币称为"媒介",与近70年后麦克卢汉将货币纳入他那囊括了各个社会领域的媒介清单恰成对照,后者将道路、数字、服装、住宅、货币、时钟、轮子、武器等在现代化进程中以某种中介作用和可通约性延伸了人类活动的事物,与通常被我们视为在思想文化领域(被认为以人的主体性为终极诉求)的口语、书写、印刷、电影、电视等糅合在一起。事实上,这一糅合正可以指出媒介信息传播与经济活动可以类比的这种双重方向,同时也是广义上的人类表征活动随

---

① 西美尔:《货币哲学》,陈戎女、耿开君、文聘元译,华夏出版社2018年版,第V页。

着社会生活实践与联系的扩张，所必然经历的两个方向。说到底，表征活动其实就是分离/客观化与整合/组织化的合体，一方面将尽可能多的元素从人们浑然不觉的领受中认定并分离出来，使之客观化；另一方面尽可能充分地进行组织安排，为扩大生产预设出越来越多的需求。这个过程仰赖的是表征材料的积累，"现实的机械地摊开来的元素超出它们的客观物质意义之上为我们拥有了无限多种类的价值"[1]。

我们要进一步提出的问题就是：这种双向运动何以可能，又是否有尽头？又回到那个经典的现代性问题：历史会终结吗？"一切坚固的东西都烟消云散"之后会如何？对于人类社会如何"发展"这样一个固定思路，巴塔耶反其道而行之，不是顺着利于"发展"之累积，而是先借助莫斯关于"夸富宴"的人类学发现，用"耗费"原则来反制对人类社会的线性发展思考逻辑：生产与获取仅仅是从属于耗费的手段，如果不是人类无条件耗费的永恒性，生产与获取也毫无意义；正是"损失"所具有的积极属性使一切有意义，让世界得以运转。[2] 围绕耗费的，则是在贫乏与过剩之间永恒的运动：可供赋值的可能性，不是太少，就是太多；不是价值巨大，迫使我们孜孜以求，就是价值趋近于无，迫使我们另寻出路。

在广泛生产活动的分离/客观化—整合/组织化、耗费原则下的贫乏—过剩张力之下，现代性无处不体现出其固有的矛盾、悖论，而可能在特定历史时期表现出的推动线性发展的动力，之后也往往因滥觞而走向自身的反面，启蒙理性如此，发展主义如此，自由化亦如此。自由与进步的期许伴生着心甘情愿的信任臣服。比如福柯所考察的"规训社会"在19世纪的形成，以全景敞视主义取代封

---

[1] 西美尔：《货币哲学》，陈戎女、耿开君、文聘元译，华夏出版社2018年版，第8页。
[2] 巴塔耶：《被诅咒的部分》，刘云虹、胡陈尧译，南京大学出版社2019年版，第22—31页。

闭，从而为现代社会的正式形成开启了所需的各种可见性，其中最为根本的，则是个人之可见①，资本流动所必不可少的价值赋予全仰赖于围绕个体的方方面面表征的程度如何。进而吉登斯从现代性个人生活的不断"非嵌入化"（disembedded）与高度组织化监控之间的内在关联，看到了现代性的这一"自反性"（reflexivity）——我们自由度的增加往往与组织化的扩展相关联，为了更多的选择权、"拔根"，需要搜集更多的信息以进行组织监控——这也说明了为什么信息传播成为当今社会的核心角色。② 无论是物质产品生产方式还是信息生产方式，量的增长从不会只是单向推动力量。某一产物或许在生产与消费手段尚未建制时体现出稀缺与贫乏，进而体现出进步的可能性，"在与别的对象的比较成为可能之前，困扰心灵的独占的欲求首先就通过对对象的成功获得而得到了平静"③，促使生产与消费的迅速增加；但是过剩的趋势也就日益得以显现，自反性对其的表征一开始便存在。

对现代性特征的考察，对媒介研究的启示如下。首先，将现代媒介对现实的表征作为必然是后发的、第二性的反映论，不足以帮助我们正确地认识媒介在现代社会中的真正作用；事实上，现代媒介正是现代化进程之中最高效、最广泛的分离/客观化与整合/组织化力量，通过它对可能性的表征，诸多新的关系及其价值才得以建立。其次，将现代媒介对现实的不同表征方式总结为某种特质及其在不同历史时期的转变，固然有利于某种历史叙述的简明性，不过比起"质变"，"量变"才是根本性、持续性的，其在贫乏与过剩之间的永恒张力，是驱使我们去追随稳固模式或迫切开拓新路的根本

---

① 福柯：《规训与惩罚：监狱的诞生》，刘北成、杨远婴译，生活·读书·新知三联书店 2003 年版，第 225—233 页。
② 韦伯斯特：《信息社会理论（第 3 版）》，曹晋、梁静、李哲、曹茂译，北京大学出版社 2011 年版，第 265 页。
③ 西美尔：《货币哲学》，陈戎女、耿开君、文聘元译，华夏出版社 2018 年版，第 47 页。

境况。"我们所使用的表征符号的日益分化产生了一种后果：'多少'的问题（在一定程度上）与'什么'的问题在心理上分道扬镳了……知识的理想被看作是把现实所具有的一切质的范畴都消解到纯粹量的关系中去。"① 西美尔说的是货币，其实也是现代媒介表征在"量"的层面上起作用的共同命运。因此更为合理的设想应该是，现代媒介作为人类为生产表征而使用的生产性力量，从它把对现实的表征能力从人类身上分离出来开始，就既是服务于人类需求的工具，也日益驱使着甚至逼迫着人类作出改变。

四 纪实影像的意义及其生成

（一）纪实影像的意义：处理他者，处理自我，处理共同生活

将纪录片作为一种媒介文化产品或者艺术造物进行研究，也就是将纪实影像的存在作为前提——"存在即合理"，纪录片所反映的理所当然应该是现实，接下来的问题只剩下我们到底该怎么用影像无限接近作为一个实体的现实，仿佛纷繁复杂的媒介图景一到纪录片的领域就被"允许"走向伦理探讨——一般就会如大多数已有研究一样，要处理一个媒介信息的传受方向与关系问题，比如在传者一端分析纪录片创作者或生产者的主体性、支配其影像表达的意识形态机制，在受者一端分析受众的认知与接受，在双方所共处的地带则着手对影像创作过程进行语境化，分析其如何处理了社会现实。这个框架本身并没有失去其重要意义，但现在如果作为一个媒介研究而重新界定对纪实影像的分析角度的话，这种三角关系则冒着将其所使用的媒介技术前提架空的危险，仿佛纪实影像传递的信息及其与传受双方和传播语境的关系更多地体现在其信息实用价值上，而媒介自身的变迁只是潜在因素之一；而事实上，自从有了能够使媒介融合与遍在的数字化和互联网信息传播技术后，当下高度"媒

---

① 西美尔：《货币哲学》，陈戎女、耿开君、文聘元译，华夏出版社 2018 年版，第 113 页。

介化"的图景中，媒介传播的方向问题日益复杂：传播主体多元多变，传播渠道时分时合，传播信息则时刻保有改组、诠释的无限可能，所有方向与终端都具有了集成在一起同时还能够分成多种形式的可能，我们才后知后觉地感到信息传播技术的席卷，而同样的思路在这之前并没有作为能够感知到的现实而被我们认识。

如果在这些变化中还能够抓住什么相对不变的东西的话，那么至少可以说，纪实影像对现实世界的表征复制仍在继续，仍然被需要，我们对于所谓"眼见为实"的依赖已经无可挽回，而且尽管经由人们的创造性与新技术产生了以上举例的很多新领域，它们仍有可能共享了自从电影诞生起就积累起来的人类对纪实影像的期待。那么反过来，从纪实影像这一媒介物出发往外指方向，也就是看它究竟对于我们整个生活世界来说可能具有哪些方向的价值呢？回答这个问题则可以尝试从过往人类经验中汲取养分，而并不必然陷入相对主义的辩词。比如巴尔诺很早以前就在为纪录电影著史时发现，早期实事片就以一种预言的氛围基本囊括了之后纪录片被普遍应用的各个领域：产业电影、新闻报道、风俗画、旅游观光、异域风情、探险考察、民众教育、科学研究、随军记者等[1]。作为一种媒介形式中介于人类主体性与客观世界之间，纪实影像从电影诞生之初在现代社会生活中扮演的角色与其他媒介形式本质上一样，都是在处理人类与客观世界的关系。具体来说，就是以影像的方式处理他者、处理自我，以及处理社会文化领域的共同生存与生活。伴随着现代社会的发展，所有现代媒介都在这三个方面添砖加瓦，同时也逐渐建筑起自己的逻辑大厦。

早期实事片在短暂的实验杂耍阶段以后，规模最大、最显著的就是"处理他者"：跟随资本扩张与帝国主义殖民的脚步，影像也到

---

[1] 巴尔诺：《世界纪录电影史》，张德魁、冷铁铮译，中国电影出版社1992年版，第27页。

处采撷风土人情，向众多未知的土地与神秘的民族睁开好奇的眼睛。与资本原始积累时期对殖民地的单向财富劫掠不同，现代资本主义的发展需要建立一个既适用于生产扩张也适用于消费流动的双向世界体系。于是对异文化他者的体认进而收编，就产生了大量表征的需求。从各种单镜头"风俗画""风光片"的浮光掠影，一直到20世纪20年代"探险电影"的方兴未艾，都是努力以影像的方式让"他者"为"我们"所知的实践。而这些早期实事片在世界范围内的制作和放映受到广泛欢迎，让早期电影设备的开发者卢米埃尔兄弟、爱迪生等赚得盆满钵满，也体现出当时在表征领域的巨大市场。

纪实影像不仅可以向外时空拓展，使世界各地发生的情景汇聚一堂，而且可以用于人类自身生物属性的时空拓展。现代性所崇尚的以科学理性剖解主客观世界认知过程的科学主义进程，也是纪实影像发展的重要驱力之一，也就是如何借助技术"处理自我"，拓展自我的认知与理性。作为电影技术先声的慕布里奇连续摄影，就是纪实影像的科学主义进程最好的例子：对于人类视觉器官无法感知到的物理化学活动，以及人类意识与记忆无法触及的隐秘领域，在前现代和现代化进程中意义大不相同，对于现代化进程来说，关键不是思考和研究的过程，而是能够体现出公认的科学性成果和证据；因为最终科学要服务于人类福祉、服务于进步，而福祉与进步在现代工业发展初期首先为资本所盘踞，成为工业扩张的口号与动力，所以科学理性一方面着力开发技术，另一方面需要借助外部技术进行表征，才能将人类知识作为可以流通甚至获利的"商品"。慕布里奇连拍下，马儿奔跑时四蹄腾空的瞬间，以及心理治疗中使用留声机与电影对梦呓、神经紊乱等无意识行为的记录，再到跟随各种国土资源考察与铁路、矿产开发而拍摄以供研究的影像（"世界纪录电影之父"弗拉哈迪就是从这里起步的），它们都是以纪实影像扩展认知，进而使这扩展的认知可以用于生产出更多价值的典型代表。

如果说"处理他者"与"处理自我",侧重的是在霍尔所谓表征的"反映论"与"意向性"的解释取向上来认识纪实影像表征,那么使得纪实影像既魅力不减又争议不断的,就是从构成主义的解释取向上还必须认识到,纪实影像不仅仅是探险家的猎奇炫耀、科学家的精密仪器,更是用来观看进而将银屏前越来越多的人们联系在一起的时空通道;"为维持一个'可观察且可说明'的世界,对他人的反应是必不可少的"[①]。如何"处理共同生活",以足够的表征形式达成社会共识、促进社会改造,这在以前曾经是民间故事、广场演讲等口头传播的任务,之后成为从手写到印刷的文字传播的任务。但随着现代化的脚步加快,很快人们便不难发现直接诉诸感官的视听手段比文字的信息传播能力更均质化、更有效率。克拉考尔因此将奥尔巴赫对于人类"在地球上过一种共同的生活的日子"的期许落在电影的照相手段上,"只有照相手段才有可能记录下在许多地区共同的日常生活的各个物质的方面。'人类大家庭'的观念是由一个天生的摄影师提出的,这绝非偶然……电影,由于其照相的本性,注定要采用这一主题"[②]。有趣的是,正是克拉考尔为电影照相本性之贡献的"人类大家庭"观念,在罗兰·巴特那里却被斥为背离历史的"共同体"神话:"摄影的失败,我觉得是很明显的:不断重复死亡或出生,严格说来,其实没有告诉我们什么。为了让这些自然的事实能进入真正的语言,必须将它们纳入到一个知识范畴中去,也就是说我们能够转换它们这样一个前提条件,使其自然性明确地经受人类的评判。"[③] 沿着巴特的批评走下去,如何通过媒介表征建构关系,如何让"反映"与"意向"两个方向的箭头碰撞出即

---

① 吉登斯:《现代性与自我认同:现代晚期的自我与社会》,赵旭东、方文译,生活·读书·新知三联书店1998年版,第57页。

② 克拉考尔:《电影的本性——物质现实的复原》,邵牧君译,中国电影出版社1981年版,第393页。

③ 巴特:《神话修辞术》,屠友祥译,上海人民出版社2016年版,第124页。

使无法评价好坏、起码可接受的人类境况，是媒介表征实践的主要动力，即使这同时意味着宰制与反制、行动与能动等各种未知风险。比如早期实事片，出现了大量海外宣传与仪式的新闻报道，以努力向潜在的受众呈现资本主义世界体系的前景，同时也可能助长了偏见与麻木。

总之，致力于将各种关联以客观化的方式表征出来并加以整合理解与组织化传播，成为现代社会赋予纪实影像的"历史使命"，也就是为什么纪实影像总以"严肃话语"的面貌出现。比如关于电影的历史叙述里，纪录片及现实主义题材经常被理所当然地与政治诉求关联在一起，尤其是左翼政治——"革命电影在一定程度上征用了传统的类型，比如纪录片或背景设定在当下的社会批判电影"[①]。有趣的是在这些表述之后紧跟的往往是对故事片代表作品而非纪录片的表述，仿佛政治诉求与纪录片的关联已如此不言自明以至于乏善可陈。纪实影像被期许为变革力量，那么是什么决定了它的意义，就成了各路话语的利益赌注，纪实影像就在这些利益交锋中，获得自己的崇高性和特权。

（二）决定纪实影像意义的因素：社会建构偏向与文化实践偏向

和其他媒介呈现形式一样，在探讨决定纪实影像意义的因素时，无外乎两种取向：一种是侧重将对现实的表征看作社会建构结果——这个取向上最为明显的莫过于传播政治经济学研究、法兰克福学派、话语研究；另一种则侧重将对现实的表征看作对现实世界产生意向行为与影响的文化实践，比如以符号互动理论为基础的文化研究（尤其是视觉文化研究、亚文化研究），以及一些人类学、社会学研究等。

第一种社会建构视角推至极致，通常揭露强大的政治、经济力

---

① 大卫·波德维尔、克里斯汀·汤普森：《世界电影史》，范倍译，北京大学出版社2014年版，第700页。

量用影像达成劝服、动员与欺骗，孕育出强大的影像表征以取代现实。伯格与卢克曼为进入这个角度的文献梳理提供了理论基础：尽管社会世界在人类经验中属于客观事物，但现实的客观性与制度的合法性是被建构的；外化、客体化与内化这三个辩证节点形成了社会现实中的基本关系①。伯格和卢克曼将他们对于这一知识社会学取向的理论源头归于马克思主义思想，而这也正是最为鲜明的一种看待媒介表征的进路。莫斯可以"商品化、空间化、结构化"概括了一个传播政治经济学研究的进入框架②，这三个进入过程其实不同程度地体现在社会建构视角下对媒介表征的研究。将媒介表征——不论是纪实还是虚构——首先视为商品、征服市场的手段，或作为广义的"文化资本"，这一点从批判研究中已经得到了揭示，尤其是在新闻产品的领域（如赫尔曼与乔姆斯基、席勒、默多克等的研究）。斯迈思则在更具媒介商品化特殊性的方向上更进一步，指出受众劳动或受众的注意力才是大众媒介的主要商品③。这就把纪实影像作为社会建构的视角引向受众：一方面，纪实影像在特定的权力结构话语下被赋予了不同的意义，这些意义被当作真实世界的客观图景传达给受众，以使更为隐蔽的意识形态霸权在对"真实"的诉求和遮蔽下成为可能；另一方面，受众的不可化约性又为纪实话语的构建带来了更多分裂的场域。

有一点是肯定的：对现实的媒介化表征永远不能还原为现象学的保证。但我们难以抑制的"降服时间的渴望"——追求形似的写实主义历史尽全力创造符合现实原貌而时间上独立自存的世界，以使无限的精神层面的"延后"成为可能④，使我们既以各种物质技

---

① 伯格、卢克曼：《现实的社会建构：知识社会学论纲》，吴肃然译，北京大学出版社2019年版，第79页。
② 莫斯可：《传播政治经济学》，胡正荣译，华夏出版社2000年版，第134页。
③ 莫斯可：《传播政治经济学》，胡正荣译，华夏出版社2000年版。
④ 巴赞：《电影是什么？》，崔君衍译，中国电影出版社1987年版，第7页。

术手段参与到现实意义的生产,也因此而生存在一个高度媒介化的世界里。摄影机尤其加剧了这一双重的隐蔽,它替代了人的眼睛,"在原物体与它的再现物之间只有另一个实物发生作用……外部世界的影像第一次按照严格的决定论自动生成,不用人加以干预,参与创造"①。从法兰克福学派"完全监管""单向度社会"等概念——结构性转变是商业化与对日常生活领域的控制共同作用的结果②,到居伊·德波的"景观社会"、鲍德里亚的"消费社会",都在提醒我们不能忽视这种"真实图景"背后的催眠作用。景观理论试图统一并解释形形色色的"表面现象",这个表象在其普通真相中得到认可,表现为一种巨大的实证性,既无可争辩又难以企及③。凯尔纳受此启发研究了美国媒介文化中的"真人秀"奇观、电视新闻奇观等,尤其是围绕拉登录像带真伪的媒体奇观所作的评论,都体现了所谓的纪实影像通过电视和网络创造出景观社会,通过满足窥淫癖和自恋情结,使人们对媒体制造出的奇观的关注超过现实世界④。

对所谓"原始影像"的意识形态建构的研究固然力图挑战媒介报道中证据使用的天然合法性,但更多站在"控制"的一端;鲍德里亚则更进一步:在对大众进行精神驯化的消费逻辑下,媒体信息与符号复制随着消费品泛滥扩散,日常生活中一切再现不过是拟像,真实世界的缺席随着技术的日臻完善反而会越陷越深⑤。以鲍德里亚为代表的后现代主义媒介思想既带来启发也广受质疑,虽然其对媒介拟像的洞察力振聋发聩,但具体到比如纪实影像的领域上时,这

---

① 巴赞:《电影是什么?》,崔君衍译,中国电影出版社1987年版,第11页。
② 马尔库塞:《单向度的人:发达工业社会意识形态研究》,刘继译,上海译文出版社1989年版;霍克海默、阿道尔诺:《启蒙辩证法:哲学断片》,渠敬东、曹卫东译,上海人民出版社2006年版。
③ 德波:《景观社会》,张新木译,南京大学出版社2017年版,第6页。
④ 凯尔纳:《媒体奇观:当代美国社会文化透视》,史安斌译,清华大学出版社2003年版,第23—27页。
⑤ 鲍德里亚:《消费社会》,刘成富、全志钢译,南京大学出版社2014年版,第113—118页。

种近似于非黑即白的极致推演并不能够说明仍在大量进行并产生影响的媒介生产与受众认知。

于是纪实影像方面的研究发现福柯的话语分析路线更为实用，比如约翰·塔格在对纪实性摄影的考察中指出，"纪实"是一个晚近的发展，摄影记录及其"证据力"的出现，与新的话语和体制形式有关①。有趣的是塔格在导言中追溯"纪实"（documentary）一词时认为的起点与经典纪录电影史不约而同，都指向格里尔逊1926年评论《摩阿那》时的使用；在塔格这里，documentary代表的话语结构超越了摄影，但在其直观和真理的修辞内，把摄影技术（从连续摄影技术发展而来的电影技术后来加入进来也合情合理）置于中心特权地位②。布莱恩·温斯顿在摄影术隐含的科学主义话语这一点上也持相同的观点，此外他更侧重于纪录片作为科学性与艺术性两重合法性建立的历史③。也正是在这里，当社会建构的视角得到修正和中和后，我们稍一转身就会看到共生着的另一视角之可取处：既然建构力量是既有霸权又有协商的过程，那么纪实影像如何获得了力量，又在何种程度上有超越建构的可能呢？

与社会建构视角的取向相对，第二种常见的取向将纪实影像视为文化实践，即认为在诸如纪录片这样的类型化表征场域之中，纪实影像及对现实的再现/表征行为对于现实世界具有显著的行动性与能动性。葛兰西转向之后的文化研究领域在媒介表征方面投入了大量精力，尤其体现在少数族裔、第三世界民族国家、性别议题与亚文化群体方面，并与20世纪后半叶的民主实践紧密结合。

从这个出发点上来看，纪实影像的各种本体论论争与美学论争才显示出其必要性：因为借由其表征现实的能力承诺，现实才能够

---

① 塔格：《表征的重负：论摄影与历史》，周韵译，重庆大学出版社2018年版，第xxi页。
② 塔格：《表征的重负：论摄影与历史》，周韵译，重庆大学出版社2018年版，第xxii页。
③ 温斯顿：《纪录片：历史与理论》，王迟、李莉、项冶译，中国广播影视出版社2015年版，第13—20页。

更好地被用于意义的再生产。比如卡罗尔反思了对纪录片真实性的批判,指出:"纪录片理论的核心困境是如下一种信仰,即相信纪录片必定具有偏向,由于电影技术从本质上而言是选择性的,因此先验地排除任何对客观性的宣称。这种论断包含两种需要摒弃的观念:第一,非虚构电影因其内在本质,在某些方面与其他事物(比如社会学论文)截然不同,它唯独不能实现客观性;第二,选择性偏见必然存在。"[1] Dai Vaughan 也指出,纪录片诉诸真实的作用始终都在,"将一部影片视为纪录片,意味着将其意义视为与镜头前出现的事件、客体相关:一言以蔽之,其意义应被视为与被镜头记录下的人或事密切相关"[2]。雷诺夫在卡罗尔之前就已经意识到这个问题,在对纪录片的定义中重申了诉诸真实的重要性,但他改换了视角:"纪录片是一种最积极地推动即时性幻想(illusion of immediacy)的电影语言,因为它否定'现实主义',倾向一种更加直接、本体论意义上的'真实'立场,记住这一点尤为重要。每部纪录片或多或少都会宣称'真实',即与历史保持联系,由此超越剧情片相对应的位置。"[3] Renov 将纪录片"宣称真实"这一点提出来,他的观点代表了当时纪录片理论所迫切寻求的本体论出路,也折射出本体论问题对于作为纪实"功能"之影像来说的焦虑处境。

不仅仅在大众传播方面,人类学、社会学等研究诉求也促进对纪录片本体论与美学研究的发展:理论研究的"求真"与"有意义"的双重诉求形成了张力,使媒介工具在其中的使用经常成为矛盾的焦点。比如与纪录片一样,人类学领域在 20 世纪 80 年代也经历了"表述的危机"——如《写文化》的一系列文章所锚定的那样——

---

[1] 卡罗尔:《非虚构电影与后现代主义怀疑论》,载鲍德韦尔、卡罗尔编《后理论:重建电影研究》,麦永雄等译,中国社会科学出版社 2000 年版。

[2] Vaughan, *For Documentary: Twelve Essays*, Berkeley: University of California Press, 1999, pp. 84 – 85.

[3] Renov, "Re-thinking Documentary: Towards a Taxonomy of Mediation", *Wide Angle*, 8, 1986, pp. 3 – 4.

反思人类学表述方式的认识论基础①；而正是这个时候纪实影像也在发生改变，电视媒介的世界范围内普及，使得无论是人类学还是民族志电影的规范因素都开始产生灰色地带，作为科学研究档案的人类学影像并不能成为权威的保证，更何况在记录与传输并行的情况下。因此不能将影视人类学表述仅仅作为"产品"，还需要"过程"：无论是文本还是影像，人类学都尽量在处理主客体之间的距离，"避免同时代事物造成的规避和替代"②。影视人类学实践与大众媒介的合作成为作为一种过程的突破口，尽管媒体机构的技术与话语介入也带来一些争议，但类似《正在消失的世界》这样的人类学电视纪录片所引发的学界争议与广泛影响正说明当时这种方式所回应的现实需要。另一种方向上的影视人类学实践则某种程度上延续让·鲁什"分享人类学"的精神，尝试以影像为介质而不是再现手段，来探究不同文化群体在建构自身文化的影像真实方面有何不同③。

  以上两个视角往往不是看起来那么针锋相对，而是各有侧重；而且当研究材料是已经作为"成品"呈现在我们眼前的表征现象时，作为中介物的纯粹的"媒介"会使两个视角出发的路线都相撞在中间并产生回弹。比如假如从最具现实批判性的政治经济学视角来看，权力结构对媒介产品生产与消费的决定性作用理论上可以达到的控制，实际上却反而产生了一个协商的结构化空间，所以从20世纪六七十年代开始，批判研究向葛兰西"霸权理论"转向④；对世界范围的信息社会发展转型抱有期待的理论，也通常会撞上媒介不仅仅作为单纯的信息载体而且作为具有历时性的社会建构

---

  ① 克利福德、马库斯：《写文化：民族志的诗学与政治学》，高丙中、吴晓黎、李霞等译，商务印书馆2006年版。
  ② 克劳福德、特顿：《民族志电影》，高辉、郝跃骏译，云南大学出版社2014年版。
  ③ 如：Worth, Adair, *Through Navajo Eyes: An Exploration in Film Communication and Anthropology*, Indiana University Press, 1975。
  ④ 斯道雷：《文化理论与通俗文化导论（第二版）》，杨竹山、郭发勇、周辉译，南京大学出版社2001年版。

这一事实的高墙①。因此媒介（涵盖从文字媒介到各种视听媒介，从书写、印刷、光学声学模拟与数字信号一直到互联网传播方式）作为一个既暂时悬置社会建构又暂时悬置文化实践的载体本身，探讨这一研究对象在两个方向之间的特殊运作机制及变迁，在近几年以媒介考古学、物质化媒介研究等形式逐渐兴起。或者不如说得直接一些：在"媒介"这一引入中介性的层面上试图寻求救赎之道。

围绕媒介，有两条显著的"救赎之道"日益受到相关研究的倚重：一是"认知"——诉诸人类心理这一内在"机器"；二是"技术"——诉诸可以不断重塑和创新的外在"机器"。对人类心理认知机制的探索，约始自 20 世纪六七十年代认知科学的发展，特定地致力于解决通过媒介达成的"人们对于人类互动的组织性想法"之心智历程，包括影响信息生产的过程、信息及社会信息处理、心智模型的产生及储存与分享认知的产生。② 虽然 20 世纪二三十年代起心理学就已经被引入电影与电视研究，但进入认知科学阶段的媒介心理学研究在同样关注传播效果的同时，开始将之前明显的行为主义倾向扭转过来，因为只从行为推导效果，远不足以解释到 20 世纪后半期时业已纷繁复杂的媒介图景，人们的脑内"黑匣子"在各种媒介手段攻势下，反倒越来越神秘，亟须进一步拆解。方兴未艾的"生理测量"研究方法就是最直接的拆解——脑波、肌电反应、眨眼惊吓反应等。而对媒介"技术"的探索——在这里"技术"尽管经常呈现为各种狭义的科学技术手段（technology），但其实际研究关切的是更为广义的作为一种"配置"的技术（technique）——则是媒介技术如何塑造甚至支配了人类的身体、心理以及社会知识程序与生产体制；在这方面媒介考古学是一幅鲜明的学术旗帜。"认

---

① 韦伯斯特：《信息社会理论（第 3 版）》，曹晋、梁静、李哲、曹茂译，北京大学出版社 2011 年版，第 7 页。
② 林淑芳：《传播心理研究》，载洪浚浩主编《传播学新趋势：全 2 册》，清华大学出版社 2014 年版，第 245—246 页。

知"与"技术"这两条"救赎之道"相向而行：一边是人类如何通过媒介进行处理，一边是媒介如何通过人类进行处理。但相同的逻辑是，原本作为人类造物的媒介机器反而得以在人类的思考层面上获得分庭抗礼的地位，而这个趋势在20世纪后期媒介发达的年代愈演愈烈。

但与此同时，在纪录片与纪实影像研究领域，尽管20世纪末期以发现与探讨"新纪录电影"为契机，相关的作品与创作者研究层出不穷，也针对百年来的纪录电影理论与实践发展出相对完整成熟的历史叙事；不过由于纪实影像向来因相对于虚构电影被更加理所当然地理解为"物质现实的复原"，所有的讨论也围绕着"复制"的可能或不可能，而将对媒介的关注简单地作为技术背景加入历史解释中，重点仍然放在围绕纪实影像的主体创造性上。也就是说，关于纪录片本体论问题，媒介是为人所用的手段，是"给定"的条件，因此讨论"人"之主体性更为重要。我们可以在接下来的文献综述中一窥这个一贯的倾向。

第三节 文献综述

一 纪录片研究文献综述

"纪录片"（documentary）这一概念的产生是一个命名过程。被公认的源头是格里尔逊在1926年评论弗拉哈迪的《摩阿那》时首次将其称为"documentary"[1]，之后格里尔逊又对纪录片作出了"对现实的创造性处理"的著名定义[2]。但正如温斯顿对"documentary"

---

[1] Grierson, "Flaherty's Poetic Moana (1926)", in Kahana, J. (eds.), *The Documentary Film Reader: History, Theory, Criticism*, Oxford University Press, 2016.

[2] 巴桑、索维吉：《纪录电影的起源及演变》，载单万里主编《纪录电影文献》，中国广播电视出版社2001年版。另见尼科尔斯《纪录片导论》，陈犀禾、刘宇清译，中国电影出版社2016年版，第6页；奥夫德海德《纪录片》，刘露译，译林出版社2018年版，第4页；尼科尔斯《纪录片导论》，陈犀禾、刘宇清译，中国电影出版社2016年版，第4页。

一词的简要的心灵史追溯，"documentary"及其援引的法语来源"documentaire"所指向的词源"document"对应于以契约关系为基础的现代法定权利的发展，是作为"证据"的索引性含义开始的，这种证据身份从静态摄影传到动态摄像①。影像的索引性，也就是独立于影像的被表征对象与影像符号之间的必然联系，其本身的脆弱性早已被反复阐述，实际上也早已被虚构叙事电影史实践了：表征是符号的基本功能，"是某一文化的成员间意义产生和交换过程中的必要组成部分，包括语言的、各种记号的及代表和表述事物的诸形象的使用"。"各种视觉符号和形象，甚至在它们与其指称的事物有着严格相似性时，也仍然是符号，它们含有意义并因而必须被解释。"②但对于纪录片或更广义的"纪实"类型来说，影像之可回溯性本身成了影像所表征或再现（represent）之物——"我拍到的都是真正发生的"，成了生成意义的关键——"所以接下来我的叙述具有重大意义"。温斯顿将此证据索引性作为纪录片意识形态的来源：一个本身产生不了意义的索引性，最终却在纪录片文本中产生了意义。

在索引性与符号的表征实践的交织下，"纪录片"一词因而包含了从早期"实事片"③（actualité，这个名词实际上更多地作为"新闻"含义来使用）、新闻影片、纪录电影、科教片、电视纪录片、电视专题片、电视真人秀一直到纪实剧、"伪纪录片"等大量的具体形式和分类。作为最早对纪录片形式贡献了充分实践、研究与理论总结的先驱，格里尔逊准确地强调了纪录片强大的教育和宣传力量，反对"图解式"的纪录片，要对自然素材进行组织、重构和创造性的剪裁、解说："迄今为止，我们把所有根据自然素材制作的影片都

---

① 温斯顿：《纪录片：历史与理论》，王迟、李莉、项冶译，中国广播影视出版社2015年版，第7—9页。
② 霍尔：《表征：文化表象与意指实践》，徐亮、陆兴华译，商务印书馆2003年版，第15—19页。
③ 内尔姆斯：《电影研究导论：第4版》，李小刚译，世界图书出版公司2012年版，第219页。

归入纪录片的范畴。是否使用自然素材,被当作区别纪录片与故事片的关键标准。"但他认为这种衡量标准过于宽泛,不应该把所有实地拍摄的影片都算作纪录片,那些新闻报道性质的影片和资料片不应该纳入讨论的范围,"纪录片这个称谓只留给高层次的影片"①。格里尔逊以弗拉哈迪的影片为例,阐明纪录片的两个首要原则:一是深入挖掘一手素材;二是通过细节的并置创造性地阐释自然的生活,更加有力地揭示主题的真实。② 在其逐渐形成显著的、具有广泛影响的某些主流论争形式过程中,必须根据需要将一些特征更靠近连续统的一端的类别搁置,比如纪录片研究很少将新闻影片(newsreel)纳入进来,就像电影理论研究也很少将纪录片、新闻片纳入进来一样。然后在一定时间内,这种区分就成为共同探讨某类问题的共识与前提条件。

在研究特定问题的时候,这种区分或收窄总是有必要的,尽管为了突出"创造性处理"而采取这种权宜之计背后必然有策略性的考量和话语政治的建立过程③,然而其他词如"事实"(actuality/factual)、"现实"(reality)也并不能帮助其确切定义,这背后的本体论问题是一个死胡同,大多数时候不仅无解,而且无益,在"大多数时候,识别出一部纪录片比为其下定义要简单得多"④。格里尔逊那句简洁有力的定义中,"现实"(指涉的客观世界)、"创造"(诗意与美学)、"处理"(创作者的主体性与主观视角)三个关键词的特质、尺度、伦理,一方面成为纪录片本体研究的主战场,另一

---

① Grierson, J., *Grierson on Documentary*, Hardy, F. (eds.), London: Faber and Faber Ltd., 1966, p. 145.
② Grierson, J., *Grierson on Documentary*, Hardy, F. (eds.), London: Faber and Faber Ltd., 1966, pp. 147–148.
③ 温斯顿:《纪录片:历史与理论》,王迟、李莉、项冶译,中国广播影视出版社2015年版,第10—11页。
④ Spence, L., Navarro, V., *Crafting Truth: Documentary Form and Meaning*, Rutgers University Press, 2011, p. 2.

方面也使具体的、共时的探讨成为可能。比如，如果完全按照非虚构的对现实世界的复制这一特质来划分，似乎只有《工厂大门》《火车进站》这样的早期"实事片"才是其原始典型——甚至《工厂大门》也有对工人、马车、狗的镜头调度，尽管工人的确每天走出这扇大门。然而早期实事片的魅力所在也并非来源于影片拍摄下的现实事物，而是源自对电影本身再现或记录的能力的迷恋①。因此在构成、美学与伦理上对纪录片搭建分类图式、设法将纪录片的多样化实践纳入话语序列的努力一度引人注目。比尔·尼科尔斯著名的六种纪录片分类法②是从不同的构成方式出发；雷诺夫则从功能角度区分——记录、说服、分析、表达③，以便正式将创作者主体性的正当地位纳入纪录片版图；Ellis 指出"重建真实"与"社会意图"是纪录片区别于其他表现形式的决定性特征，而这两个特征都体现出与一般艺术表达方式相比的伦理层面要求④。这种种努力表明，关于纪录片这一概念，既不是先验的、本质性的，也不是策略性的建构所能决定，而是在历史过程中不断互动、生产的结果，"纪录片是一种历史现象，是带有过去的实践"⑤。而且在影视媒介充斥的现代工业化时期就已经不断地以大量的实践推翻原有的含义，在高度拟像化的信息社会语境下尤其亟待将其放置在更广义的纪实影像生产与消费的视角来看待。

　　关于纪录片——或者从更全面的角度，关于与其在现实表征特

---

① Vaughan, *For Documentary: Twelve Essays*, Berkeley: University of California Press, 1999, p. 6.

② 尼科尔斯：《纪录片导论》，陈犀禾、刘宇清译，中国电影出版社2016年版。

③ Renov, *Theorizing Documentary*, New York & London: Routledge, 1993, p. 21.

④ Ellis, "Dancing to Different Tunes: Ethical Differences in Approaches to Factual Film-making", in Pearce & McLaughlin (eds.), *Truth or Dare: Art & Documentary*, Intellect Ltd., 2007, p. 59.

⑤ Sobchack, "Toward a Phenomenology of Nonfictional Film Experience", in Jane M. Gains and Michael Renov (eds.), *Collecting Visible Evidence*, University of Minnesota Press, 1999, p. 251.

第一章　引言

质上广泛联系的纪实影像与现实世界关系的研究，以往基本上被具体化为媒介的形式（物质技术角度与美学表达角度）、信息内容和生产机制与社会、文化之间的关系；鉴于活动影像视听媒介产生于19世纪后期到20世纪初期的现代化进程中，这一媒介深刻地与现代工业的技术扩张与大众文化工业交织在一起，在数字媒介发展之前，可以被称为"大众传播电子媒介"[1]，有时直接被称为代表性的"现代媒介"[2]——从电影、电视一直到互联网的不同传播方式，从模拟信号到数字信号。于是这一领域研究对象的产品属性为类型化的研究提供了有效且必要的维度，比如研究电视新闻与社会的关系，和研究电影（纪录/剧情）与社会的关系具有显明的不同，尽管作为广义的媒介研究它们无疑共享了诸如政治经济学维度、社会学维度与文化维度的研究取向[3]。这种类型化透露出其社会功能主义意义上的不同期待，但正如王迟以美学、认知与政治三个坐标系的方式试图将纪录片分类方法纳入一个连续统之中[4]，针对不同媒介产品的区段都能为探讨纪实影像与现实世界的关系提供洞见，同时建立了可能本不存在的区隔，在区隔之上可能聚集了完全相反的结论。

如果后退一步，追溯对现实的表征与现实世界的关系——这不仅将摄影、留声机等相对于现代视听媒介而言是预备阶段的媒介囊括进来，实际上还可以将文字、绘画都作为非复制的现实表征媒介纳入参考范围，就会发现尽管止步于无法直观复制的鸿沟，但文字、绘画作为对现实的表征媒介所经历的漫长历史及相关研究，为纪实影像的研究提供了言说对象与类比视角。

在研究方法上，对纪实影像的研究有三条主流路径：一是来自

---

[1]　熊澄宇：《媒介史纲》，清华大学出版社2011年版。
[2]　基特勒：《留声机　电影　打字机》，邢春丽译，复旦大学出版社2017年版。
[3]　Schudson, M., "The sociology of news production", *Media Culture Society*, 11, 1989, p. 263.
[4]　王迟：《建设一种纪录片本体理论》，载王迟、温斯顿编《纪录与方法（第一辑）》，中国国际广播出版社2014年版，第9页。

文学理论传统的符号学与叙事学路径，分析影片文本符号对现实的表征所生产的意义。就符号与其对象的关系而言，皮尔斯将符号分为像似符（icon）、指示符（index）和规约符（symbol）[1]，其中指示符的指称在传统上一直是纪实影像的前提条件，"一方面与个别对象存在一种动力学联系，另一方面与那些把它当做符号的人的感觉或记忆有联系"。在影像媒介研究中纪实影像既作为不言而喻的指示性又不可能只因指示性而独立存在的事实，使主流的电影叙事与符号学研究一直无法真正处理它与虚构影像（可以非常容易地承续文学研究传统）之间的不同，比如纪实影像的研究对"指示"符号的依赖之后转向对"命名"的指示作用的迷思，比尔·尼科尔斯最为人所知、广受批判但经常被作为急就章使用的一个构成纪录片"标示"的版图，刚开始是四个，随着实践与理论的发展逐渐发展为六种模式：诗意式、解说式、观察式、参与式、自反式和表演式[2]，甚至将纪录片定义为主观标示下产生的特定期待，比如认为"更明智的取向是将其描述为一种生产模式，一种资助、拍摄、后期制作和展映的趋势，我们通常将其标示（indexed）为'纪录片'"[3]；"影片创作者、发行者对作品的标示（index）足以帮助观众确认作品的身份，并促使其对作品作出相应的期待"。[4]

从创作者的角度"标示"或"声称"纪录片这一类型，这可以是一种引导特定期待的策略，但用来定义纪录片则远远不够，最终还是需要求助于对观者认知的研究[5]。艾柯对皮尔斯的修正正是对此

---

[1] 皮尔斯、李斯卡：《皮尔斯：论符号——附李斯卡：皮尔斯符号学导论》，赵星植译，四川大学出版社2014年版，第51—61页。

[2] 尼科尔斯：《纪录片导论》，陈犀禾、刘宇清译，中国电影出版社2016年版；对其批评见布鲁兹《新纪录：批评性导论》，吴畅畅译，复旦大学出版社2013年版，第5页。

[3] Arthur, P., "Extreme Makeover: the Changing Face of Documentary", *Cineaste*, 30 (3): 18-23, 2005.

[4] Carroll, *From Real to Reel: Entangled in the Nonfiction Film*, *Philosophical Exchange*, Brockport: State University of New York, 1983.

[5] 如Guynn, *A Cinema of Nonfiction*, Associated University Press, 1990。

问题的揭示：指示性符号也是通过社会的约定俗成而建立的，每当一组人决定把某物认作或用作解决另外事物的工具，也就有了一个符号，"符号学必须研究任何可用来说谎的东西，说谎的可能性就是符号过程的特性"①。类似这些代表性的后结构主义思想也为西方纪录电影美学带来影响与正名的双向作用，尤其是近年来"新纪录电影"作为一个相对于直接电影美学的非常显著的纪录美学转型趋势②为传统的电影符号学与叙事学研究带来了新话题，比如一些学者发现当代纪录片有一种"再现无法再现之物"、超越指称性的趋势③：关系、情感、记忆、认同，以及市场逻辑，任何以经验方式进行证明之前片刻出现的一种可能——"可成形性"（figurability）④。这种创作倾向于学术认同，某种程度上体现了20世纪80年代后面对媒介全球化、同一化形势对纪实影像之变革意义的消解所做出的新的解放尝试。

比起符号学与叙事学研究经常面临的非历史化指责，第二条主流路径致力于对纪录片创作与生产过程本身进行历史梳理与语境化，以体现作为一种实在的与所再现的现实世界与对象进行互动的媒介生产方式，纪录片制作者及各利益相关方是如何相互制约、调动与协调的。这种媒介社会学式的思考既贯穿在一些较为经典的纪录片历史梳理中⑤，也产生了一些针对具体案例的微观过程研究，包括对代表性制作组织与人物的个案研究等⑥。我们会发现，绝大部分纪录

---

① 艾柯：《符号学理论》，卢德平译，中国人民大学出版社1990年版，第66页。
② 孙红云：《真实的游戏：西方新纪录电影》，文化艺术出版社2013年版。
③ Juhasz, Lebow, *A Companion to Contemporary Documentary Film*, John Wiley & Sons, 2015, p. 12.
④ 詹姆逊，转引自尼科尔斯《论表述行为型纪录片》，载王迟、温斯顿主编《纪录与方法（第一辑）》，中国国际广播出版社2014年版，第78页。
⑤ 巴尔诺：《世界纪录电影史》，中国电影出版社1992年版；Beattie, *Documentary Screens: Non-Fiction Film and Television*, Palgrave Macmillan, 2004.
⑥ Lindeperg, S., *Night and Fog: a Film History*, Mes, T. (trans), Minneapolis: The University of Minnesota Press, 2014；孙红云：《伊文思与纪录电影》，吉林出版集团有限责任公司2014年版；Vogels, *The Direct Cinema of David and Albert Maysles*, Southern Illinois University Press, 2010.

片研究都更强调文化实践的意向性之首要地位，比如即使是对纪录片如何与政治权力结成同盟的研究，也着力于解读纪录片创作者作为行动者如何利用特定形势下的政治资源与社会历史条件，以表征现实的方式作出改变[1]。大量的纪录片研究都集中在纪录片如何积极输出了社会变革能量、为弱势群体增强可见性、实现呼吁与动员上，比如对格里尔逊、维尔托夫的早期政论式纪录片历史影响的追踪[2]、纪实影像在两次世界大战期间显著的政治煽动、军事宣传及社会教育与团结作用[3]，以及战后作为对左翼思潮的积极回应与推动的英国自由电影、美国直接电影运动等[4]；甚至将真实电影风格及其在电影、电视媒介新技术基础上的广泛发展，与第三世界国家的解放运动、左翼与女性主义运动并列为20世纪七八十年代民主化思潮的三个重要互动因素[5]。纪实影像作为社会记忆的见证作用，也丝毫不亚于其传播观念的价值，尤其是在见证种种历史与当下的苦难与创伤方面，影像的留存本身被视为积极行动[6]。

在以数字技术、信息技术及互联网传播为代表的新媒介发展之

---

[1] Stott, *Documentary Expression and Thirties America*, New York: Oxford University Press, 1973; Rothman, W., "The Filmmaker as Hunter: Robert Flaherty's Nanook of the North", in Barry Keith Grant and Jeannette Sloniowski (eds.), *Documenting the Documentary: Close Readings of Documentary Film and Video*, Detroit, Wayne State University Press, 2014: 6; Ten Brink & Oppenheimer (eds.), *Killer Images: Documentary Film, Memory and the Performance of Violence*, London & New York: Wallflower Press, 2012; Alter, *Projecting History: German Nonfiction Cinema, 1967—2000*, University of Michigan Press, 2002.

[2] Aitken, *Film and Reform: John Grierson and the Documentary Film Movement*, London & New York: Routledge, 1990.

[3] McLaughlin, R. L., *We'll Always Have the Movies*, The University Press of Kentucky, 2006; 林少雄、陈剑峰:《意识形态的形象展示：纪实影片发展与执政党的文化策略》，上海人民出版社2009年版。

[4] Saunders, *Direct Cinema: Observational Documentary and the Politics of the Sixties*, London & New York: Wallflower Press, 2007.

[5] Waugh, T., *The Right to Play Oneself: Looking Back on Documentary Film*, Minneapolis & London: University of Minnesota Press, 2011, p. 15.

[6] Wieviorka, *The Era of the Witness*, Jared Stark trans. Ithaca and London: Cornell Univ Press, (L'ère du témoin, 1998) 2006.

后，对纪实影像的行动潜力的探讨虽然增加了数字化的全景监控、平台化资本宰制与信息传播伦理的担忧[1]，但以积极介入现实表征的社会行动层面为理想，无论是纪录片创作者还是研究者（他们之中很多人同时担任这两个角色）都以较为自信的姿态继续在各自的议题下以纪实影像实验与探索，重绘世界版图[2]、消除时空与情感隔阂，甚至形成线上与线下的行动社群。

最后，作为另一种对第一种符号学路径似乎是必然的修正，研究者将目光转向观者这边，研究文化系统、心理认知等在纪实影像被观看时发生的机制。这一路径首先依然是基于现象学的文学研究传统：感知个人主体与被感知客体、人及行为世界之间的关系——两者是统一过程中密不可分的不同方面，研究任何事情就等于研究那件事在个体人的意识中如何被体验、如何形成概念——意义被个体意识强加在现实世界之上。这一"作者性文本"[3]的路径，从斯图亚特·霍尔的"编码—解码"[4]，到费斯克更为乐观的作为大众式作者性文本的"生产者文本"概念[5]，以及以詹金斯为代表的"参与文化"与"融合文化"研究——前者基于电视媒介文本，后者则建立在互联网新媒介基础上[6]——为改变电子媒介时代之后图像泛滥与视觉麻痹的悲观图景作出了理论努力。

---

[1] Juhasz, "Ceding the Activist Digital Documentary", in Nash, Hight and Summerhayes eds., *New Documentary Ecologies: Emerging Platforms, Practices and Discourses*, Palgrave Macmillan, 2014.

[2] Walker, "Projecting Sea Level Rise: Documentary Film and Other Geolocative Technologies", in Juhasz, Lebow (eds.), *A Companion to Contemporary Documentary Film*, John Wiley & Sons, 2015.

[3] 巴特：《S/Z》，屠友祥译，上海人民出版社2016年版。

[4] 霍尔：《编码，解码》，载罗钢、刘象愚主编《文化研究读本》，中国社会科学出版社2000年版。

[5] 费斯克：《理解大众文化》，王晓珏、宋伟杰译，中央编译出版社2006年版，第112页。

[6] 詹金斯：《文本盗猎者：电视粉丝与参与式文化》，郑熙青译，北京大学出版社2016年版；詹金斯：《融合文化：新媒体和旧媒体的冲突地带》，杜永明译，商务印书馆2012年版。

受此影响，一些研究提出，纪录片这一类型及对其的期待，不依赖于内在的结构，而是在不断的经验交换语境下形成并处于永恒的动态之中的。"从表面上展示出的影像——而非必然展示出的影像——成就了纪录片，而表面与必然之间的关系也成为关乎电影制作者伦理道德的议题，这可是观看者无从知晓的。然而，观众基于有意或无意的影像符号所作出的种种假设则透露了他们对于纪录片的理解。于是，制作一部纪录片意味着使观众确信他们之所见乃事物之所是。"[1]"就语用学而言，正是感知的情境决定'阅读的契约'，引导观众采取'记录化'态度，而不是'虚构化'态度。"[2] Vivian Sobchack 运用现象学的方法，将观众对家庭录像、纪录片、剧情片所作的不同反应置于一个连贯的谱系之上，进行比较分析，得出"'纪录片'不是一个东西，而是与影片对象之间的一种主观性的关系。是观众的意识最终决定了影片对象的类型"的结论[3]。更重要的是，创作者与观看者所能够共享的文化经验里对现实世界的认识。纪录片这个概念不是无源之水，"我们能够识别纪录片，是因为常规的程序和技术将它与其他类型的电影区分开。纪录片依赖于我们在特定的共同体内享有的特定符码、理解和期待——包括非虚构电影和视频的所有制作者和观看者。事实上，对真实的声称往往取决于这些常规化的符码和程序的效率"[4]。布鲁兹在将朱迪斯·巴特勒的展演（performative）理论引入纪录片，研究了新纪录片中的表演性之后，总结出"纪录片、真实与纪录片观众之间的协定远比许多理论家直

---

[1] Vaughan, *For Documentary: Twelve Essays*, Berkeley: University of California Press, 1999, p. 59.

[2] 奥蒙、玛利：《电影理论与批评辞典》，崔君衍、胡玉龙译，上海人民出版社 2011 年版，第 69 页。

[3] Sobchack, "Toward a Phenomenology of Nonfictional Film Experience", in Jane M. Gains and Michael Renov eds., *Collecting Visible Evidence*, University of Minnesota Press, 1999, p. 251.

[4] Spence, L., Navarro, V., *Crafting Truth: Documentary Form and Meaning*, Rutgers University Press, 2011, p. 23.

第一章 引言

截了当——纪录片永远不会成为真实本身，或因其具备再现的特质而抹杀真实、使之无效"。观众不需要透过标示，就能理解纪录片既是真实与影像之间，亦是诠释与偏向之间协商的产物。纪录片建立在渴望与可能性的辩证关系的基础之上。[1]

这样就不难理解，为何近年来逐渐开始有一些纪实影像研究注意到了精神分析领域的理论遗产：在诉诸观看者的欲望与凝视来找寻影像的坐标时，求助于内在心理机制似乎是更本质主义的选择。如劳拉·穆尔维[2]将精神分析理论引入纪实影像，在静止图像的死亡欲望层面试图重新将指示性带回影像中。另外，也出现了对纪录片制作与观看的案例研究，从微观的角度具体阐述了博德里所谓的电影综合系统——技术的基础内容、电影放映的条件、电影本身作为"文本"——对观众"精神上的机器"的唤起作用，以及更为重要的是，拉康将潜意识视为"大他者的话语"的理论对于理解纪实影像的创作者、被拍摄对象和观看者之间关系带来的启发[3]。由于第一人称电影及私影像纪实风格在个人述行、操作伦理合法性及美学探索方面的优势，近年来"回到内在"的纪录片作品也大量出现，吸引了研究者在精神分析方法上的注意力[4]。然而心理学与精神分析理论又有将纪实影像实践从大众化传播的动力机制中拉回某种艺术鉴赏场域的风险，本质化努力难免陷入言之无物的境地，而这其实是在当下激烈的影像竞技场中寻求传播意义的纪实影像所不乐见的；事实上，将电影研究统统扫入精神分析等"大理论"下的趋势，已经受到广泛的批评和挑战，如以《后理论：重建电影研究》为代表的将电影研究以"复数的小理论"——如何对某种确

---

[1] 布鲁兹：《新纪录：批评性导论》，吴畅畅译，复旦大学出版社2013年版，第8页。
[2] Mulvey, *Death 24x a Second: Stillness and the Moving Image*, Reaktion Books, 2005.
[3] Piotrowska, *Psychoanalysis and Ethics in Documentary Film*, London: Routledge, 2013.
[4] 如 Sabbadini, Mulvey, *The Couch and the Silver Screen: Psychoanalytic Reflections on Euro*, East Sussex: Brunner-Routledge, 2003。

定的现象做出最好的阐释的一般性假设,其标准应该是我们在电影研究中或其他地方所能找到的那些最严密的哲学理性、历史论据的标准和社会经济学评析的标准[①]——还原到更为广泛的历史语境与社会图景之中的努力,正体现了影像在社会实践方面寻求意义的迫切性。毕竟如果只是"自说自话",那么纪录何为、影像何为呢?这是近年来屡屡困扰影视人的问题,也是本书想要探究的方向。

二 媒介变迁研究文献综述

梳理至此,正如前文所述,在探讨对现实世界的表征的问题上,至少以我们所拥有的生存条件来讲,与媒介研究的撞击是必然的。纪实影像研究也谈到了这一问题,比如,Cowie 在研究纪实影像作为现代监控手段对人本伦理造成的冲击时,认为数字技术下的图像与声音挑战了作为人类先验知识可见性的空间[②];尽管新媒介技术为新的政治行动、个人与社群的赋权带来更多可能[③],但也有研究通过考察 21 世纪全球纪录片市场的发展,指出数字媒介条件下的纪录片无法再沿用纯粹基于传统规则、怀旧情绪与局限于某地或某文化的公共服务功能的批评,需要考虑媒介变迁在即时性与流动性上的变化,将纪录片放置在全球范围的文本流中[④]。对于新的媒介环境,敏锐的感知是共通的,多元化的实践案例也并不缺乏,如线上互动纪录片(online interactive documentary)等新形式,一方面消解了纪录片传统

[①] 鲍德韦尔、卡罗尔:《后理论:重建电影研究》,麦永雄等译,中国社会科学出版社 2000 年版。

[②] Cowie, "The World Viewed: Documentary Observing and the Culture of Surveillance", in Juhasz, Lebow (eds.), *A Companion to Contemporary Documentary Film*, John Wiley & Sons, 2015, p. 605.

[③] Juhasz, Lebow, *A Companion to Contemporary Documentary Film*, John Wiley & Sons, 2015.

[④] Hogarth, *Realer than real: Global Directions in Documentary*, Austin: University of Texas Press, 2006, p. 135.

上的说服修辞①，另一方面使用户可以"建构真实"取代"再现真实"②。比起行动主体性在新环境的适应问题，暂时空缺的是站在媒介角度的重新思考。

回到影像媒介发展之初，之所以前文梳理的研究中总会触及关于宰制与反制、标示与解读等种种冲突地带，其实根本上与视听影像媒介与文字媒介、图像媒介的不同有关。19世纪媒介传播沿着记录与传输两根轴线经历了前所未有的变化。传统的书写失去垄断地位，不再能独享其对时间和智慧的记录；记忆技巧再也不仅仅和生命有限的人类个体捆绑在一起③。"照相机和电影、电话和留声机的出现，创造了人类形态的全新表现形式……居住在这个平行宇宙里的是人的各种复制品，他们遵循的规律和我们这些血肉之躯所遵循的规律迥然不同"④。回顾伊尼斯的媒介时空观——有些媒介可以更加有效地在时间的延续中传承知识，而有些媒介则更擅长在空间范围内散布知识，追求地域、制度和权力结构的扩张⑤，那么19世纪经历的这场媒介变革其实是同时在记录与传输、时间与空间上产生加速的过程。

言及时间与空间，就是深入人类生存境况的本质问题。所以伊尼斯的媒介时空观引出的总体性陈述——传播技术在很大程度上驱动着历史——将媒介形态本身作为意义昭示出来，为媒介研究开创了自己的领地。以媒介的"时空偏向"——某些媒介可以更加有效

---

① Forceville, C., "Interactive Documentary and its Limited Opportunities to Persuade", *Discourse, Context & Media*, 20: 218–226, 2017.

② Aston, J., Gaudenzi, S., "Interactive Documentary: Setting the Field", *Studies in Documentary Film*, 6: 2, 125–139, 2012.

③ 彼得斯：《对空言说：传播的观念史》，邓建国译，上海译文出版社2017年版，第201—203页；波斯特：《信息方式：后结构主义与社会语境》，范静晔译，商务印书馆2014年版，第12页。

④ 彼得斯：《对空言说：传播的观念史》，邓建国译，上海译文出版社2017年版，第205页。相似观点见基特勒《留声机 电影 打字机》，邢春丽译，复旦大学出版社2017年版。

⑤ 伊尼斯：《传播的偏向》，何道宽译，中国传媒大学出版社2015年版。

地在时间的延续中传承知识，而有些媒体则更擅长在空间范围内散布知识，追求地域、制度和权力结构的扩张——为划分方式，伊尼斯描述了知识和权力是如何被积累，又是如何影响到文明兴衰的，提出如下几点。第一，所采用的媒介决定了所传播的知识的质量和数量。第二，既然新的媒介总是促进一种新社会组织形态的出现，那么当某些媒介或知识产品在社会传播环境中占据了统治地位，寡头垄断机制就会发挥作用，竭力强化并维护上述媒介或知识体的特权地位。这种文明将因为依赖一种主导的媒介，变得僵化、停滞。第三，我们关于业已消逝或在文化上疏远的社会的知识主要依赖于其媒介的特性。[1] 而如果按照大卫·哈维的二分法（以征服空间的社会变化为使命的），"社会理论赋予时间以优先于空间的特权"，"美学理论却深刻关注'把时间空间化'的问题……要从体验之流中抽取出各种特性，并把它们固定在空间形式之中"，那么在现代媒介的中介作用下，社会理论的时间性与美学表达的空间性就不必然分开进行了，而是得以同时做到记录和传输、空间化与时间化。影像作为"表达时间的最明显的手段"[2] 就因此而在传统传播系统单纯以文字方式传递信息的基础上，获得了现代性的青睐，它带来了时空平衡的曙光。这或许就是伊尼斯未在媒介时空偏向论述中充分论及电视的隐因。

梅罗维茨以《消失的地域：电子媒介对社会行为的影响》将电子媒介尤其是电视带来的时空观改变续写了下去。采用"场景"的方法研究媒介和行为——电子媒介重新组合了人们交往的社会环境，削弱了有形地点与社会"地点"之间曾经非常密切的联系——梅罗维茨更多地在空间视野上描述，但原有时间维度的消失与转变，如

---

[1] 伊尼斯：《传播的偏向》，何道宽译，中国传媒大学出版社2015年版。
[2] 哈维：《后现代的状况：对文化变迁之缘起的探究》，阎嘉译，商务印书馆2013年版，第256—259页。

历史权威与代际经验递进层级的消解等，更是媒介在时间维度上如何使社会群体在新"场景"中的形成与变迁成为可能的有力证据。①在电子媒介主导的语境下，梅罗维茨还可以更多站在电视作为渠道而非特定内容讯息的角度，想象地点的交界"发生改变"这一事件本身；而在电子媒介之后，以曼纽尔·卡斯特为代表的学者就进入了必须全面分析信息在当代所扮演角色的阶段——信息技术和网络条件下的媒介融合使不同渠道带来不同性质内容的探讨渐渐失去意义了，一个人类历史发展的新阶段"网络社会"由此形成，它最重要的特征就是"流动的空间""永恒的时间"②——时间与空间得以具有对方的特质，似乎"传播的偏向"的问题可以终结了；也因此，对媒介究竟会如何继续自己的系谱，而我们又应该期待什么样的世界未来，变得对这个世界来说更加重要了：我们真的已经拥有足够的媒介手段了吗？还是媒介本身已经足够强大到我们必须亦步亦趋？

  对媒介形态变迁的思考，尤其是关切在媒介对人的改造上，最著名的当然还是麦克卢汉"媒介是人的延伸"——技术本身对使用者来说就有潜意识的影响，因为它们传递并且改变了使用者的现实体验。媒介形态的演进就是各种延伸的探索。尼尔·波兹曼发展了麦克卢汉的观点，认为由于受信息被编码的不同符号形式的影响，不同的技术具有不同的知识性和情感性偏向。媒介不仅仅是讯息，还是"隐喻"与"认识论"③。在此基础上，保罗·莱文森在20世纪70年代末就提炼出了相对独立于经济与社会因素的媒介进化论，即"人性化趋势"——随着技术传播媒介的发展，他们倾向于更多地复制真实世界中前技术的或是人性化的传播环境：作为人性的界定性特征的传播能力为技术发明所延展，用以克服人类生物体的时

---

① 梅罗维茨：《消失的地域：电子媒介对社会行为的影响》，肖志军译，清华大学出版社2002年版。
② 卡斯特：《网络社会：跨文化的视角》，社会科学文献出版社2009年版。
③ 波兹曼：《娱乐至死》，广西师范大学出版社2004年版。

空局限，但这个延展不可能一蹴而就，于是技术媒介的迭代更新总是在克服某一方面局限的同时不得不牺牲真实环境的某些其他因素（如英尼斯所说出现"时空偏向"），甚至可能有停滞或倒退，但最终都会设法进化得在表现上更像人类传播系统。[1] 暂时的技术能力局限最终无法阻挡媒介向重建人类传播的前技术环境作出努力。

那么问题似乎就剩下：媒介究竟是否以及如何可能穷尽人类？事实上我们很快就发现：首先，现实的发展注定不可能在这样一个真空的人性回归驱力下进行，而将在莱文森看来体现为"局限"的东西只视为对这一驱力的"干扰"。罗杰·菲德勒在《媒介形态变化：认识新媒介》中总结了媒介形态变化（mediamorphosis）的理论和原则。传播媒介的形态变化，通常是由可感知的需要、竞争和政治压力，以及社会和技术革新的复杂相互作用所引起。媒介形态变化来源于三个概念：共同演进——一切形式的传播都紧紧交织于人类传播系统的结构之中；汇聚——传播的多媒体形式；引起每一个汇聚实体的变革，并创造新的实体；复杂性——混沌是变革不可或缺的组成部分。人类传播系统是一个复杂的、有适应性的系统，正像物种进化一样。[2] 其次，媒介与人类的关系并非没有逆转的可能，而这在信息时代到来以后被人们更加明显地体验到了。很多技术哲学思考都是由新媒介的发展引发出来的，如巴伦·李维斯、克利夫·纳斯通过多年来系列实验方法提出媒体等同（media equation）理论，即人们会把电视、电脑等当成真人实境来对待。个人与计算机、电视和新媒体之间的相互作用实质上是社会的、自然的。李维斯与纳斯通过实验得出了以下结论：人们对媒体产生社会的自然的反应，是无意识的、自动的，这与媒体的复杂程度无关（即使最简单的媒体也

---

[1] 莱文森：《人类历程回放：媒介进化论》，邬建中译，西南师范大学出版社2016年版，第5—14页。

[2] 菲德勒：《媒介形态变化：认识新媒介》，华夏出版社2000年版。

会近似地描绘人、地点和事情，并且能够激发丰富的社会和自然反应），与人群分类特征也没有必然联系（即使年龄小、知识少或注意力分散）。只有在人们非常努力集中注意力来对抗下意识反应的时候，媒体等同才不起作用。他们进一步考察了媒体等同在人的举止、人格、情感、社会作用方面的体现，以及媒介形式的影响。① 迈克尔·海姆从信息技术带来的存在论转移——而不仅仅是认识论的范式转移——的维度来探讨技术哲学问题，认为虚拟现实（virtual reality）已经使实际上而不是事实上为真实的事件或实体成为可能——如果说以前是科学家搞研究、工程师搞设计，然后这些设计转化为商业生产，在社会生活中起作用，那么现在还没有任何产品之前我们就已经有责任预测其影响，"我们正在为我们自己定位，目的则是创造出全部世界，我们将在我们创造的世界中度过我们生命的一部分"，而电影正是将我们引入虚拟世界的开端，是尽管尚未搭建事实上的交互与全身沉浸，但允许着共同讨论可能性的虚拟现实图景。②

于是在人类社会的复杂性与媒介对现实的重组之间不断互动下，尤其是在媒介形态变迁日益加速的20世纪末和21世纪，以往媒介研究的传—受理论在不同程度上都受到了考验，对新现象的出现进行重新归类体认的理论观点也日益丰富。比如阿伯克龙比和朗豪斯特提出了"观看—表演"范式，认为媒体中影像的激增导致日常生活中的审美化倾向，人们花费在大众媒介的时间更多了，世界中更多地出现观看，而观看也不再限于那些特殊的事件、场合、事物，取而代之的是更多的日常生活中的普通的东西。人们在作为观众的同时其实也是表演者，通过媒体提供媒介资源想象建构自我在他人心中的观看，进行表演从而产生认同，由想象与表演产生自恋（nar-

---

① 李维斯、纳斯：《媒体等同：人们该如何像对待真人实景一样对待电脑、电视和新媒体》，复旦大学出版社2001年版。
② 海姆：《从界面到网络空间——虚拟实在的形而上学》，上海科技教育出版社2000年版，第147页。

cissism），而媒介又会对这些"普通的"观展给予关注，从而形成一个循环。[1]

马克·波斯特进一步指出，信息技术的扩张对我们的生活方式以及我们思考自身的方式产生了深远的影响，因为它改变了我们的"社会关系网络"。他提出了一个建立在不同类型的"符号交换"的基础之上的变化模型，包括三个组成部分：面对面互动的口述时代——生活方式固定不变，自我植入群体之中，符号交换就是阐述已经被社群了解和接受的事物；书面交流时代——符号是再现，自我被认为是理性的；电子中介时代——符号是信息化模拟，自我是在一种持续不断的不稳定情景中去中心化的、分散的、多重身份的。"能指的流动"是这个时代的决定性特征。[2] 信息制作者极少而信息消费者众多的播放型模式占主导地位的"第一媒介时代"，搅扰了现代性的自律主体。而在"第二媒介时代"，互联网为主体构建机制的重筑提供了新的可能——双向的、去中心化的交流。[3] 波斯特的第二媒介时代是反行动中心主义模式的：电子媒介交流例示并放大了语言的自指层面，新的语言结构并没有将语言视为理性自律主体控制客体世界的工具，语言本是现实的直译，现在则颠覆了理性的主体[4]。信息方式取代了生产方式，对信息方式的研究必须包括对各种信息储存形式的研究，以及对信息交换的构型进行研究，也就意味着对社会性质的传统假定及理论提出质疑[5]。

斯各特·拉什在后结构主义者们的基础上，进一步描述了信息

---

[1] Abercrombie, Longhurst, *Audiences: A Sociological Theory of Performance and Imagination*, SAGE Publications Ltd., 1998.
[2] 波斯特：《信息方式：后结构主义与社会语境》，范静哗译，商务印书馆2014年版，第10页。
[3] 波斯特：《第二媒介时代》，范静哗译，南京大学出版社2000年版。
[4] 波斯特：《信息方式：后结构主义与社会语境》，范静哗译，商务印书馆2014年版，第25页。
[5] 波斯特：《信息方式：后结构主义与社会语境》，范静哗译，商务印书馆2014年版，第12—15页。

时代的特征与权力关系。他将信息的主要性质总结为流动、拔根（disembeddedness）、空间压缩、时间压缩、实时关系。信息社会为缺乏现实底蕴的无根文化所统摄，是一个被信息字节的混沌式组合所遮盖的非理性社会。信息秩序就是各种符号讯息在人—机接口之间的大批量即时流动，从而使理性以及理性批判失去了从容反思的基地，成为受经济效应左右的符号讯息的添加或删改，并最终"导致了信息扩散和流动的准无政府状态"。信息逻辑就是"不可预期的后果逻辑"，信息价值就是无关现实的符号价值，这是晚期资本主义对实践复杂化和理性信息化的曲解、误解、利用与践踏，它将综合、复杂的实践异化为资本化符号的"无根"流动。在信息秩序中，媒介变得"科技化"整合到生活/生命形式中去，甚至连自然和生命本身也被信息化了。如果说在意识形态批判所讲的权力关系是以实质财产为基础的话，那么信息批判可以说是以知识财产为基础的。按照拉什的说法，在信息时代将媒介范式置于对社会与理论的支配地位就是必然的了：如果说传统媒介是"表征/再现"（representation），那么大众媒介与新媒介则是"呈现"（presentation），其所借以运作的文化范式不再是叙事的、论说的、再现的而是信息的范式[1]。

这样看来，纪录片作为叙事的、论说的、再现的典型文本，似乎已经失去了存在的意义；当象征已经成为流动的信息化碎片、能指拒绝指涉，意义就无法相传，"一个属于意义的语域转移到了一个属于操作性的语域"[2]。果真如此吗？还是我们可以从纪实影像"表征现实"这一传统诉求中看到其在操作性中的复兴，既然它在影像索引性与象征性方面的悖论贯穿始终？

通过纪录片研究与媒介变迁研究两条漫长的道路，我们在纪实影像上发现了合流的可能：无论是纪录片研究对主客关系的投注，

---

[1] 拉什：《信息批判》，杨德睿译，北京大学出版社2009年版，第108页。
[2] 拉什：《信息批判》，杨德睿译，北京大学出版社2009年版，第339页。

还是媒介研究对媒介形态与时空观念之间关系的强调，都既具有洞见又都来到了十字路口；二者的结合可能会带来更多启示。如果换一种视角，不将纪录片作为文化生产或艺术创造的特定类型——在这个话题下，叙述的核心往往就是宰制力量与能动力量之间的张力；而是作为现代媒介之运作逻辑的典型体现——通过研究推动纪录片的形式与风格，一窥媒介在自身发展逻辑下协助影像表征生成的特定秩序，进而对相对混沌的当下与未来尝试作一解释，是否能够让已有的历史叙述不再自满于"盖棺论定"，而是提供不一样的视角？

事实上，这种视角转换在媒介研究与文化研究领域早已有所发声，尤其近年比较明显的一个趋势是对"媒介考古学"（media archaeology）的引介与推进——字面上可知这一研究取向受到福柯"知识考古学"的影响，学界普遍认为德国媒介学者基特勒早在20世纪80年代起对于媒介的技术—硬件维度的强调，是"媒介考古学"的典型代表，以明显区别于此前在文化与批判研究主导下的媒介研究取向[1]。而齐林斯基则在此基础上更加明确地提出媒介考古学在深层时间上的挖掘对文化实践可能产生的洞见：不是批判式的媒介怀旧或者强制性的完型推进，而是在那些"事物和关系都还没有得以确定下来，而且可以有最互不相同的发展方向可供选择，可以设想在未来会为媒体世界的构建提供多种技术上和文化上的解决方式"的技术媒介历史截面上，"找出个体的变异，而不是去坚持那些有约束力的趋势"[2]。作为典型的现代技术媒介叙事主题，视听媒介自然成为媒介考古学研究关注的重点，这之下种种幽暗的历史角落，在数字化与互联网的媒介转向趋势下开始显现出重要性；乔纳森·克拉里、威廉·弗卢塞尔、托马斯·埃尔塞瑟、列夫·曼诺维奇等

---

[1] 胡塔莫、帕里卡：《媒介考古学：方法、路径与意涵》，唐海江主译，复旦大学出版社2018年版，第7页。

[2] 西格弗里德·齐林斯基：《媒体考古学：探索视听技术的深层时间》，商务印书馆2006年版，第8—12页。

的研究，通过重新探索技术媒介历史并重建先前被忽视的种种联结与联想，提供了全新的实践视角。也由于其"反建制"的底色，媒介考古学方兴未艾，近年也为我国媒介学、电影学等研究者所大量引介与评鉴，以期为媒介研究、电影研究拓展视野。

第四节 研究方法

本书将尝试从纪实影像对现实世界的表征（或可能如拉什所假设的，以"presentation"代替"representation"）与媒介变迁之间的关系入手，重新书写在传统叙述上从属于电影艺术史研究的纪录电影史，来考察在视听媒介全面包围了我们的认知环境的进程中，对于纪实影像如实反映现实世界的真实性认识产生了何种变化。

在研究范围上，更广义的"纪实影像"与特定地作为一类视听媒介产品或作品的"纪录片"都在本研究的观照之下，但路径有所不同：尽管研究立足点还是在如何对纪录片的历史进行重述上，也就是以新的思路重塑前文所引述的种种纪录电影史与纪录片类型研究所长期形成的话语场域，关注点是各种媒介载体的纪录电影作品与纪录片视听节目——电影、电视、互联网、VR等，但以一个媒介变迁的视角来看，实际的研究范围是在与广泛存在的现实表征之间不断互动的，将纪录片作为研究范围的划定则从一开始就放弃了本研究可能的一些价值所在。早些的经典案例如纪录片《浮生一日》，由世界各地网友在YouTube上传的个人素材剪辑而成，而随着媒介表征的不断扩展，这种创作方式如今已经具有普遍化的潜力，在传统理论上被划入所谓"原始素材"的、带有物化色彩的那部分影像如今已经与纪录片无论在形式的交织上，还是话语的协商上都需要进一步考量。更何况即使是纪录片范畴本身也具有很大的弹性并且不断以吸纳和排除的方式建构自身的话语，因此，本书将立足点仍然放在作为媒介作品的纪录片上，但实际纳入思考与探讨视野范围的，一定是广泛的影像现实表征实践，称为"纪实影像"。

在研究范式上，既然认为对同一现象的多种历史叙述并存是完全可能且有意义的，本书便是基于一个建构主义范式——在本体论上持相对主义的态度：现实具有地方性的特点，是具体地被建构出来的；在认识论上是持交往的、主观的反思态度，研究结果总是被创造出来的而非客观存在在那里的；在方法论上是以阐释的螺旋与不断地辩证对话，共同理解和建构研究结果的过程。[①] 就如加达默尔的阐释学所昭示的，每一种新的知识的获得，都是过去的知识与一种新的并且是扩展了的环境的调解或重新汇合，即新的"视域融合"[②]。这一新的环境对这一视域贡献了何种意义，令我们对基于特定现象的生活经历的本质直观有何改变，这就是反思既有历史叙述与概念划分的研究价值所在。

在研究方法上，本书在以往纪录电影史研究的文献分析与影像文本分析的经典研究方法的基础上，出于建构新的历史叙述理解的需要，还结合了话语分析的方法。首先需要重新加以考察与审视的，就是构成纪录电影史研究已有主流历史叙述及其依据的核心文献：各个历史时期关键人物的理论总结、创作经历与经验自述，以及此前学者与媒体对导演及其作品的访谈报道与批评、纪录片先驱人物的传记、生平研究等，例如格里尔逊的关键理论文献《格里尔逊论格里尔逊》、弗拉哈迪的自述、怀斯曼、里考克等接受的访谈；除此之外，对影像文本进行分析也是非常重要的研究部分：纪录片影像文本内容与形式的变迁是构成纪录电影史叙事的主干，因此本书也将各个历史阶段的代表性作品重新加以审视分析（见附录）；当然，对于本书所关切的媒介变迁视角而言，必不可少的历史文献分析是对

---

① 陈向明：《质的研究方法与社会科学研究》，教育科学出版社2000年版，第16—17页。
② 加达默尔：《真理与方法：哲学诠释学的基本特征》，洪汉鼎译，上海译文出版社1999年版，第393页。

现代视听媒介发展史的回顾：通过对那些构成现有媒介史叙述的核心媒介技术发展、媒介事业与规制的变迁史实重新挖掘，并与前两部分文献分析与文本分析建立关联，本书努力尝试打破纪实影像与媒介变迁两个历史叙述已有的话语壁垒，指出种种值得深思的关键联系。因此，话语分析方法必不可少：一方面是话语—历史分析，结合媒介史进程来重新发现纪实影像的发展规律；另一方面是话语—意识形态分析，通过对研究资料中的话语分析发现其体现的特定意识形态特征。

在研究资料来源方面，一方面如前所述，为了与经典的纪录电影历史叙述形成有效的对话，本书仍将历史与文献资料分析的基础集中在与纪实影像各阶段历史有关的典型个案经历上，如代表性纪录片导演的叙述及其作品；另一方面，为了拓展之前纪录电影历史研究没有顾及，或者仅作为社会历史背景介绍的媒介视角，本书也将对应各阶段的媒介与电影研究资料与文献纳入阐释性分析的范畴中，对比媒介思想与纪实影像实践之间的密切关联性；伴随着现代视听媒介的迅速发展与普及，媒介变迁在各种现代社会与现代文化论述中日益显现出重要性，这些论述本身也构成了纪实影像与媒介变迁的话语分析的重要文献。

第五节　本书结构安排

以《工厂大门》的公开放映为标志，纪录片的历史与电影媒介的历史同步开启。但若论纪实影像，论机械手段对现实进行复制再现这一现代化进程，则正式开启于摄影术的发明与普及。可以说，纪实影像是现代媒介的产物，它的现代性不言而喻。

纪录电影史论当然绝不会忽略媒介形态变化对纪录片的生产传播、美学风格与社会意义变迁起到的关键作用，但将媒介变迁置于情境化的一个"基础设施"（infrastructure）意义上来探讨纪录片所作出的历史回应，也有可能忽略了重要的一点：作为一个现代媒介所特有的表征形式，纪录片或广义的纪实影像，既作为媒介生产出的产品，同时也作为媒介的生产资料；固守将其与媒介分隔开来考量的方式，很容易将二者都进行具象化、均质化，而割裂存在其边缘的诸多未能进入学科或产业话语体系的表征形式实际上能达成的巨大生产力量。为了更加直观地考察纪实影像对现实的表征作为一个媒介形式——而不限于某个最终产物：纪录电影、电视专题片、真人秀、直播……——的变迁，首先我们需要将媒介发展史与经典的纪录电影史作一简单对照梳理，其中一些关键断裂节点将是研究的关切所在。

在媒介发展史上，迄今为止经历了五次大的飞跃：口语媒介、文字媒介、印刷媒介、电子媒介和数字媒介。电子媒介是现代工业社会的成果，也是不可分割的组成部分，耦合着现代社会的普适性生产逻辑；数字媒介则在晚期现代将大众传播转变为分众传播，与社会的个体化（individualization）、扁平化进程密切相关。[1] 我们可以将目前被广泛接受的纪录电影历史叙述——不同时期的代表风格流派、人物与作品，与现代媒介从19世纪中后期开始的大致发展历程作一对应（见表1.1）："年代"左侧是现代媒介发展史，包括媒介技术、传媒事业、传媒体制三方面的特点与趋势；"年代"右侧则是纪录电影代表性风格流派与作品。

表1.1　现代媒介发展历程与主流纪录电影史叙述的并行对比

媒介技术	传媒事业	传媒体制	年代	纪录电影代表流派与风格	纪录电影代表作品
一系列现代媒介技术的相继发明：电报、摄影术、电话、留声机、唱片同步录音、无线电通信、电影	以国际电报线路、海底电缆、城际电话线路等为代表的媒介基础设施建设；摄影术应用于新闻报刊；电影的全球巡回展映发行	全球扩张趋势展望：国际电报联盟、邮政总联盟、伯尔尼联盟	19世纪中后期	早期实事片：卢米埃尔兄弟及其摄制团队；爱迪生及其摄制团队	《工厂大门》《火车进站》

---

[1] 熊澄宇：《媒介史纲》，清华大学出版社2011年版，第4—9页。

续表

媒介技术	传媒事业	传媒体制	年代	纪录电影代表流派与风格	纪录电影代表作品
无线电广播的发展；电影特技的探索	欧美各国国家范围内的电话基础设施建设；电影的初步工业化与全球发行		1900s		
彩色电影出现	无线电广播事业正式开始：新闻广播、商业电台		1910s		
电影录音与音响技术；电视（远程运动影像传输）技术的积累：光电摄像管、电子图像分解摄像机、电子图像显示管	广播网初建；有声电影正式进入市场，激荡电影市场竞争格局——国际"辛迪加"瓜分世界市场；电视开放试播	国家体制的建立：美国电影制片人与发行人协会（MP-PDA）及"海斯法典"电影审查制度、联邦广播通讯委员会（FRC）；苏联电影工业建设规划	1920s	弗拉哈迪与维尔托夫（"未来主义""建构主义""蒙太奇"）；"第三先锋派"/"城市交响曲"	《北方的纳努克》《持摄影机的人》《电影眼睛》《柏林——城市交响曲》《雨》
电影技术日趋成熟完善：超敏全色胶片等彩色技术、多轨声音录制、非摄影棚35mm摄像机、摄像机移动台等	摄影画报的流行；电视事业正式开启；广播事业成熟，FM广播电台产生；电视机产品开始进入市场	广播、电话、电视事业的集中规制：美国联邦通讯委员会（FCC）；"派拉蒙案"启动电影工业反垄断	1930s	公共使命与政治功能：格里尔逊、劳伦兹、苏联社会主义现实主义；新闻系列片的国家规划与市场发行	《漂网渔船》《无粮的土地》《意志的胜利》《开垦平原的犁》
电视屏幕录像机、长时播放唱片的开发；电影摄像机的轻便化；第一台数字式电子计算机诞生	纳粹德国电影业国有化；美国三大广播网形成；二战后电视事业开始起飞	国家层面的电影文化保护、本国电影制作扶持与意识形态控制	1940s	英美苏德各国纪录电影的战时宣传：詹宁斯、卡普兰、瓦尔拉莫夫、希普勒等	《倾听不列颠》《我们为何而战》《斯大林格勒》《永远的犹太人》
摄影与录音设备的轻便化；磁带录音、具有变焦镜头和反射取景器的16mm摄像机广泛使用；彩色电视机及其标准	好莱坞参与电视剧制作；宽银幕、立体影片等风靡一时		1950s	汇编纪录片与艺术纪录片的涌现；新闻片在影院式微，逐渐被广播电视网新闻部门电视纪实节目取代	《夜与雾》、《梵高》、《现在请看》（默罗主持的CBS电视节目）

续表

媒介技术	传媒事业	传媒体制	年代	纪录电影代表流派与风格	纪录电影代表作品
摄影与录音设备的轻便化：实时同步录音、磁带的应用；阿帕网的建立	综合性集团开始收购电影制片厂；电影思潮对工业体制的改变：法国"新浪潮"、意大利新现实主义、英国"自由电影"；电视新闻在电视事业中占据重要地位	"海斯法典"终止，电影分级制度启用；公共电视相关法规的建立	1960s	"直接电影"与"真实电影"：德鲁小组、让·鲁什等。人类学纪录片寻求表达与对话；一系列左翼运动组织积极制作纪录片与新闻片	《初选》《夏日纪事》《死鸟》《推销员》《提提卡失序记事》《别回头》
光盘、录像带等存储格式革新；录像带取代16mm胶片成为电视业主流；一系列个人化视听便携设备的成功开发：家庭录像机、随身听、模拟蜂窝移动电话等；电影为自己引入新吸引力：IMAX、立体音响等奇观化技术	有线电视和卫星电视开始发展；传统上以院线发行为基础的电影工业持续受到录像带产业的冲击；调频广播逐渐主导广播业		1970s	"直接电影"与"真实电影"创作实践的深入与反思	《水俣病》《灰色花园》《愚公移山》《猪年》
数字媒介的发展：第一种数字消费录音格式的压缩磁盘（CD）出现；互联网：阿帕网（ARPANET）推出了TCP/IP体系结构和协议；万维网开始研究开发	有线电视、卫星电视普及；电影、电视等文化产业的全球横向与纵向整合；网络虚拟社区开始初步形成	自由化、去管控趋势；欧共体一系列资助措施及联合制定新媒介技术标准	1980s	"新纪录电影"：克里斯·马克、维姆·文德斯、克劳德·朗兹曼、罗斯·麦克艾威、埃罗尔·莫里斯、原一男、迈克·摩尔等	《日月无光》《失衡生活》《寻找小津》《浩劫》《谢尔曼的远征》《细细的蓝线》《前进！神军》《罗杰与我》

续表

媒介技术	传媒事业	传媒体制	年代	纪录电影代表流派与风格	纪录电影代表作品
数字媒介的发展：数字光盘（VCD、DVD）、柯达数码相机、数字非线性编辑系统、数字摄像机；互联网的发展：HTML 格式、WEB 浏览器、搜索引擎、流媒体技术；移动通信技术的发展：短信、GPRS 技术	文化产业的横向与纵向整合持续；电影与电视业的数字化趋势深入：数字存储介质、计算机生成图像（CGI）、数字信号传输；互联网事业的变革：以博客为代表的自媒体开始颠覆传统新闻业		1990s	纪录片"娱乐化"与"商业化"：电视脱口秀与"真实电视"节目的大量产生；纪录电影在院线的复兴	《战略室》《篮球梦》《微观世界》
互联网的发展开始进入"2.0"时代	维基百科、YouTube 等 PGC 网站、Facebook 等社交网络的建立		2000s		《科伦拜尔的保龄》《是和有》《灰熊人》《华氏911》《和巴什尔跳华尔兹》
			2010s		《杀戮演绎》《利维坦》《地球之盐》《脸庞，村庄》

从表 1.1 中可以看出，相比媒介发展的交错递进——无线电广播技术从 19 世纪末就开始做准备，直到 20 世纪二三十年代才真正得以发展；相应地电视技术从 20 年代广播开始发展以后就已经被科学家们设想与实践出来，但一直到二战后的四五十年代才真正进入使用；以数字式电子计算机为标志的数字媒介在 40 年代开始出现，到八九十年代开始崛起——纪录电影史的脉络就相对简断，它被总结为不同历史时期下的影像实践者们如何在不同境况下——政治环境、社会需求、媒介手段——以客观现实材料发挥人类创造力和道德责任感，而这种"传奇"式脉络及其实现，正是历史叙述帮助将复杂现象赋予意义的最便捷方式，"主体被责成在社会制度中成就其全面

的人性"①。以纪录电影研究领域最基础性的历史梳理文献——埃里克·巴尔诺《世界纪录电影史》为例,巴尔诺的写作显然是面向广泛受众的,他以"预言家""探险家""报道记者""画家"等头衔作为标题来罗列不同时期的代表人物,以"群英谱"这样一种易于理解的方式,意图让一个关于叫作纪录片的概念如何在这个世界上铺陈开来的故事自然展开。但在这个自然展开的过程中,被提及的人物与作品总是因为在某种意识里是有相似性和区分性才被纳入进来的。是怎样的一种意识让纪录片这样一个概念通过历史叙述形成的?

为了不对这个已经具有重要意义的纪录片概念造成消解和虚无化,而是更好地与其进行对话,本书仍将经典纪录电影史的形式风格变迁划分采纳进研究结构中。但是从表1.1可见,这些形式风格变迁与现代视听媒介的发展变迁也具有高度的同步性,某一种显著为后世所认定的纪录片新形式风格的崛起,总是站在一个新的媒介环境之上。在二者之间建立一一对应关系之后,本书的历史阶段划分将按以下计划展开。

(1) 19世纪末—20世纪20年代:电影、广播等现代视听媒介的早期发展;早期实事片以及以弗拉哈迪、维尔托夫为代表的早期纪录电影。

(2) 20世纪30—50年代:广播与电影工业的成熟与繁荣;以格里尔逊、劳伦兹为代表的纪录片制作组织、第二次世界大战前后的国家宣传纪录电影。

(3) 20世纪六七十年代:影像摄录设备的轻便化、电视的崛起;"直接电影""真实电影"风格。

(4) 20世纪八九十年代:电视事业的全球化深入发展、数字化

---

① 怀特:《形式的内容:叙事话语与历史再现》,董立河译,文津出版社2005年版,第18—19页。

与互联网技术日益成熟;"新纪录电影"开始出现代表作。

(5) 20 世纪末 21 世纪初:数字化与互联网技术普及;"新纪录电影"呈现多元探索图景。

从前文所述的纪录片相关研究三种常见的取向——实际上也是对作为文化艺术领域作品实践进行研究的常见取向——出发的话,总会发现它们止步于站在某一立足点去反射另一个点,也就是说,可以非常充分地带来特定的反思,但在整体发展的把握上总是不得不跟着层出不穷的新事实重新出发,否则无法具有理论解释力。尼科尔斯打补丁式的纪录片模式论就是典型的例子。

从高度组织化、程式化的实事片与新闻片,一直到当下充满多样性与阐释空间的个性表达——如果单独来看纪实影像的发展历程,一方面可以被理解为人类表达自由的逐步解放,而媒介在其中服务于这一"人性化趋势";另一方面,在表 1.1 中不同的历史时期,我们也可以看到媒介在其中既释放可能性又以特定形式加以框限的双向作用,这并非一个线性解放叙事就能够解释的。比如说,尽管在 30 年代由于电影工业的成熟及广播事业的发展,对现实社会的媒介表征获得了更广泛的市场空间,不过为了诉诸工业化市场而"削足适履"、对纪录片社会公共教育功能的"反美学"强调以及实践中对政府公共部门资助的依赖也十分必要,这保障了以格里尔逊、劳伦兹等为代表的纪实影像制作模式前所未有的产出与接受,而格里尔逊也因此总是落得个"说教"而"非人性"的名声[1],甚至累及后世对纪录片的固有印象;六七十年代拍摄设备的轻便化一直被认为是纪录片的解放力量源泉,相当于给当时左翼自由思潮下的社会问题揭露者们"鸟枪换炮"、火力全开,"直接电影""真实电影"对纪录片说教模式的逆转似乎是最好的例证,但"直接电影霸权"

---

[1] 温斯顿:《纪录片:历史与理论》,王迟、李莉、项冶译,中国广播影视出版社 2015 年版,第 48 页。

也在媒介技术持续深入的个人化推进中占领主流媒介表达，成为自身的局限。

在这种种需要反思线性历史叙述的节点上已经有不少研究成果，比如对弗拉哈迪与其拍摄对象关系的考察、对格里尔逊所声称的纪录片"社会价值"与"问题—解决"模式的辨析，以及与"新纪录电影"一道，从20世纪80年代开始对"直接电影"的反思与批判，为纪录片的理论发展作出了很大的贡献。但是一个作为电影艺术类型梳理的纪录电影史仍然占据着主导地位，即以各历史阶段主要风格流派、代表人物和代表作品，来体现作为艺术表达形式的纪录电影如何经历了一个在艺术性上加以发展的"进步"话语。电影研究方面近年来正在展开"重写电影史"的学术潮流，其中与媒介变迁建立关联的研究也层出不穷；而纪录片作为对现实的影像表征最为直接、最诉诸真实互动关系的媒介表达形式，尤其需要一个更为系统的发展逻辑梳理，以对其意义与价值有更深入的认识。如前文所说，在数字化与互联网信息时代，即使一切皆可伪造、影像索引性早已无处遁形，"一切坚固的东西都烟消云散"，我们仍然需要纪实影像、生产与观看纪录片，那么它将以何种逻辑和方式继续下去？

本书将尝试在已被广为接受的纪录电影历史叙述基础上，以现代媒介的分离/客观化与整合/组织化双向运动的视角重新加以阐释，找出经典纪录电影史的不同阶段划分之间更具有理论发展空间的解释方式：如果说纪录片经常被比喻为人们通过观看进行的穿越时空的"旅行"，那么不同阶段媒介表征所呈现的主要特征也可以用旅行方式的变迁加以比喻，这背后隐含的逻辑是，"旅行"——无论是以脚步丈量空间，还是以观看投入时间——都是人的因素在现实世界的占据与展开；我们实际上无法做到在每个阶段都将已被占据与展开的部分抛开而另起炉灶，而必须将其作为认知前提考虑在内。铁路在大地延伸、车站在城市港湾矗立之前，总有马车车轮巡航的轨迹；而在当代我们能够想象并实现腾空而起的跨洋航线，也是以汽车深入个人生活的毛细血管作用为前提的。媒介亦然。麦克卢汉所谓"媒介是人的延伸",其实说的是一种愿景,一种可能性。我们并不知道延伸到何处为止,直到某些紧迫的情境发生,让一直以来只靠贩卖可能性就可以进行市场交易运转的媒介不得不延伸到一个特定的点。为了延伸到这个特定的点,媒介自身挣扎出在可能性想象阶段或许明明能做到却懒得去做的改变;反过来,将之前许诺的可能性一一加以明晰,有的地方能够轻松超越,达成更进一步的可能性;有的地方则因无法达到而迅速被遗忘,将媒介的可能性进一步集中到某个方向上去。反正之后的历史叙述,包括媒介史,只会从已达到的点来倒推媒介"诞生"的需求之源而已。"任何技巧除非在使用时给予某种媒介以意义,那么它总归不是'这种媒介的可能性'。"[①] 纪实影像既是现代媒介表征的形式之一——以纪录片、纪录电影、新闻片、电视纪实节目种种体裁呈现,同时也是现代媒介指涉现实的质料基础——相对于虚构类型,它才是真正的"旅行",允许对关系实在的体认。对它的历史梳理,值得一个更贴近媒介发展历程的新叙述。

在接下来的第二章到第六章中将能看到,尽管是以逐步推进铺陈的方式,但纪实影像每次转折背后都是在特定媒介条件下贫乏与过剩的感受作用的结果,贫乏催动更多纪实影像尽可能被分离/客观化,在达到给人以"过剩"感(而无须是严格数量概念上的过剩)后又呼唤着整合/组织化的力量。这是表征现实的纪实影像一种一以贯之的实践逻辑,也正是现代媒介发展的意义所在。这也就是为什么,我们可以在虚构电影中看到的明显的风格更替,却很难在纪实影像中看到:对于虚构电影来说,除非是特意地将形式风格作为指涉对象(如《艺术家》对默片时代影像风格的采用),否则过去的

---

① 卡维尔:《看见的世界——关于电影本体论的思考》,齐宇、利芸译,中国电影出版社 1990 年版,第 146 页。

经典电影视听语言与叙事手法已经不再为当下所用；而对于纪实影像，上述所有形式风格尽管褒贬不一，仍在现在的媒介产品中具有特定的位置，无论怎么论证哪个更具合法性，"直接电影"所谓更真实的呈现也代替不了格里尔逊式"说教"的必要地位。这也正暗合着媒介自身的形态发展规律，是将纪实影像作为典型的现代媒介表征方式、重新梳理其历史的意义所在。

第二章 作为"奇观"的秩序：19世纪末— 20世纪20年代现代视听媒介的早期 发展与纪实影像的"个体复制"

纪实影像的媒介基础——以电影、电视及数字化多媒体信息技术为代表的现代视听媒介，既具有其转折性的对现实索引性表征的特质，又与传播媒介在现代性中的分离/客观化与整合/组织化发展规律一脉相承、密不可分。因此本章将从电影之前的摄影术与电报这两种现代媒介的发轫技术入手，来说明现代视听媒介从分离"观察"与"传播"开始的基本机制；在此基础上留声机与电影技术达成的对人之所"可见"与机器之所"可见"的分离，真正将人类对现实的观察接手过来，使其成为可以保存、复制、交换的工业产品。在早期电影阶段，卢米埃尔兄弟与爱迪生以不同的实践方式开发着这些新生媒介，将世界之洋洋大观巡展在人们眼前；而在电影成长为工业生产方式时，更有弗拉哈迪、维尔托夫等专门致力于用影像复制现实的典型个体实践出现。从现代视听媒介发轫与初具规模背后的媒介发展逻辑角度出发，我们可以进一步想象早期电影实践所处的媒介图景，进而对已有的纪实影像史站在后世条件下所下的某些定论进行反思：当我们刚开始与一个可以表征远超人类想象之现实的新媒介共处时，我们第一次面对一个"奇观"的惊叹体验是如何一步步萌生、滋长、壮大，进而逐渐使其为我所用的呢？

第一节　分离"观察"与分离"传播"：摄影术与电报

要想让客观世界反映自身、复制自身并为人类所用，我们需要相当程度的知识来认识物与物之间的异同与关联，而这就需要记号来表征——福柯对人类如何应用记号来使"相似性"可见所进行的描述[①]，在现代媒介将"观察"分离出来以后，开始以影像与声音记号重新开始对世界的"平铺直叙"。

在此之前，人们所长期使用与发展的表征形式——包括表征认知的语言、表征交换价值的财富以及表征物质世界的自然科学——都在19世纪开始逐渐走向饱和：整个生活世界首先被记号识别的可能性遍布，然后形成了系统的分类学与规则，让世界在表征的话语下理性运转；而当世界按照编织得貌似越来越密致而工整的"意义之网"，看似运转良好，似乎不需作出改变时，新的问题就会自然而然地生发出来。在今人的视角看来，古典时代种种自足的逻辑与"颠扑不破"的真理，固然建立在对客观世界及人类认知极其浅显的表征之上，但以当时人类的表征形式而言，能够表征的那些事物已被安置妥当，而我们后来才获得表征的那些事物在当时既然不能被表征，对人类来说就相当于不存在。

然而我们不会止步于此：以往表征被认为可以和事物一一对应，因此只要操纵表征就可以一切尽在掌握中，但当它貌似已经穷尽了这一功能，在能够到达的可能性上走向了饱和甚至过剩，比如语言文字及其承载媒介，从口头、手写到机械印刷，尽其可能地链接世界，但终究在错综复杂的差异面前逐渐走向饱和，接下来只能反过来穷尽把它自己作为表征的对象。所以在逐步向现代社会过渡的18、

[①] 福柯：《词与物：人文科学考古学》，莫伟民译，上海三联书店2002年版，第35页。

第二章 作为"奇观"的秩序:19世纪末—20世纪20年代现代视听媒介的早期发展与纪实影像的"个体复制"

19世纪,尤其是19世纪,现代思潮席卷各个领域坚固的城堡,反思在事物与表征之间的中间地带,在人文科学领域最具影响的如胡塞尔现象学以现象向意识的显现来超越既有的认知秩序;索绪尔对能指、所指的分离——表征并不与事物一一对应;弗洛伊德对"潜意识"的阐发——人甚至无法准确表征自己的认知;更不用说文学、艺术领域在19世纪开始的各种反思自身形式并在原子化层面进行结构操纵的实践了。

世界向人们展开了陌生的面貌,新的表征手段必须被引入,要在那些建立在人们自以为很充分的、不加反思的分类与规则的缝隙中不断发现新领域,并为其赋值,让它们能够为人取用。于是要将铁板一块的世界打破,现代化进程就得在各方面向表征的生产与流动这两个方向努力。现代媒介,正是作为这两个方向上的先进生产工具引入的。

虽然纪实影像通常作为大众传播媒介物被提及,但作为现代媒介的电子媒介的故事必须先从人际传播说起:以电报、电话等为代表,这些跨越空间距离进行信息传播的媒介技术,摧毁了传统的政治或宗教中心的垄断地位[1],将信息的传播纳入工业生产之中。

当然从以机械化为典型特征的早期现代化进程看来,这一具有跨越空间的巨大力量的媒介变革还应追溯到印刷媒介,即机械印刷术的发展,包括书籍、报刊,它们自15世纪谷登堡开启的现代印刷术始,打破了宗教对知识的垄断,促进理性主义的兴起,并最终将历史进程推到资本主义对封建主义的彻底改造。如果说伊丽莎白·爱森斯坦所称"作为变革动因的印刷机"[2] 还在谈机械印刷术(主要是书籍印刷)对文艺复兴、近代科学的发展广受忽略的推动作用,

---

[1] 伊尼斯:《传播的偏向》,何道宽译,中国传媒大学出版社2015年版,第96页。
[2] E. 爱森斯坦:《作为变革动因的印刷机:早期近代欧洲的传播与文化变革》,何道宽译,北京大学出版社2010年版。

重点关注从手抄文化到印刷文化的明显转向而非范围，那么伊尼斯则从媒介的空间偏向所必需的规模与数量的角度，将机械印刷术的发展视为国家领土扩张与文化同一进程的关键媒介变革[1]；相似地，安德森提出"印刷资本主义"与新的政治共同体——以现代民族国家为典型——形成之间的伴生关系[2]。但是印刷媒介作为信息的载体，只是将信息符码本身以机械手段与人分离；而真正以媒介形式将信息的产生与传播都交予非人的机器与动力的，还是电子媒介。伊尼斯与安德森都以印刷术为起点注意到书籍与报刊媒介在同时性上的不同作用，伊尼斯认为"书籍是思想长期钻研的成果，具有稳定作用。但是，期刊和报纸的增长却破坏了书籍的稳定作用……机器工业用于传播，使西方社会裂变为原子性的个体"[3]；安德森则指出，正是报纸"当天作废"的商品属性使之成为塑造现代社会的共同体想象的一种仪式[4]。他们都尚未详述的是，正是电子媒介的现代工业化接续，才将印刷术没能完成的议程推向顶点，又开始走向新一轮摧毁。

　　书籍和报纸二者在形式上的不同，表面上看源于其承载信息内容性质的不同，实际上已经暗示着不同的信息生产逻辑。与书籍的历时性知识信息扩张不同，报刊的发展既需要大规模复制，随着商业对不同地方的共时性的拓展，更需要大规模的源头信息采集，于是最终走到需要分离出更多的生产因素并交给更有生产效率的机器来完成的阶段。从莫尔斯在19世纪30年代发明并建立电报线路、贝尔在1876年申请电话专利开始，信息的"传播"本身既被从"交流"中分离出来，也被从货物的"运输"中分离出来，交

---

[1] 伊尼斯：《传播的偏向》，何道宽译，中国传媒大学出版社2015年版，第113页。
[2] 安德森：《想象的共同体：民族主义的起源与散布》，吴叡人译，上海人民出版社2016年版，第4页。
[3] 伊尼斯：《传播的偏向》，何道宽译，中国传媒大学出版社2015年版，第116页。
[4] 安德森：《想象的共同体：民族主义的起源与散布》，吴叡人译，上海人民出版社2016年版，第31页。

付给电子①。通讯社这一在资讯生产方面典型地具有资本主义工业生产特征的现代媒体组织,正是电报电话技术发明之后才成为可能的。从信息的生产、复制与流通全过程的工业化角度来看,电子媒介是真正的"现代媒介",将人际传播与大众传播、个人与世界真正联系到一起,形成具有无限可能的信息全球市场。如麦克卢汉所说,电子媒介提供了相互作用的区域,"我们才被迫作为一个整体去对世界做出反应……造成了个人知觉和公众知觉结成的不可分割的整体"②。

与电报电话对"传播"进行分离几乎同步进行的,是以19世纪二三十年代达盖尔摄影法、卡罗式摄影法③为代表的对人类视觉的分离。"观察"从主体身上被剥离,转移到独立于肉身的某个平面上;正如"交流"被交付给"传播",现在连"观察"也可以交付给"再现"(representation)。于是作为生产资料的信息的采集工作也可以由机器进行中介了,与文字描述相比,照相机可以保质保量、高效运转,并且更重要的是,它是"观察者的生产力"的终极进化,极力消解所有阻碍流通之可能,"使单独特殊者变得可以互换"④。从19世纪上半叶开始,主观的视觉模式广泛出现在各个学科领域,于是视觉功能变得依赖于观者复杂的生理构造而变得不可靠了。意识到知觉不可靠,便有了将知觉科学化、规范化的议程,视觉就可以"为操控与刺激的外在技术所吞并、控制"⑤;特别是19世纪末20世纪初资本主义现代性发展带来的认识扩张需求,知觉的各种手段被不断纳入资本的动态逻辑,反过来资本扩张开始加速瓦解任何

---

① 凯瑞:《作为文化的传播:"媒介与社会"论文集》,丁未译,华夏出版社2005年版。
② 麦克卢汉:《理解媒介:论人的延伸》,何道宽译,译林出版社2011年版,第281页。
③ 熊澄宇:《媒介史纲》,清华大学出版社2011年版,第123—126页。
④ 克拉里:《观察者的技术:论十九世纪的视觉与现代性》,蔡佩君译,华东师范大学出版社2017年版,第18页。
⑤ 克拉里:《知觉的悬置:注意力、景观与现代文化》,沈语冰、贺玉高译,江苏凤凰美术出版社2017年版,第12页。

稳定或持久的知觉结构。① 摄影术的诞生与发展，与新兴工业中产阶级逐渐占据社会主导地位并取得话语权的进程与议程一拍即合，更与资本市场发展下对表征的批量需求休戚相关。造作技艺上挣脱传统教育资源的束缚，美学上则挣脱高雅艺术所强调的想象力与个人感受的束缚，摄影成为实用性媒介，重点转向去突出读者普遍认为"能够标志摄影特点的那些特质，包括其奇特性、真实性和物质性"②。

掌握摄影术这一新的生产技术的人们，马上投入对未知或不可控领域的探知与控制之中，并通过科学化、理性化直至制度化，赋予这些对现实的复制影像以价值。与文字表述不同，现在一切交给机器，对世界的观察与叙述成了"通货"，跨越时间、空间与语言的更广泛的联系与交流，由不可能变为可能。自诞生之日起，摄影术一方面因其视觉属性而需要不断地与绘画等视觉再现艺术形式对话，以发展出摄影术延续至今的科学主义话语；另一方面则很快加入信息采集生产的现代进程，最典型的应用如新闻图片：得益于卡罗式负片摄影法与网版制版法，生产过程中照片的稳定获取与廉价大规模复制问题得到了解决，1880年纽约《每日写真报》刊登了一张风景照片，被认为是世界上刊登于报刊的第一张新闻照片。③

摄影术对"视觉"的分离与客观化，固然被认为是纪录电影乃至广义的纪实影像所秉承的固有属性，而电报对"传播"之分离，则将在接下来更广阔的世界图景中不断回响。在电子媒介的这段前史之中——尽管电报、电话已经可称为严格意义上的电子媒介，最早通过化学反应达成光学复制的摄影术暂时还不能——初步达到的这两个可能性，为之后一步步通过具有承继关系的媒介技术进步而

---

① 克拉里：《知觉的悬置：注意力、景观与现代文化》，沈语冰、贺玉高译，江苏凤凰美术出版社2017年版，第13页。

② 斯奈德：《领土摄影》，载米切尔编《风景与权力》，杨丽、万信琼译，译林出版社2014年版，第198页。

③ 熊澄宇：《媒介史纲》，清华大学出版社2011年版，第131—132页。

达成的包罗万象的媒介表征交易市场打下了基础：从现实世界及人类感知中的原材料采集，到媒介产品的加工生产，到大规模低廉复制，再到世界范围的高速、高效、高保真分发，直至消费，人们对现实世界的认识本身，被纳入现代工业的齿轮下，逐渐地似乎如麦克卢汉所说，电子媒介成了世界的中枢神经系统，而人类在这之前的古典时代所理所当然地领受的那种认知中的主体性地位——那种神圣性，则开始世俗化，成为实际意义上的交易了。以上各个环节都需要借助技术媒介，实现标准化、普适化：它们被一步步分离和装配，再视需要重组在一起形成合力。现代媒介秉承的现代性逻辑，就是高度组织化的普遍联系：打通人的感知与外部世界，建立世界范围的连接，将所有能加以利用的价值因素尽可能纳入流通领域。于是源源不断有游荡在实在界的事物被认为"奇货可居"、需要表征，成为人们眼中值得惊叹和追逐的"奇观"。当语言文字以及造型描绘已经穷尽了人类的故事，就需要有新的故事不断讲出来。

第二节 分离人所"可见"与机器所"可见"：留声机、活动摄影机与早期电影实践

对时间与空间的标准化描绘，是现代性对世界的有组织描绘的最高理想。所以静态摄影术必须被逐帧连续起来：不仅要能表征一瞬间的观察，更得表征时间本身；新闻照片如果不依赖文字陈述及其蕴含的既有意义就无法产生意义，而一段实事短片最起码可以拍到某人正在走路这一事实。

伊尼斯认为，印刷术和摄影术作为视觉本位的传播偏向于空间的扩张，它们的长期垄断地位则最终催化了其反面——听觉本位传播的发展。[1] 伊尼斯指的是广播，直指其在二战前在希特勒以口语传

---

[1] 伊尼斯：《传播的偏向》，何道宽译，中国传媒大学出版社2015年版，第117—118页。

播方式达成广泛煽动时所扮演的关键角色,"它倚重的是集中化,它需要关注的是连续性"①;不过这种集中化与连续性的可能,首先是由留声机与电影这两种媒介技术的发明达成的,它们通过对时间流的复制,把过去被书写、后来被印刷以及电报、摄影等媒介技术所抽象化、逻辑化的人类感知进行"现象学还原";或者更准确些,进行最大限度的描摹。更重要的是,通过对这些声、光感知进行储存,让信息传播有了取之不尽、用之不竭的原材料,大大扩展了媒介技术的生产力。通过平滑的"波"与均值的"粒",时间取代了长度,"真实取代了象征"②。如果能够达成这两种媒介能力的极致的话,就可以幻想将所有人感知到的时间流进行不加差别的组织,并且通过物质上的保留,使其延续下去。这对于现代化进程来说具有巨大的吸引力。

1877年爱迪生首次向公众展示了留声机的原型:对着话筒发出声音,引起膜片振动,带动钢针将信号书写在不断滚动的石蜡筒上;然后通过重新播放记录在石蜡纸上的振动频率,带动膜片振动,可以辨认出所录下的声音;在其中,悦耳的音乐与环境的噪音平等地共处于时间之中,这已经超越了对人类听觉的复制,人类认知在此之前并不曾注意到的那些环境中的白噪声一并被纳入进来。卢米埃尔兄弟1895年用于拍摄并正式放映《工厂大门》《火车进站》的"活动摄影机"也是如此,随着时间行进,火车无可阻挡地疾冲向前,第一批电影观众在它面前无所遁逃;虽然同为连续摄影,但此时诞生的电影,与迈布里奇、马奈等被认为是电影先声的那些对奔跑的马(1877年)、运动的人进行逐帧拆解的逻辑已经大不相同了:重要的不再是人如何捕捉那个真正想看的瞬间,而是如何无所遁逃

---

① 伊尼斯:《传播的偏向》,何道宽译,中国传媒大学出版社2015年版,第97页。
② 基特勒:《留声机 电影 打字机》,邢春丽译,复旦大学出版社2017年版,第24—25页。

第二章 作为"奇观"的秩序:19世纪末—20世纪20年代现代视听媒介的早期发展与纪实影像的"个体复制"

地接受机器之眼的凝视。

一开始,人们想要通过机械复制和储存的,是自己看到、听到的"有价值"的事物,比如音乐、舞台剧、杂耍,也就是说,从人本主义的角度来说,为再现之物赋值理应发生在复制再现之前。爱迪生正是这样做的,他开发的活动摄影机技术 Kinetoscope 其实早于卢米埃尔兄弟:一种固定而无法移动的摄影机,被放置在一个称为"黑玛丽"(Black Maria)的摄影棚内,观众则透过"西洋镜"来观看;所以爱迪生拍摄的早期影片多半是短剧表演或舞蹈。[①] 1905年在丰泰照相馆拍摄的中国第一部国产影片《定军山》,与"黑玛丽"的逻辑如出一辙,而且照相馆老板任庆泰之所以萌生了拍摄戏曲影片的念头,是因为他的"大观楼电影园"(北京第一家带有专业性质的电影院)需要更多的、更能为中国观众广泛接受的供货——"所映(国外进口)影片,尺寸甚短,除滑稽片外,仅有戏法与外洋风景"。[②]

若从对舞台表演的客观记录这个角度来看,陆弘石行文中使用了"戏曲纪录片"[③]为最早一批中国国产电影定性也无可厚非。事实上由于摄影机的机械复制本质,纪录电影史的"认祖归宗"似乎怎么本质主义都不过分。但假如只是用机械复制人们——何况还只局限于特定的掌握技术之人——眼中具有交换价值的那些事物,那么作为现代媒介的摄影机还远远未发挥出其真正的生产力,那就是复制那些过去未能出现在对现实世界认知里的那些现实,让它们无所遁形地一起成为可交易之物,在科学探究、行政管理、商业资讯乃至艺术表达各个领域为它们赋值。人所"可见"与机器所"可见"通过媒介再次分离,机器所能捕捉的远比人多,所能采集的远

[①] Barsam:《纪录与真实:世界非剧情片批评史》,王亚维译,远流出版事业股份有限公司2012年版,第34页。
[②] 陆弘石、舒晓鸣:《中国电影史》,文化艺术出版社1998年版,第4—5页。
[③] 陆弘石、舒晓鸣:《中国电影史》,文化艺术出版社1998年版,第6页。

比人眼多，更何况还能够储存，留声机和电影在这种并非其创始本意的层面上大大解放了人们对现实的生产力，才是现代媒介真正充满魅力与悖论之所在。

卢米埃尔兄弟的活动摄影机事业正是与这一现代媒介生产逻辑不谋而合，才在历史叙述中达成了对爱迪生的超越。爱迪生把产品开发的关注点集中在设备上，他所居之"奇货"是机器本身；Barsam认为他"对电影的真正关切其实并不在它美学上的可能性，反而更关切它是否能为他在1877年发明的留声机上作为一个视觉附件。商业目的是爱迪生的首要考量"[1]；巴尔诺则说，爱迪生尽管曾谈及电影纪录的实用价值，但实际上他的电影工作很快转向"演出"方面，因为他想方设法把摄影机和自己的电力技术结合起来以追求稳定运转，导致摄影机体积庞大、操作复杂，采用了"黑玛丽"的封闭形态。[2]

站在纪录电影史叙述的角度，Barsam和巴尔诺将爱迪生作为对立一面进行描述，因此可能造成的误解是，仿佛是爱迪生对机械纯粹物质性的沉迷和对机械复制之崇高性的迟钝，是他只顾眼前利益的商业主义短视，使他无法像轻松浪漫地手摇着活动摄影机、到处睁着新生儿般好奇的机械之眼的卢米埃尔兄弟那样，成为纪录电影史的英雄，他们拍摄或组织拍摄的早期"实事片"也就成了"针对客观的万物世界寻求一种'贴近现实'的艺术宣言"[3]。

事实上卢米埃尔兄弟才是更老练的工程师兼商人，这两个角色后来很快合而为出色的影像资本家。比影史公认的1895年12月28日第一次"收费、公开且成功"的标志性电影放映更早，1895年7

---

[1] Barsam：《纪录与真实：世界非剧情片批评史》，王亚维译，远流出版事业股份有限公司2012年版，第34页。
[2] 巴尔诺：《世界纪录电影史》，中国电影出版社1992年版，第4页。
[3] Barsam：《纪录与真实：世界非剧情片批评史》，王亚维译，远流出版事业股份有限公司2012年版，第35页。

第二章 作为"奇观"的秩序:19世纪末—20世纪20年代现代视听媒介的早期发展与纪实影像的"个体复制"

月卢米埃尔兄弟拍摄了第一部新闻片（newsreel），内容是法国摄影行业协会成员们走下船、踏上码头；第二天胶卷显影后便为摄影家们放映了这段不到1分钟的影片：这段影片被卢米埃尔兄弟用于在业内同行面前展示自己刚刚获得专利的摄影机和投影系统Cinématographe[①]，比起"黑玛丽"，它做到了将胶片——代表被复制的那部分现实的物质承载物——从黑匣子里"取出来"，成为交易的真正中心，不但舞者与滑稽戏演员不必特意到里面另起舞台，观众也不必一个个到"西洋镜"前观看，这部机器集摄影机、冲印机及放映机于一身。卢米埃尔兄弟在同行面前的放映早在巴黎卡布辛大道大咖啡馆进行的公众放映之前就举办了多次，成了其技术专利在业界最好的广告；而大咖啡馆的放映则是第一次拿影片本身来营利。[②] 从电影史的角度，以电影本身而非其媒介机器的第一次公开营业为历史起点，无疑是具有合法性的；然而从媒介史的角度，媒介表征如何通过现代媒介被分离提取出来的过程，则需要从媒介技术对人类认识的客观化与赋值上，对历史叙述中不可避免的那种以现有概念模式回套历史现象的倾向加以反思。

第一个常见的"回套"，是对早期电影如何从"吸引力电影"转向"叙事电影"的考察——电影在经过早期单纯以动态复制的"奇观性""杂耍"形式吸引观众以后，为何以及如何很快地转向讲述故事、发展出电影的独特语言？这个顺理成章的线性发展历程隐含着"吸引力电影"与"叙事电影"之间的某种进化论式的等级划分，针对这个等级化话语已经有埃尔塞瑟等学者提出了质疑。比如埃尔塞瑟提出，在对早期电影如何为大众所接受，继而向经典好莱坞叙事电影发展的历史叙事中，总有那些类似卢米埃尔兄弟《火车

[①] 卡帕尼：《摄影与电影》，陈畅译，南京大学出版社2018年版，第1页。
[②] Barsam：《纪录与真实：世界非剧情片批评史》，王亚维译，远流出版事业股份有限公司2012年版，第4页。

进站》引发的"火车效应"(train effect)的"神话"——人们(通常是被嘲笑为乡下来的没见识的土包子)以为真的火车冲了出来,或者试图打破观众与银幕的区隔,冲到幕布后面试图阻止影片中发生的事情等;这些"天真愚昧"、未被"影像开蒙"的观众形象其实在之后每次技术媒介为人类延伸出新的媒介感官时都会重现,而对这种观众的混沌状态的戏谑甚至挖苦,某种程度上可能是电影通过"校准"其观众而持续生存进化的话语手段。[①] 更进一步说,正是"未被分离"的某些因素,当其被分离出来而加以表征、创造出新的市场价值的必要性开始通过新媒介技术的发展看到曙光的时候,原本毫无问题的"混沌状态"就变成有问题的了。

第二个常见的"回套"则是纪实与虚构的分野——电影"天真"地复制现实的本质为何及如何经过审美的人为操纵而变得"不纯粹"却俘获了更多观众的心?对电影的态度在这里典型地体现出人对技术的永恒焦虑:一方面技术的突破就是为人类活动提供便利的,因此应该"物尽其用";另一方面绝对不能放手的是人的主体性,人的创造力、决定权如果不反复强调,仿佛就有堕入技术宿命的危险。

这种焦虑往往以各种形式的政治、经济与文化资本场域的争夺出现。在摄影术出现时就开始了"摄影是否可能成为艺术?"的激烈争论,一直延续到电影。对于早期实事片到底是徒具动态的新奇探索,还是可被判断为"审美"范畴的作品,尽管现有的主流叙述都会强调卢米埃尔兄弟及其之后的团队在各种影片中表现出的画面结构、光影角度上的艺术成就[②],但这个强调之迫切,可能导致过早地

[①] Elsaesser, T., "Archaeologies of Interactivity: Early Cinema, Narrative and Spectatorship", in Ligensa, A., Kreimeier, K., *Film 1900: Technology, Perception, Culture*, New Barnet: John Libbey Publishing Ltd., 2009.

[②] Barsam:《纪录与真实:世界非剧情片批评史》,王亚维译,远流出版事业股份有限公司 2012 年版,第 47 页;巴尔诺:《世界纪录电影史》,张德魁、冷铁铮译,中国电影出版社 1992 年版,第 7 页。

第二章 作为"奇观"的秩序:19世纪末—20世纪20年代现代视听媒介的早期发展与纪实影像的"个体复制"

把一个技术媒介的使用问题化约成现代电影美学表达形式的进化论问题。类似地,对早期电影实践的"纪录"与"剧情"分野,也是以现在的标准来判定的,于是叙述的矛盾俯拾皆是。

由于其相对轻便,Cinématographe比Kinetograph更容易拿到户外进行拍摄,也因此,早期的卢米埃尔影片中,纪录的内容所占比重远比爱迪生的多(卢米埃尔兄弟称其电影为 actualités,或纪录视角)。不过在结构上,最早的那些卢米埃尔兄弟与爱迪生电影并无二致——摄像机与视点静止不变(除了为重新取景动作而作出的必要移动),动作从一开始持续到最后,仿佛剪辑"现实"对于拍摄者来说是无法想象的[1];

在剧情、声音以及颜色等技术被引进电影之前,早期电影工作者的欲望是记录平凡生活中的现实。因此卢米埃尔兄弟将摄影机瞄准他们并称之为实况电影或纪录面貌的制作,是最自然和合适不过的了[2]。

1907年之前,在多数国家里虽然纪录片在数量上超过了故事片,但它们之间的比例在变化着。故事片的数量在增加,并且开始引起观众的兴趣,而纪录片无论在数量上或活力上都在逐渐衰减……纪录片易于成功,这在某种程度上也毁掉了它自己……编辑技术的发展引起了故事影片在表达性质方面的变化,而纪录影片却依然如故[3]。

---

[1] Cook, D. A., *A History of Narrative Film*, Fifth Edition, New York: W. W. Norton & Company, 2016, p. 10.
[2] Barsam:《纪录与真实:世界非剧情片批评史》,王亚维译,远流出版事业股份有限公司2012年版,第38页。
[3] 巴尔诺:《世界纪录电影史》,张德魁、冷铁铮译,中国电影出版社1992年版,第20页。

凡此种种暗含将虚构/非虚构分野作为任何表征行为的前提的表述，以及由此引起的，把特定的媒介表达技术如剪辑、颜色、声音与剧情影片的"人工性"画等号，构成对非虚构的反向定义，甚至把早期电影"记录平凡生活中的现实"的欲望视为理所当然，现在来看问题重重，也严重限制了将广义的纪实影像表达与更广阔的现代社会图景——而非仅仅是电影艺术史——进行对话的潜力。

在电影技术发明和早期发展时期，卢米埃尔兄弟可谓出色地完成了这一新生产领域的原始积累示范：起初他们并不以出售机器为主，而是派出摄像师带着活动摄影机到世界各地以放映影片为主进行营利，从而见证了若干国家已知的最早的公开放映事件[①]，同时摄像师还会制作大量当地的单镜头景观影片。[②] 放映开拓了市场与受众，拍摄则积累了媒介表征产品，直到1897年卢米埃尔兄弟开始销售摄放一体机时，他们在这一新兴市场上积累的资本——无论是经济资本还是名望——都较为可观了。爱迪生在美国开展的电影事业也令人瞩目，他走了一条和卢米埃尔兄弟那重商主义格调大不相同的道路：以售卖机器设备与技术专利的方式"圈地"。于是很多小型公司都得以开发自己的放映机，成百上千的放映机投入使用，反正受众对这一媒介的接受还处于新奇留连之际，早期影片也还不存在版权问题，随便放点什么都能赚钱。于是在刚刚进入20世纪新百年之际，人们对电影那原初的新奇逐渐消耗，就急需产能上的突破、分发上的规范与放映上的常规化了。

对"实事片"这种纪录片来说（暂且假设此时已经存在"纪录片"这一实在物），原本作为早期影像积累最可想象的秩序雏形，现在则需要在其秩序内部开发更多吸引力，调动观众的想象与期待。

[①] 大卫·波德维尔、克里斯汀·汤普森：《世界电影史》，范倍译，北京大学出版社2014年版，第33页。

[②] 大卫·波德维尔、克里斯汀·汤普森：《世界电影史》，范倍译，北京大学出版社2014年版，第32页。

第二章 作为"奇观"的秩序:19世纪末—20世纪20年代现代视听媒介的早期发展与纪实影像的"个体复制"

与以殖民帝国主义为典型特征的资本主义发展潮流同步,早期电影中的纪实部分先是与欧洲各王室及沙皇,以及类似美西战争、日俄战争、义和团事件与八国联军侵华这样的国际事件中与统治者合作,为其提供影像表征同时向世界扩散;紧接着相应地又到殖民地将"土著"报道给帝国的人们,形成对帝国主义世界图景的广泛想象。在这种对世界图景首先达到可供"奇观"的普遍诉求中,谈论纪实与虚构就有些天真了:尽管语带批评之意的巴尔诺在这个问题上有些苛求古人,但他也点出,当时影片中对真实事件的大量重新编排拍摄甚至"欺骗"其实在当时根本不成问题,而是一种"再构成"的"冒险精神"[①];更何况,远赴海外拍摄成本高昂,于是出现了大量搭景再现事件的纪实影片,它们逐渐发展成20世纪10—20年代风靡一时的"探险电影",反过来又启发了之后纪录电影真正成为公认艺术类型的实践。

卢米埃尔兄弟与爱迪生早期电影实践之间的差别,体现出人之"可见"与机器之"可见"的逻辑转换:一方面是机器对视觉"观察"的分离和客观化,另一方面这新近分离出的"观察"也必须加以整合与组织化,才能真正被赋值、参与到流通之中。对于当时的人类来说,机器之"可见"很容易被换算成人类之"不可见",因为视听媒介刚刚起步,远没有发展出易得性,以至于人们从机器中介中看到自己在日常生活中习以为常的运动,都以为是机器才能看到的事物而将其作为"奇观"。这种陌生感当然没有持续多久,不过无论是"叙事电影"还是"电影审美"种种继续发展的整合与组织化的机制,尽管可以从很多视角来追溯其源头——比如说从娱乐产业化的社会建构视角,从杂耍到叙事是一种产品标准化生产与市场规则初步形成的必然;从人类的认知与解释象征符号的文化实践视

---

① 巴尔诺:《世界纪录电影史》,张德魁、冷铁铮译,中国电影出版社1992年版,第24页。

角，故事是人类给予认知符号意义的最重要手段，等等——一个不容忽视的前提是，之所以其被赋予了一个进化论的表象，是因为始终有一个直观的"量"的积累存在。就好比人类在古典自然科学之前并没有必要体认巫术与神学对现实描绘的不确定性一样，当影像对现实的表征刚刚开始时，对其加以合理组织、安排秩序，是无法想象的。当然，由于引入了机器，资本主义工业化进程在大大加快了世界范围内的价值交换的同时，也大大加速了对现实进行表征的生产速度，我们不用像古典时代那样，等几个世纪才等来足够多的表征来"做秩序"；事实上，这个建立在一定量的影像表征基础上的秩序形成过程开始得如此之快，以至于它伴随着媒介技术前所未有的加速变革，而显得好像背后总应有一种主导的推动力量。

第三节 作为工业巨兽的媒介：电影工业与广播

一 电影工业：表征积累的初具规模与蓄力扩张

从 1905 年开始，卢米埃尔兄弟停下了电影制作，专注于电影设备产品开发。此时，电影这种新的媒介和新的艺术形式已经发生了很多重要变化。故事片成为主要产品；制作、发行、放映的分离对电影工业扩张的重要性日益凸显。[1] 卢米埃尔麾下单枪匹马驰骋世界的摄像师与放映员的游牧状态，逐渐让位并稳定于以爱迪生的专利扩张为基础多方竞争下的电影工业生产与销售市场。这种情况下再看媒介产品"纪录片""故事片"的分类，其对生产、发行与观看的期待管理就显现出必要性了。早期电影阶段作为"个体复制"的纪实影像实践，也开始逐步显现出组织化的可能。

---

[1] 大卫·波德维尔、克里斯汀·汤普森：《世界电影史》，范倍译，北京大学出版社 2014 年版，第 43 页。

第二章 作为"奇观"的秩序:19世纪末—20世纪20年代现代视听媒介的早期发展与纪实影像的"个体复制"

从1901年开始,新闻片先被百代、高蒙分离出来成为一个固定模式。从其每周或半周发行一次来看,是不自觉地采用了报刊的形态,内容则主要为王室访问、陆军演习、体育活动、有趣的话题、灾害和地方仪式等[1],基本上相当于将早期实事片中构成世界想象的事实材料部分进行了重新"提纯";其生产制作模式则从报纸那里延续了新闻通讯社模式,雇用处于相对自由职业状态的摄影师在世界各地拍摄并送回影片,法国国内报道每部报酬7法郎,而国外则是每部10—15法郎[2],可想而知对外部世界的观看已经组织起了多么稳定的市场需求,这也驱使大量摄影师出国"影像淘金"。

而对世界的奇观式想象,或者更直接点说,帝国主义殖民想象本身,则发展成20世纪头20年大受欢迎的"探险电影"。与电影技术及工业化的逐渐成熟步伐一致,现在电影的想象力也一方面拥有了更多表达手段,另一方面取用了更有吸引力的类型化手段:得到更多自由的同时,逐渐开始对影片的接受——电影的使用功能、唤起的特定感受以及消费场景——进行组织与规划。以美国电影市场的"镍币影院"为代表,电影工业的日趋成熟既有赖于也促成了电影的大众普及,片源供应需求大量增加。纪实短片"在品质上、活力上及吸引力上失势"[3] 被叙述成这些结构性因素的一个结果,看似水到渠成,实际上不是纪实短片,而是整个草创时期的尝试都会在新兴市场中重新洗牌。不久以后我们就会看到,工具上的可能性得到满足后,纪实类型的吸引力还会浮出水面。

工业化的发展与市场的成熟稳定,使电影在生产、发行、放映各环节都开始要求组织化与标准化。镍币影院的低价策略,以及与

---

[1] 巴尔诺:《世界纪录电影史》,中国电影出版社1992年版,第25—26页。
[2] Leprohon,转引自 Henley, P., *Beyond Observation: A History of Authorship in Ethnographic Film*, Manchester: Manchester University Press, 2020, p. 81。
[3] Barsam:《纪录与真实:世界非剧情片批评史》,王亚维译,远流出版事业股份有限公司2012年版,第57页。

此相互呼应的"轮次放映""橱窗式放映"① 等发行策略、在相互制衡的竞争市场环境下进行的标准定价策略,在相当程度上倒逼电影的产品化转型。电影的叙事清晰度必须得到有效管理,在梅里爱、格里菲斯等先驱的实践下,剪辑技术、镜头设计与调度等工具逐渐成为规范;发展最为迅速的美国电影业以古典好莱坞电影风格以及大制片厂制、明星制等典型的工业批量生产机制,向全世界提供着共同观看并共同作为参照的媒介景象,这是以前建立在书写文化基础上的印刷媒介所无法做到的。

1914—1918 年第一次世界大战削弱了法国、意大利等国家刚刚发展起来的电影工业,客观上也促成了美国电影在全世界的扩张。"一战"时期,纪实影像的实用功能被认为得到了第一次发挥的机会,"战争取代了游览景色,成为非剧情片的新焦点"②,或者不如说,战争就是新的"风光片"。到前线拍摄的重重困难,与其说是媒介技术设备上的不足,更多的是这场全球范围史无前例的战争在势力范围划分上进行竞争的本质,使各个参与者像在市场竞争中一样,需要对战争也进行高度管理。于是官方战争宣传需求非常自然地与电影结合在一起,并在日后典型地将政府资助与纪实影像宣传功能的紧密结合逐渐固定为一个价值交换模式。

于是我们可以看到,20 世纪 10—20 年代,电影工业开始进行有组织、集中的表征生产进程:古典好莱坞风格的形成,逐渐用影像将人类的故事——人类社会生活的各种意义生成——进行标准化;而处理"他者"——既联系又加以征服——的使命则显著地体现在"探险电影"以及某种程度上是探险的极端形式的战争宣传上。对"观察"的分离已经初具规模,能够形成标准化批

---

① 大卫·波德维尔、克里斯汀·汤普森:《世界电影史》,范倍译,北京大学出版社 2014 年版,第 55 页。

② Barsam:《纪录与真实:世界非剧情片批评史》,王亚维译,远流出版事业股份有限公司 2012 年版,第 61 页。

量生产，对"传播"的分离也不能不提及：广播这时候也开始初步发展。

二 广播：表征秩序的整体想象与频率化铺陈

到了重拾电报伟大传统的时候了：怎样把声音与画面纳入迅捷而广泛的电力传播中？一方面，留声机与电影技术已确保了采集、储存与复制，但在发行与接收上还需要克服距离；另一方面，电报电话用电缆解决了距离问题，马可尼1895年首次实现的无线电信号则克服了线路所限制出的边界，理论上，全世界在媒介信息传播方面已经有可能"同呼吸、共命运"了。电报的广泛应用已经确认了将信息传播交给电子技术对工业化发展的重要意义，尤其是在航海领域得到了广泛应用，但对于远距离信息传播在社会公共基础设施中的必要性，则还需要再向前一步。这其中必须跨出的一步，不仅是技术手段，还有对一个社会整体性组织管理的想象：它是一个将媒介表征有效地形成社会意义的基础，但在现代视听媒介对世界的表征还不够广泛时，它未必是先在于人们普遍意识里的。只有当现代媒介逐渐积累起力量以向我们诉说我们彼此时，我们才有了这个想象力去努力达成媒介技术上的创新。我们可以以广播事业起步时期为例来探讨这一点。

在广播正式成为大众传播媒介之前，关于它的媒介可能性的想象与实际的应用大不相同。其实一个类似宗教般"撒播福音"的理想远在电话发明时就已经比较广泛了，也很容易想象：贝尔等电话早期开发者的最初考虑就是将其用作一种大众媒介而不是人际传播媒介，作为发送中心传播音乐、牧师布道、重要讲话等；接收者则是付费的订户。这种设想，可以解释为信息的大众传播在现代精神中的迫切需求，当然也不能忽略当时其他传播方式的存在造成的影响，因为在1876年贝尔为电话申请专利时，电报产业已经相当发达，电话难以进入市场，被视为"玩具"而非信息传播工具，于是对于发明者们来说，似乎没有什么理由非要和他们已认为足够好用的人际传播媒介硬碰硬，不如另辟蹊径。电话一方面是被关上了门，另一方面则由某些危机情境打开了一扇窗，将一个电话能够完成得最好的可能性落实了：建立在随机状况下的即时反应性。1878年，康涅狄格州一列火车失事，临近的医生通过电话动员，赶赴现场救治，电话的重要贡献被广为报道，此后得到迅速发展，贝尔及其投资人也转向人际传播，不再追求由任何广播中心控制内容，而致力于形成即时传播的社会网络。到1904年，电话线已布满美国全境，彻底在美国站稳脚跟。[1] 某种程度上得益于现代发展对于危机进行管理的巨大需求——越来越多的自动机器，也意味着越来越多的故障威胁——电话之后向人际传播的公共设施这个可能性上有效延伸。对电话的点对点传播需求，开始以电缆铺设这种有形物质的形式，可见、有序、具体地展开在现代社会的大地上了。

　　电话忙于对各种呼叫作出即时反应，顾不上撒播福音，它首先领受了在媒介手段有限时更紧迫的任务，但由电话激发的大众传播应用设想一直显著存在。1882年法国的电力与远距离传播研究者蒙塞尔伯爵（Th. Du Moncel）已经提出"传真电报机"（Telephote）的概念，作家阿尔伯特·罗比达（Albert Robida）在同年发表的小说《二十世纪》里设想过"电话视镜"（telephonoscope）；远程传播与视听相结合的概念风靡一时，显然也引起法国科幻作家凡尔纳（被誉为"现代科幻小说之父"）的强烈兴趣，他在1889年应美国《论坛》（The Forum）杂志编辑约稿而发表了一篇短篇小说《2889年》，后来以《2890年一位美国记者的一天》为题再次发表在法国：小说里设想了未来一个无比强大的新闻媒体帝国，纸质报纸被"说话的"报纸取代，人们可以在类似电话亭的设施中拿起听筒收听新闻，而一个集中了大量记者的类似通讯社的媒体机构则不仅向受众播报新

---

[1] 熊澄宇：《媒介史纲》，清华大学出版社2011年版，第118—119页。

第二章 作为"奇观"的秩序:19世纪末—20世纪20年代现代视听媒介的早期发展与纪实影像的"个体复制"

闻,还能远程传送视觉信息(更绝的是,这个媒体帝国采取的仍是广告盈利模式,不过是通过将大量的广告海报投影到空中,使人们随时随地一抬头就能看到)。[1] 实际上,这不是发明家与科幻作家的幻想,而是真的被实践过:匈牙利布达佩斯从1893年直到一战后还一直存在一种政府经营的电话服务,提供各种新闻及娱乐节目;每天在约定时刻,电话会响,只需扩音器,全家就可以一起"听电话"。它可以被视作现代拨号计算机服务的前身[2],而其内容、形态、使用情境则更像广播。

即使如此被期待和被实践,电话还是违背了大众传播的"初心"——在跨越距离方面,信息内容的集中撒播让步于点对点即时交流;显然当时比起传播承载某种社会意义建构的内容,建立基础设施以组织工业生产运营更加重要。但这并不能反过来证明,这些担任社会意义建构使命的对现实的表征比起物质产品生产与生活实践来说就必然是后发的、第二性的;正相反,因为信息的传播在现代社会中的重要性已达到如此凸显的积累程度,以至于成为建设基础设施的动力。大众传播的媒介进程之所以没有落在电话上,有一个重要的因素需要加以考虑,就是视听方式的媒介表征本身是否达到一定的充分性。当时留声机也不过刚刚发展起来,它在社会各领域的应用、对现实世界各个角落的表征根本还十分贫乏,以至于都还谈不上对其加以组织化的消费。对现实的表征也是现代社会的一种生产消费行为,遵循匮乏与过剩两端滑动的现代化逻辑。等到表征足够充分的时候,就得以赶上无线电技术发展的快车了。

和电话、电影、互联网以及很多技术媒介诞生之初一样,无线电信息传播也经历了"游戏化"的新生期:作为当时一小部分有条

---

[1] Verne, J., "'La journée d'un journaliste américain en 2890'", Mémoires de l'Académie, Amiens", https://www.histv.net/jules-verne-la-journee-d-un-journal, 1891.

[2] 熊澄宇:《媒介史纲》,清华大学出版社2011年版,第117页。

件拥有广播收音机设备的专家群体互相之间发送消息的先进"玩具",更多地满足了特定群体的人际传播与对硬件技术的钻研兴趣需求,"凸显其专业技术地位与专家群体认同感"[①]。1906年,无线电话由费森登的高频发生器连续无衰减发射技术得以实现,这是人类在语言和音乐的无线电传送与接收实验中,获得的首次成功;另一位科学家德福雷斯特则于同年发明真空三极管,实现了无线电技术的重大突破:三极管可以极大地增益电信号的强度,产生连续的高频电磁波,用于声音和音乐的广播。1910年,德福雷斯特和费森登合作,成功转播了纽约大都会歌剧院的歌剧演出。[②] 无线电技术早已准备好,所有可能性已经整装待发,更率先被应用于航海等特定传播领域,但是当时的电报电话设备与线路网络已经能够满足人际传播需求,这次轮到无线电等待一个将媒介可能性落实的"出圈"机会了。

与电话异曲同工,这个"机会"同样是一个公共突发事故。1912年"泰坦尼克号"沉没事件,堪称现代化工业斗志昂扬大举发展之际的一个天启式隐喻,也是两次大战之前的一次被广泛传播与记忆的世界性创伤事件。4月14日在曼哈顿百货大楼,无线电报操作员大卫·萨尔诺夫接收到正在沉船周围营救幸存者的搜救船发出的无线求救信号,迅速将这一爆炸性消息不仅发送给白宫,而且传向世界。无线电技术的强大公共传播潜力声名鹊起,然而许多当时就在附近海面的船只恰恰因为关闭了无线电系统而没能及时救援,使更多的人葬身大海。所以毫不奇怪的是,无论是萨尔诺夫为代表的商业组织,还是美国国会与政府公共职能部门,之后都极力推动无线电事业发展。

"自机械结构模型阶段开始,复杂环境下的危机与危机处理概念

---

① Cullen, J., *A Short History of the Modern Media*, West Sussex: John Wiley & Sons Ltd., 2014, pp. 121-122.

② 熊澄宇:《媒介史纲》,清华大学出版社2011年版,第140页。

就与信息传播概念联系在一起"①；我们可以把这方面的信息传播看作"对风险的表征"，如乌尔里希·贝克所解释过的，对风险的控制与操作正是现代社会发展的动力。在最紧迫的风险已可能得到基本控制后，工业资本想要加以控制的"风险"或者说可能性，就开始向更广阔的社会领域扩展。萨尔诺夫1916年向西屋公司提交了著名的"无线音乐盒备忘录"（Radio Music Box Memo），提出将无线电推广成"家庭设备"的构想。这个构想折射出工业化生产与消费将私人领域纳入势力范围的渴望。和电影以生产媒介产品为起点来搭建发行与放映系统不同，广播以及之后的广播电视是"抽象的系统过程，原始目的是设计来作为传输与接收之用，至于在此系统流通的是哪些内容，则没有或很少预留定论"②。视听表征能够实现的在内容上的可能性，现在已经较为丰富与完备：经典好莱坞叙事为代表的电影工业实践在影像语言及其技术手段上渐趋成型，同时以表现主义为典型代表的艺术实践又向更多可能性敞开。

将触角伸向社会各个角落，同时又能加以组织化的可能性，广播已经提供了曙光；第一次世界大战的紧迫需求则让这项技术首先借助国家的军事力量发展壮大，接着在战后顺利地过渡到国家主义的社会公共基础设施层面上，具有了公共部门高度规制管控、发行模式高度集中的两个典型特征③，与一战后20世纪二三十年代资本主义工业生产极速扩张与集中的趋势相当。看看美国广播业在一战后如何重组和起步就明白这两个特征了：德福雷斯特和费森登这两位广播技术的早期开发者尽管曾经合作，之后仍不免陷入争夺专利权的诉讼拉锯战；随着一战中国家政府部门的应用将广播技术的媒介可能性加

---

① 马特拉：《全球传播的起源》，朱振明译，清华大学出版社2015年版，第58页。
② Williams：《电视：科技与文化形式》，冯建三译，远流出版事业股份有限公司1994年版，第38页。
③ 麦奎尔：《麦奎尔大众传播理论：第六版》，徐佳、董璐译，清华大学出版社2019年版，第28页。

以落实，战后出于控制这一技术资源的国家层面考量，在美国政府督促下，1921年马可尼公司、通用电气公司（GE）、美国电话电报公司（AT&T）和西屋公司（Westinghouse）这几家各自手中掌握一部分重要无线电技术的竞争者联合组成美国无线电公司（RCA）[①]，这个由政府批准成立的垄断机构，正式将广播媒介的典型特征或者说固有矛盾，以实体形式表现了出来。

伊尼斯认为是广播使现代西方世界进入了新阶段："它倚重的是集中化，它需要关注的是连续性。"[②] 与印刷媒介的空间扩张不同，对时间问题的关切正在日益增长，尤其是对于当时迫在眉睫的问题：比如在爵士时代狂飙突进中逐渐浮出水面的资本主义经济危机。科学考察指导下的矿产开发、保护自然资源、防范自然灾害、政府对铁路和电力的所有权（伊尼斯还特别提到美国田纳西河流域管理局[③]，也正是以此为代表的政府部门在后来最为积极地推进着纪实影像的实际应用），都是对此的体现。与此相呼应，影像表征体现出在处理现实方面的材料的贫乏，对现实的影像表征开始回应这一集中化与连续性的进程，在以古典好莱坞叙事为代表的影像认知配置初步成型的基础上，需要把在现实性意义上日渐"虚伪"的探险电影，往纪实属性上推进一步了。真正意义上的纪录片，就在这个探索阶段诞生。

第四节　早期"个体复制"纪实影像实践的顶点：弗拉哈迪与维尔托夫

第一次世界大战席卷世界的破坏力，前所未有地将政治、经济

[①] 巴伦：《大众传播概论：第3版》，刘鸿英译，中国人民大学出版社2005年版，第234页。

[②] 伊尼斯：《传播的偏向》，何道宽译，中国传媒大学出版社2015年版，第97页。

[③] 伊尼斯：《传播的偏向》，何道宽译，中国传媒大学出版社2015年版，第123页。

第二章 作为"奇观"的秩序:19世纪末—20世纪20年代现代视听媒介的早期发展与纪实影像的"个体复制"

与意识形态斗争推到与军事行动相当的决定地位,"刺激公民依附于民族事业成为一个先决任务。不仅仅是越来越多的国家经济部门被呼吁着要努力对战争做贡献,大量民众也越来越多的在他们的普通生活中直接感受到这场新的冲突形式的影响"①。战争的影像可以是个人眼中欣赏的"奇观""风景",也可以是真正开始处理自己如何在这个特定社会环境中生活与决策的材料;电影、广播等现代媒介在一战时首次以如此规模面对私人资本与国家利益之间的互动,而在此之前这从来没体现出过如此的紧迫性。比如英国早在1914年战争开始不久就成立"战争宣传局",并于1915年在英国陆军部与英国电影工业代表之间达成协议,解决战争宣传影片发行上的困难,也为政府资助私人企业以合作应对政治军事危机奠定了基础:二者达成共识,电影工业出技艺与设备,陆军部则负责资金和交通运输;素材被视为政府财产;既制作"立即向公众展示的影片",也制作历史记录档案影片。②最后一条体现出,国家开始意识到电影——这个时候尤其是新闻宣传影片——在时间与空间上扩展以集中化的潜力。而在美国,电影早在汇集城市中越来越多外来贫穷移民方面就已经体现出大众传播媒体的社会整合力量,于是好莱坞的商业制片人们早在国家1917年参战并设立公共新闻委员会、管制美国战时电影制作及电影对外贸易之前,就迅速在战争中嗅到机遇,以当时来看相当可观的产量③掀起了美国电影超越薄弱的欧洲制片、走向国际化的第一次浪潮④;政府需要做的则是着手对其严格规整,以更符合整体

---

① 马特拉:《世界传播与文化霸权:思想与战略的历史》,陈卫星译,中央编译出版社2005年版,第55页。
② Barsam:《纪录与真实:世界非剧情片批评史》,王亚维译,远流出版事业股份有限公司2012年版,第63页。
③ 见Barsam列举的片单,引自Barsam《纪录与真实:世界非剧情片批评史》,王亚维译,远流出版事业股份有限公司2012年版,第69页。
④ 马特拉:《世界传播与文化霸权:思想与战略的历史》,陈卫星译,中央编译出版社2005年版,第59页。

利益需求；与英国相比，美国公共新闻委员会和商业制片之间在非虚构的战争新闻与宣传影片上更多体现出竞争与博弈，从而催生了更多的影像来加入这个整合进程中。一战后苏联社会主义革命用影像迅速建构新政权与新社会的表征努力就更不必说了，苏联蒙太奇学派的探索在影像积累上对工业资本主义奋起直追。

在这种种产量与需求的逐渐累积下，早期电影以来被作为"奇观"的半秩序状态开始看到转折趋势，扛着活动摄影机的摄影师们开始需要从记录见闻到形成讲述，以"个体复制"形态出现的纪实影像实践也开始努力去发现自己在整个影像表征图景中的位置。这时在纪录电影史上浓缩出的两位典型人物——弗拉哈迪与维尔托夫，分别从纪实影像在时间与空间两个方向上进行对"奇观风景"的细致描绘，将影像表征秩序的可能性昭显并落实，代表了"个体复制"的顶点饱和状态，拉开了新秩序的大幕。

一 获得广度的"奇观"：时间与空间的连续性铺陈

仿佛是作为对这个工业扩张时代的一种呼应，被纪录电影史指认为"世界纪录电影之父"的弗拉哈迪就是一位采矿工程师，而且他的纪实影像拍摄也缘起于他在矿产考察工作中对当时"无人涉足"的远方之地展开的征服。弗拉哈迪明确表达过 20 世纪头 20 年的"探险电影"对自己拍摄缘起的直接影响：早在 1913—1914 年他就在考察加拿大巴芬岛与贝彻尔群岛之余用摄像机记录一些当地风光，"这一时期，各式各样的旅游片正花样翻新、层出不穷，约翰逊在南海诸岛拍的影片（可能是指《斯纳克号南海旅行记》，1912），依我之见完全应该在北方予以仿效"[①]。与广播一样，电影史也既被一战打断，又被一战激活出新的希冀：国家层面对其功利性的重视；于

[①] 弗拉哈迪：《我怎样拍摄〈北方的纳努克〉》，载单万里主编《纪录电影文献》，中国广播电视出版社 2001 年版，第 394 页。

第二章 作为"奇观"的秩序:19世纪末—20世纪20年代现代视听媒介的早期发展与纪实影像的"个体复制"

是探险电影那多少散漫的、想当然的浪漫主义英雄叙事亟须规划与改造。巴桑与索维吉在《电影辞典》中对此时的纪录电影转变总结道:"必须等到(故事)电影的叙事(syntaxe)能力成熟之后,纪录电影这一分支才能确立自己与之相对而言的特性。……在整个20年代,一批纪录电影工作者……将纪录电影的特性精确化了。"[1] "syntaxe"原意是"句法结构",有"有组织的序列"之义,正是伊尼斯概括的这一时期媒介偏向的连续性之体现;20世纪20年代的纪录电影先驱与其说以赋予纪实影像以故事片表达技巧的方式"开创"了纪录电影的历史,还不如说是自觉地领受了对时间的诉求。

看看《北方的纳努克》如何既在因纽特人的日常生活叙事上着力描绘时间的连续,又在影片意义价值构建上着力强调因纽特的"原初"历史传承:完全配合拍摄的"纳努克"可以一遍遍不厌其烦地展现冰上捕猎、搭建冰屋,而弗拉哈迪要的就是这个,捕猎段落那漫长而令人揪心的"表演"让我们看到弗拉哈迪以时间序列展示价值威力的强大意志;而它迥异于之前实事片与探险电影漫不经心或惊鸿一瞥的"摆pose"表现方式,让观众因此也得以超脱走马观花的风景巡游模式,而尝试将对"奇观"的感受带入时间领域:弗拉哈迪选择的摄影设备——两台Akeley摄像机——具有他十分看重的当时摄像设备的最新功能:陀螺仪控制移动,确保镜头在三脚架上的旋转以及追拍的稳定;[2] 而应用这个在当时由格里菲斯开拓出的技术改进,恐怕并非出于弗拉哈迪对自己"所拍摄材料的要求"做出的判断[3](仿佛无可避免地受到纪实需求的召唤似的),还不如说是电影在时间偏向上的可能性由技术加以落实。对历史的强调更

---

[1] 巴桑、索维吉:《纪录电影的起源及演变》,载单万里主编《纪录电影文献》,中国广播电视出版社2001年版,第7页。
[2] Marshall, A. C., *The Innocent Eye: The Life of Robert J. Flaherty*, New York: Harcourt, Brace & World, Inc., 1963, p. 79.
[3] Marshall, A. C., *The Innocent Eye: The Life of Robert J. Flaherty*, New York: Harcourt, Brace & World, Inc., 1963, p. 79.

表征的秩序:重写纪实影像史

是如此,从弗拉哈迪安排了片中所有"角色"的身份来看("纳努克"并非主角本名,片中出现的他的妻儿也不是真正的妻儿),说他有意识地去拍了一部"纪录片"本身就很勉强,但要求"按祖先的方式捕海象"并且一定是与真正的因纽特人共同生活并合作完成电影拍摄,这成就了纪实影像诉诸历史价值的最早典范。

弗拉哈迪的拍摄实践,以及影片完成后的发行与所收获的赞誉,都是在日臻成熟的美国工业体系下完成的。与他同时代的另一位纪录电影史先驱人物——吉加·维尔托夫,参与的则是一个新政权的建构。"吉加·维尔托夫"这个有着旋转、永动意义的化名本身就可一瞥其电影创作对弗拉哈迪式的以及同时代好莱坞经典叙事的时间性的反制:同样是强调时间序列,但是以影像蒙太奇为技术手段,超越"同质而空洞"的现代同时性[1]以建构事件在超越空间上的关联意义。

维尔托夫最早的影像实践是1917年起担任新闻片《电影周报》(*Cine Week* [Kinonedelia])的编辑工作,把当时苏维埃革命前线及后方送来的零散材料汇编成具有宣传性质的新闻片再送回各地[2];1919年由于对革命的封锁,物资匮乏,胶片耗尽,新闻片工作者需要把旧胶片的药膜去掉,重新涂上乳剂自己制造胶片[3]:"在行动的当儿意识到自己是在打破历史的连续统一体是革命阶级的特征",本雅明也用摄影机作比喻,仿佛是领会了维尔托夫、爱森斯坦等苏联"蒙太奇"电影理论家与工作者,为新政权改造时间以致力于空间综述的使命:"伟大的革命引进了一个新的年历,这个年历的头一天像一部历史的特技摄影机,把时间慢慢拍下来后再快速放映……历史

---

[1] 安德森:《想象的共同体:民族主义的起源与散布》,吴叡人译,上海人民出版社2016年版,第23页。

[2] Hicks, J., *Dziga Vertov: Defining Documentary Film*, London & New York: I. B. Tauris & Co. Ltd., 2007, p.6.

[3] 巴尔诺:《世界纪录电影史》,张德魁、冷铁铮译,中国电影出版社1992年版,第49页。

第二章 作为"奇观"的秩序:19世纪末—20世纪20年代现代视听媒介的早期发展与纪实影像的"个体复制"

唯物主义者不能没有这个'当下'的概念。这个当下不是一个过渡阶段。时间是静止而停顿的。这个当下界定了他书写历史的现实环境。"① 用影像对革命之转折点与同时性时空上万象更新的反复描摹，就好比反复使用的胶片，也体现为维尔托夫所坚持的只从现实世界中取材的"电影眼睛"理念：对空间的综合把握成了影像"奇观"的新来源，背后是新政权对人民作出的乌托邦承诺，"整个历史流程既被保留下来又被勾除掉"②。

维尔托夫的代表性作品《电影眼睛》《持摄影机的人》都已经带有强烈的电影"自我指涉"意味，这与新生苏联政权的建构必须以"旧"意识形态为指涉对象相一致：全新的革命需要与旧事物决裂，而恰恰是平滑的抛物线才能完美完成落地。弗拉哈迪用摄像机帮自己带回所见所闻，呈现出的是已经"在那里"的一切：历史、传统、浪漫主义情怀、（西方工业世界）公认合法的且已被分享的态度和价值观念；维尔托夫则展示将见闻的行动让渡给机器的姿态（但不是真的交给机器），他反复强调的"现实的片断"、反复鄙视的在戏剧基础上发展出的电影，都带有强烈的对"在那里"的一切的颠覆意味。

如埃德加·莫兰所说，在20世纪头20年电影的早期发展阶段，以格里菲斯为典型代表的电影实践是电影之"灵魂"的发现，"情感参与逐步摆脱幻象（魔幻）桎梏……魂灵电影阶段全面展开……随着某个时刻的到来，灵魂便膨胀和僵化起来，它不再生机勃发，而变成了避难所"③。电影这一起先是生产工具的技术媒介，在经历了头二三十年的发展，开始加入工业化生产之后，其"灵魂的膨胀"

---

① 阿伦特编:《启迪：本雅明文选》，张旭东、王斑译，生活·读书·新知三联书店2008年版，第274页。

② 阿伦特编:《启迪：本雅明文选》，张旭东、王斑译，生活·读书·新知三联书店2008年版，第275页。

③ 莫兰:《电影或想象的人：社会人类学评论》，马胜利译，广西师范大学出版社2012年版，第110—111页。

不可避免地具象化降格为对观众趣味的迎合直至操纵；不像电报、电话、留声机与无线电广播，影像是在语言文字之后，通过现代媒介大规模高速高效扩散的新的表征形式：以往要耗费万把字口舌描述的一栋房子，现在可以里外拍摄一圈就完成，不论是用静态摄影，还是电影胶片（当然，语言文字、摄影与电影三者表征的结果或许就不完全是同一所房子了）。所以不必惊讶于电影这么快就走到了必须革新其技术语言的时候：无论是生产还是消费，它的效率远胜于话语。包括维尔托夫在内的苏联"蒙太奇学派"就是在新政权意识形态建构这一外在需求之下，内在地与电影媒介自身的演进走到了一起。

二 获得深度的"奇观"：重组机制的因循或创造

要想让一套机制往前发展，需要开拓更多的路：要么设法挖掘更多材料，要么设法重组出新的东西。维尔托夫的实践同时体现了这两条路，但是这两条路在他那里有明显的分步行进方式，他能够想象在其中进行辩证区分。剪辑过新闻片的他最了然于现实世界中取之不尽用之不竭的素材，同时还熟悉重组的力量可以达到怎样无可不谈的境界——这两者依然是在挖掘可能性，尽管绝不意味着可以一蹴而就。维尔托夫以《电影真理报》（*Cine-Pravda*［Kinoprav-da］）为名的系列新闻纪录片，与他之前参与的《电影周报》那种停留在新近事件报道的线性时间叙述有意地完全不同，是以主题性的方式进行结构的[①]。在维尔托夫看来，"不易察觉地捕捉"到的"电影—事实"与现实的对应关系，与对特定画面镜头的信息性描述完全不是一回事儿，"即使不标出他是'纳努克'，一个出现在屏幕上的爱斯基摩人始终是一个爱斯基摩人。让每个电影画面都像填问

[①] Hicks, J., *Dziga Vertov: Defining Documentary Film*, London & New York: I. B. Tauris & Co. Ltd., 2007, p. 11.

第二章 作为"奇观"的秩序:19世纪末—20世纪20年代现代视听媒介的早期发展与纪实影像的"个体复制"

卷一样完整回答地点、时间、原因、出生日期、家庭状况等问题，是完全不合情理的。在按照时间顺序储存现有新闻影片的胶片档案馆、仓库或博物馆里，所有这些必需数据都可以被增添到相反的方向上去"①。1926年维尔托夫骄傲地宣示着他五年来致力于打造的"事实工厂"（Factory of Facts）并认为所有的影像应该集中到其麾下，储存、组织，生产真理——"事实的重拳"（fists of facts）②；他自己在这个概念构建的时候也浮现出了一点工业资本家那贪婪积累、高度集中化的嘴脸，只不过这次不是对矿产，不是对资产，而是对影像表征。他对影像生产工具技术的强调也与资本家们如出一辙："我们无法改善眼睛的构造，但可以无止境地（endlessly）改进摄影机。"③

以蒙太奇学派为典型，电影发展到这一阶段的时候，个体化的、单纯的复制现实，或再现已有叙事框架与观念意识的表征生产，比如对索引性摄影的动态化、对舞台与戏剧的挪用，已经初具产量与库存，以至于具有了再生产的潜力。它的技术与表达手段本身，于是得以抽象出来而被言说为新的生产工具与生产资料。围绕着电影的界定与理论论争展开了，关于某个技术或表达手段的评价也开始加入市场竞争，而这个市场与资本主义或社会主义的经济系统壁垒完全不同，它的通货是影像。

尽管打出纪实主义旗号一度为维尔托夫争取到一定的政治资本——维尔托夫着力强调从现实中取材和完全摒弃戏剧与表演，不排除有与爱森斯坦等以故事片创作为主的理论家们进行竞争的可能④——他那到现

---

① Vertov, D., *Kino Eye*: *The Writings of Dziga Vertov*, Michelson, A. (ed.), O'Brien, K. (trans), London: University of California Press, 1985, p. 57.

② Vertov, D., *Kino Eye*: *The Writings of Dziga Vertov*, Michelson, A. (ed.), O'Brien, K. (trans), London: University of California Press, 1985, pp. 58–59.

③ Vertov, D., *Kino Eye*: *The Writings of Dziga Vertov*, Michelson, A. (ed.), O'Brien, K. (trans), London: University of California Press, 1985, p. 15.

④ 费罗:《电影和历史》，彭姝祎译，北京大学出版社2008年版，第132—134页。

在来看仍然颇具先锋实验风格的作品并不为时人所接受,乃至在斯大林时代与爱森斯坦等整个蒙太奇派一起,逐渐成了苏联社会主义现实主义电影的批判对象。库克将其失败直接归因于政治权力更替,固然顺理成章,但可能也略过了还在做"奇观"的影像表征作为苏联当时社会意识形态建设的原料,在经历一段时间激烈的探索和累积后,"膨胀"和"僵化"的趋势:如果不能真正编织进人们的意义之网,那就不惜削足适履。库克自己所引斯大林的直白之语正是这个意思:"电影是大众煽动的最伟大媒介,我们的任务是要将其握于股掌之间。"① 德勒兹指出的爱森斯坦反对维尔托夫的理由则更加确切:机器的"电影眼睛"与人为的蒙太奇,关键的问题是"一种解体的秩序向一种构成的秩序的所有过渡",这两种秩序过渡之间的间隙,在维尔托夫那里直接是交付机器的感知,是完全以摄影机的眼睛进行的分离/客观化,与完全以人为构成的秩序赋予剪辑;而爱森斯坦的辩证法设法将这种间隙进行辩证统一,他意识到在影像将要但还未能达到自发形成对世界整体意义的表征机制之前,这种分裂可能会带来的急于求成:"一旦人类达到终身的全面'发展',维尔托夫的方法可以成立。但是,现在,人类仍需感人和吸引;我们还不需要一只电影眼,而需要一记电影拳。苏联电影必须开颅,而不仅仅是'汇集几百万只眼睛'。"②

不过也正是这种在可能性上"急于求成"的超前探索,使维尔托夫的实践占有了重要的历史地位。像欧洲"第三先锋派"纪录片创作对维尔托夫形式与风格的呼应,就彰显了默片时代后期纪实影像创作的不谋而合:虚构叙事的影像要竭尽全力让观众理解故事,当时可用的手段既十分可观,似乎也接近穷尽了;然而手

---

① Cook, D. A., *A history of narrative film*, Fifth Edition, New York: W. W. Norton & Company, 2016, p. 115.
② 转引自德勒兹《运动—影像》,谢强、马月译,湖南美术出版社2016年版,第64页。

第二章 作为"奇观"的秩序:19世纪末—20世纪20年代现代视听媒介的早期发展与纪实影像的"个体复制"

握蒙太奇利器,创作者们一再到广阔天地里寻找机会,在日常图景中——以往被认为没有意义的地方——探索出意义来。就连更钟情于长期田野的弗拉哈迪,也创作过短片《24美元之岛》(1927年)表现纽约曼哈顿的摩天大楼城市奇观及其建设,其风格与鲁特曼《柏林:城市交响曲》、卡瓦尔康蒂《只有时间》颇为接近,弗拉哈迪还表示,虽然片比非常高(30000英尺:2000英尺)导致他暂时只能出短片,但对于纽约城市这一题材,足可以这样再拍个三年,肯定有可能出一部非常好的影片。[①] 与其说维尔托夫"不容于世"的艺术先锋性与优越感局限了其发展,不如说这是人与技术之间的关系互动常见的现象:我们看到的可能性远远大于当下能实现的,虽然可能性的视野注定被衰减,但并不意味着它不合时宜;在成熟的时刻,以对可能性的期待为外在呈现的"人类的内在本质"会"渗透到机器之中,而机器则对人类的本质加以包裹、限定或实现"[②]。

发展到这个阶段的影像媒介,至少已经可以让影像记录的"自动机制"成为一个广为接受的前提,人们能够对"电影眼睛"有所体认,从而进一步把机器之所见与人之所见做深刻的分离,以产生更多可以运作意义建构工程的领域。在影像可能性的探索上,一个典型的思潮就是20世纪20年代超现实主义的产生与发展:以1924年布列东的《超现实主义宣言》为标志,超现实主义运动致力于捕捉和"表现"先于理性、道德、美学或实际应用的各种强加的系统而存在的思想[③];布列东将文学创作里对纯信息事实的堆砌贬为平庸与缺乏抱负,比如人物外貌、房间陈设等,"有人竟打算描写这类素

[①] Barsam, R., *The Vision of Robert Flaherty: The Artist as Myth and Filmmaker*, Bloomington & Indianapolis: Indiana University Press, 1988, p. 45.

[②] 莫兰:《电影或想象的人:社会人类学评论》,马胜利译,广西师范大学出版社2012年版,第212页。

[③] 格兰特:《超现实主义与视觉艺术》,王升才译,江苏美术出版社2007年版,第82页。

材（加粗为原作者所加）……当人们没有感觉的时候，我希望他们能闭上嘴巴"[1]——布列东当时关注的还是文字，但将视觉信息中的客观部分视作"素材"，是在机械复制的现实影像成为可能后才可以想象的。在"观察"可以被成功而高效地分离出来后，人类的任务才能够谈及怎么去超越。超现实主义是"纯粹的精神无意识活动，人们以口头或书面形式，或以其他方式来表达思想的真正作用……建立在相信现实，相信梦幻全能，相信思想客观活动的基础之上……目标就是最终摧毁其他一切超心理的机制，并取而代之，去解决生活中的主要问题"[2]。这种对"自动主义"的倡导与影像媒介的关联简直是呼之欲出，1925年在超现实主义运动的理论阵地——《超现实主义革命》杂志上，纳维尔的短文已经列举了他认为与超现实主义视觉一致的实体——"电影，不是因为它是生活，而是因为神奇和对偶然元素的掌控"[3]。于是超现实主义与纪实影像在20世纪20年代的相遇各取所需、相得益彰，比如当时用于人种学研究的"科学"影像对异文化的展现，就随着特定的政治、经济与文化议程推进需求，逐渐不能够囿于学者与专业人士封闭的收集与解释，同时还要对非专业观众展示，使得这些异文化影像被当时的超现实主义艺术家所吸收，作为一种对异域风情的"他者"的浓厚热情。[4]让·鲁什、伊文思等日后的纪录电影代表性人物都受到超现实主义的深远影响，"超现实主义对梦幻的概念，正像布列东所声称的，是一种媒介（medium），通过它，人类精神中强大的创造力能量可以释放出来，个体主观经验与外部客观世界之间的壁垒可以被打破。……电影正是这样一种媒介：在主动的一面，是通过电影拍摄

---

[1] 布勒东：《超现实主义宣言》，袁俊生译，重庆大学出版社2010年版，第13—14页。
[2] 布勒东：《超现实主义宣言》，袁俊生译，重庆大学出版社2010年版，第32页。
[3] 纳维尔，转引自格兰特《超现实主义与视觉艺术》，王升才译，江苏美术出版社2007年版，第125页。
[4] Henley, P., *The Adventure of the Real: Jean Rouch and the Craft of Ethnographic*, Chicago: The University of Chicago Press, 2009, p. 17.

第二章 作为"奇观"的秩序:19世纪末—20世纪20年代现代视听媒介的早期发展与纪实影像的"个体复制"

实现;被动的一面,则是通过观看"[1]。对于20年代超现实主义来说,现实很重要。正是由于媒介的发展使现实中的奇观风景大大扩展,甚至具有了到达"梦幻"领域的可能性,才成为超现实主义的养分。无法想象他者的超现实主义是不可能存在的。

弗拉哈迪、维尔托夫以及"第三先锋派"的纪实影像,一方面是影像表征生产初具规模,另一方面也体现出这个规模还处于过渡时期,无论是生产还是消费上的诉求都尚未真正达到对现实加以整合与组织化的成熟程度。弗拉哈迪的"浪漫主义""纯真之眼"[2],维尔托夫的"电影眼睛",都还能找到早期电影那风景巡游般"是其所是"的自信姿态:以影像媒介为中介的眼睛不需要秩序,且未足以形成秩序;虽然其所见实际上被记录在胶片上并被剪辑,但并看不出有什么必要为自己的所谓真实性辩护。弗拉哈迪的创作模式是,到达当地后进行初步的"田野","找到"一个故事——一个与他自己对现实世界的视角相符的故事[3]。而维尔托夫乃至苏联蒙太奇电影则更为自信甚至带有强权色彩地"让民众在摄影机前面行动……透露一种新的、无可度量的意义",只有他们才能"超乎细节而采取科学观点",才能"晓得如何捕捉社会环境和风景在人脸上的无名表露。然而,这种可能性的促成条件几乎完全取决于被拍者"[4]。

这也就是为什么,无论是弗拉哈迪还是维尔托夫的理念,都既重要到在电影史上留下浓墨重彩的一笔,又"不重要"到在当年止

---

[1] Henley, P., *The Adventure of the Real: Jean Rouch and the craft of ethnographic*, Chicago: The University of Chicago Press, 2009, pp. 25-26.

[2] Marshall, A. C., *The Innocent Eye: The Life of Robert J. Flaherty*, New York: Harcourt, Brace & World, Inc., 1963.

[3] Barsam, R., *The Vision of Robert Flaherty: The Artist as Myth and Filmmaker*, Bloomington & Indianapolis: Indiana University Press, 1988, pp. 9-10.

[4] 本雅明:《摄影小史》,许绮玲、林志明译,广西师范大学出版社2017年版,第41—47页。

步于长期的市场低迷与小范围的艺术实践：弗拉哈迪在《北方的纳努克》一鸣惊人后就一直无法平衡个人创作与电影工业生产之间的矛盾，维尔托夫则在苏联社会主义现实主义甚嚣尘上时失去政治资本；"第三先锋派"以及超现实主义的纪实影像创作更是被贴上"先锋艺术"这一有时是污名化的标签，而让我们忽略了所有在这个影像既在已有配置下达到丰盈又亟须拓展更多可能性时，这些先驱所做出的努力。

弗拉哈迪和维尔托夫的实践方法，在纪录电影史之后不同的节点都会被援引，而且往往出于完全不同、相互矛盾的取向与目的。弗拉哈迪被人类学援引时，既作为无法复制的爱斯基摩人客观历史影像档案，也作为参与互动式的"分享人类学"先驱，尽管弗拉哈迪这两方面都没考虑过；维尔托夫则既作为艺术表达的恣肆不羁被崇拜，也作为现实社会意义建构的工程师被尊敬。紧随二人开始的以格里尔逊为代表的英国纪录电影学派，固然是对他们直接进行兼收并蓄；一直到三四十年后"直接电影""真实电影"的代表人物们也不断在对他们二人"认祖归宗"。这也从一个侧面体现出，这两个方向上的影像实践在过渡阶段的探索与材料积累，尽管还处于混沌之中，却有着很大的力量，他们打开的可能性，远比确定下来的原则重要得多。

第五节　小结

本章从现代视听媒介发轫与初具规模过程中对现实进行表征的积累与铺陈入手，对从电影诞生起就开始书写的纪录电影史早期阶段进行了回顾与重述。一方面沿着主流纪录电影史叙述的分期与对比方式，回顾分成了19世纪末20世纪初以卢米埃尔兄弟和爱迪生为典型代表、20世纪二三十年代以弗拉哈迪和维尔托夫为典型代表两个部分；另一方面，从这一时期媒介表征在电影、广播等现代视

第二章 作为"奇观"的秩序:19世纪末—20世纪20年代现代视听媒介的早期发展与纪实影像的"个体复制"

听媒介形成的分离/客观化与整合/组织化可能性上来重新讲述这段历史,会发现这时的"个体复制"式纪实影像实践特征尽管显现出"量"的积累带来的逐步开始形成自身秩序的可能,但基本上还是一个以"奇观"为主要特征、自足于"被拍下"与"被看到"的探索状态。

在对分离出人类"观察"的机械复制手段进行开发后,卢米埃尔兄弟和爱迪生几乎同时开发出了对时空进行复制的电影(活动摄影机)技术,并暗合着现代媒介的发展逻辑,从两个相辅相成的方向着手实现其表征功能:卢米埃尔兄弟倾向于周游世界进行实地"影像的原始积累",爱迪生则倾向于用技术设备的销售与专利许可进行"技术的圈地运动"。

对现实复制的表征材料尽管还很珍贵,但借助现代视听媒介机械复制自动机制的高效生产力,电影工业得以逐步成型,作为大众传播媒介的广播媒介也开始起步,它们正体现着20世纪头20年对视听媒介表征的初步积累加以整合与组织化,进而服务于现代工业资本主义社会的整合与组织化的必要性;相应地,以弗拉哈迪和维尔托夫为代表的纪实影像实践,也是在一定表征积累的基础上,努力去探索在这个"尚嫌不足"的时机下,针对生产与消费上的诉求如何既能可持续地增多影像对现实的表征,又能更有效地对现实加以整合与组织化。在以二者为典型代表的不同探索方向共同蓄力下,一个真正意义上的纪实影像意义生成秩序才开始成型。

虽然主流纪录电影史乃至主流电影史存在着认为早期的"奇观"特征注定很快会被打破的倾向,而这种叙述倾向的确与之后的线性发展现象相符,比如从"吸引力电影"到"叙事电影"的过渡,以及"纪实"与"虚构"分野,但秩序的这些种种体现在特定时候得以形成的主要特征,并不能反推其自动具有应然性。事实上在现代视听媒介无论从表征数量的累积上还是生产技术的水平上都处于早期阶段的时候,无论是生产还是接受都暂时无力形成这些在后人看

— 103 —

来"理所应当"的表征秩序,或者可以说,早期电影以及相关的"实事片"纪实影像能够形成的,主要体现为一个"奇观"的秩序,它只能做到将个体性的、暂时没能想象自身社会意义的个体复制行为达成初步的群体观看。只有当相对可观的对现实世界的影像表征开始在人们所生活的世界运转流通并在认知上生效,对其加以进一步组织的动力才可能存在。在早期电影还在努力一点点积累观赏世界的珍贵材料、能看见几秒钟大洋彼岸的人走路就很可贵时,让时人去想象影像的叙事及意义、纪实与虚构的分野,未免急切了;同样地,哪怕像弗拉哈迪和维尔托夫那样努力在一定影像材料基础上细致描绘与重组,这种个体实践与主张还是暂时不足以真正形成矩阵。但这些"个体复制"式的实践,也是人通过媒介进行表征所一步步落实的秩序基础。

　　世间的风景已(足够可能)被看遍,"奇观"已不奇,个体状态的影像巡游正在逐渐失去现代社会的欢心。早期电影的猎奇掠影、探险电影的"无知者无畏",一直到弗拉哈迪、维尔托夫等纪实影像先驱对"天真之眼""机器之眼"等"眼睛"配置的习以为常,影像表征正如一直到16世纪末参与到相似性和记号的大分布的语言一样,是现实的"完全确实和透明的符号……直接与自己所命名的物相似"[1]。语言用了漫长的时间才走到被意识到自身存在的古典时期,而得益于资本、机器与传播网络的普遍联系,影像表征走到这个关口所用的时间则大大缩短了,因为相比人的记叙,可供想象的技术的力量要强大太多,实现的可能性也大大提高。所以,很快人们便有足够的材料和手段去构想,影像对现实的表征可以用于揭示甚至操纵那个"使它们彼此接近和相互依赖的相似性体系"[2]。

---

[1] 福柯:《词与物:人文科学考古学》,莫伟民译,上海三联书店2002年版,第49—50页。

[2] 福柯:《词与物:人文科学考古学》,莫伟民译,上海三联书店2002年版,第5页。

第二章 作为"奇观"的秩序:19世纪末—20世纪20年代现代视听媒介的早期发展与纪实影像的"个体复制"

在无线电广播媒介开始起步、现代社会的神经系统开始形成之际,所有这些自足于与现实世界的相似性的影像,都开始需要摆正自己的位置,行使自己的功能,作为庞大的现代有机体中参与信息规律流动的部分。

— 105 —

第三章 作为"节日"的秩序：20世纪30—50年代现代媒介组织化扩张与纪实影像的"组织复制"

以留声机、电影为代表的现代视听媒介，以其高效地复制现实的自动机制，为人类世界带来越来越多的影像表征材料，也迅速地将自身成长为不可忽视的力量。在经历了数十年的积累铺陈之后，这个早先还稍显模糊的"幽灵世界"开始从面貌纯良的"奇观"逐渐获得了广度和深度，壮大为被期望形塑现实意义的源泉。本章将首先从回顾20世纪30—50年代为应对现代工业资本主义扩张带来的过剩而展开的"法团主义"趋势开始，对电影从无声过渡到有声这一所谓"媒介进化"作一叙述；相应地，以格里尔逊、劳伦兹为代表的纪录片人也应运而生，他们诉诸公共利益与依赖政治经济资源的纪实影像实践，在影像表征领域也进行着"意义之网"的组织化编织，批判地将前一阶段维尔托夫与弗拉哈迪代表的纪实影像探索方向分立加以合流，促成了一个关于"纪录片"的影像表征秩序的生成与运转，这个秩序开始在我们的社会生活中占据重要意义，成为"节日"般的显著存在。本章还将叙述，这些纪实影像的整合与组织化努力如何在经济危机与二战的社会需求紧迫性之下，迅速定型成为运转良好的意义编织机制。

第一节　法团主义组织化的媒介事业：广播的普及与电视的初步发展

如前所述，作为工具与效率理性之终极形象的机器与现代工业生产，一方面有着将一切不确定性都最终加以认知和规划的信念，另一方面也以超出人类想象的生产开拓潜力创造出溢出现有消化能力的更多问题、更多需要处理的"他者"。结果，先是 1914—1918 年第一次世界大战，然后是 1929—1933 年"大萧条"，地缘政治和经济双管齐下，第一次强烈打击了现代化进程的信心。于是引入更强的组织变得非常紧迫和重要，无论是国家政权与媒介工业之间的法团主义进程，还是被哈维称为两次大战之间的"英雄主义"[1] 的现代主义美学，尽管因分属政治经济领域与艺术创造领域而经常被分开讨论，但都是为人类提出新规划的典型表现。

根据索尔[2]对法团主义的简述，与现代工业社会的形成同步，法团主义观念在 19 世纪 70 年代开始形成，认为自由主义将政治和经济平等授予明显无法平等的个体而引发了混乱，必须找到方法加以管理。之后韦伯与涂尔干两派社会学从两个不同的角度实际上为法团主义提供了理论基础，那就是无论强调国家、经济还是社会的核心地位，实际上都是诉诸团体、诉诸利益。法团主义的基本假定是，自由主义带来的组织化的不足会为社会带来问题，社会中的各个利益团体在政府或国家机制与个人之间提供组织化手段，并以多元利益组织在实践中达成的均衡态势来抵制垄断和宰制；国家则应进入经济领域并与团体达成协作[3]。到一战后，对社会整合的迫切需求使

---

[1] 哈维：《后现代的状况：对文化变迁之缘起的探究》，阎嘉译，商务印书馆 2013 年版，第 45 页。

[2] 索尔：《无意识的文明》，邵文实译，南京大学出版社 2019 年版，第 46 页。

[3] 张静：《法团主义》，东方出版社 2015 年版，第 33—35 页。

法团主义理论与观念开始走向极端，与其相伴的反议会氛围导致20世纪二三十年代一系列军事政变和独裁统治。就这样，原本是作为工业生产正义性话语的法团主义，在以法西斯主义的极端方式处在现代权力中心后，也显得似乎只有这一种极化的面孔，但实际上，法团主义观念一直内在于现代资本主义社会的各领域，无论是貌似中立的技术，还是貌似次生的媒介表征。在20世纪二三十年代，其主导地位则尤其明显。

战争与经济上第一次被普遍体验的现代不安感，及其所引发的对通信事业与公众意见整合与组织的双向需要，典型地体现在广播上。巴尔诺在他三卷本的美国广播史描述中，曾将相继建起的一个个相互分离的信号发射塔作为20世纪20年代之前、广播发展初期的主要特征，与20世纪20年代后期开始广播网的产生和发展作为第二卷（集中于1933—1953年）的主题，起名"黄金网"[1]。正像铁路将单个城镇的车站连接起来一样，广播电视在30—50年代的网状扩张，正式具象化了现代社会的普遍联系。

从20世纪20年代起，首先是广播在一战前初步发展、一战时应用价值被证实和开发。各国政府以国家安全为由加强了对无线电设备的控制，民用实验受限，但军事应用的大规模开发也为设备、人员、资源各方面的整合与组织打下了坚实的基础[2]，使广播正式走向传播的中心，成为接下来近一个世纪的现代传播主导模式：高度的时间和空间整合。1920年第一家商业电台——西屋电气KDKA开播；仅仅三年后的1923年，AT&T就开始在其所属电台之间实现联播，形成最开始的广播网。广播网由多家广播电台组成，高效实现节目统筹安排，正如铁路时刻表一样达成对信息与情感传播的规划

---

[1] Barnouw, E., *The Golden Web: A History of Broadcasting in the United States*, Volume II—*1933 to 1953*, New York: Oxford University Press, 1968.

[2] 熊澄宇：《媒介史纲》，清华大学出版社2011年版，第140页。

第三章 作为"节日"的秩序:20世纪30—50年代现代媒介组织化扩张与纪实影像的"组织复制"

组织。在此之前的媒介表征领域,电影发行院线也有类似的网状结构,但物理运送的胶片依赖的实际上还是物流,而非真正将"传播"分离为一个能够产生价值的事业——无线电广播才真正达成了传播的路网配置。

如此强大的声音统治触角,几乎立即引发了政府与社会公共力量的规制:1927年美国国会成立了联邦广播通讯委员会(Federal Commanications Commission,FRC),并于1934年进化为美国联邦通讯委员会(FCC),以公共资源的有限性与媒介表征扩张的无限性为前提,开始了对越来越广泛定义下的传播与通信事业的控制努力。

同时,"大萧条"之下的经济崩溃与社会迷茫,也为具有时空集中化使命的广播拓展了更广阔的社会生活应用视角,使其成为人们达成社会共识的民主基础,即使是以娱乐消遣的形式——一种生活方式与境况上的共享感。根据当时一些社会学研究,有的家庭窘迫到需要变卖冰箱,但会保留收音机,全家每晚准时收听广播剧、音乐等,作为"人性联系的最后保证"[①]。罗斯福著名的广播"炉边谈话"自不必说,虽然在政治立场上来看,无论是警惕其爱国者威权姿态的左派,还是反对其社会主义倾向的右派,都对谈话内容颇多负面反应,但比起观点,广大听众更动容于广播送来的那友好而令人安心的声音力量。与此逻辑完全一致的,则是罗斯福新政为克服危机而建立的种种行政项目,这些项目进展之迅速顺利,相当程度上要归功于"炉边谈话"为罗斯福带来的强大政治资本[②]。感性人性信息超越理性内容信息,作为整体来体验的整合力量超越用来整合的材料本身。

在公众意见整合与组织的需要方面,似乎广播(电视)与罗斯

[①] Barnouw, E., *The Golden Web: A History of Broadcasting in the United States*, Volume II—1933 to 1953, New York: Oxford University Press, 1968, p. 6.

[②] Barnouw, E., *The Golden Web: A History of Broadcasting in the United States*, Volume II—1933 to 1953, New York: Oxford University Press, 1968, p. 8.

福新政的行政项目一样，总是具有自上而下的宰制结构的形象，因而总是成为新闻传播研究中的对媒介效果的诉求与反制的焦点。事实上，正与广播的崛起大致同步，当时的社会学研究也分出两个取向：一边是以芝加哥学派为代表（顺着西美尔的思路），认为人们（尤其是移民等亟须建立秩序的群体）在社会生活中为更好地共同生活而不懈努力，将现代媒介作为这种社会整合进步的有力工具和推动力量，典型的如帕克1921年的《移民报刊及其控制》；另一边则是行为主义与功能主义为统领（顺着涂尔干的思路），认为现代媒介行使的强大效果可以为搭建社会大厦添砖加瓦，并为服务于社会发展而对人加以协商、劝服甚至改进，典型的如拉斯韦尔1927年的《世界大战中的宣传技巧》。后者在接下来很长一段时间占了上风，促成了以美国为主导的社会科学量化、商业应用等的悠久传统，也成为大众传播研究尤其是效果研究的开端，但与其说这就能证明前者当时"不合时宜"，不如说后者就像罗斯福新政项目那样更方便快速实现，也更明显地被体验：再一次，社会危机促成了广播媒介某一方面可能性的快速落实。

这不能否认以芝加哥学派为代表的启发性——事实上，两个取向从来就不可能严格分开：社会中每一个个体都在为提高普遍联系的安全系数做出自己的认知层面努力，典型的如，该怎么整合现存的关于现实的表征，让它们不再是"奇观"，而是为我所用？更进一步，当某种表征现实的新媒介形式已经成为日常生活的常态，用它来讲述的人类故事已经非常生动丰富、足以调动起巨大的思想与感受力量时，还有可能赋予它一个放之四海而皆准的具体形式里，并期望这个形式永远具有力量吗？果真如行为主义与结构功能主义所料，普罗大众只要被给予一幅地图就必然能形成一条康庄大道，那倒好了；而事实是，就像现代工业生产所承诺的物质富足在经济危机中变质成过剩与累赘，媒介表征领域也一样面临前一个阶段的奇观巡游积累下的那些在现在看来"无主""无用"的影像。要想像消费其他人类活动一样消化这些影像带来的种种意想不到的他者，必须着力体会这些"意义之网"如何自行编织并得以持续编织，而不是在某个节点就无以为继，也必须找到途径负责解释、不自觉地去模仿这个编织机制来继续大量生产影像。

在影像表征方面，首先最为自然地被找到的解决方案，就是声音。

第二节 法团主义组织化的媒介技术：从无声电影到有声电影

在论述媒介进化的"人性化趋势"时，莱文森援引弗洛伊德《文明及其不满》——技术延伸的动机是对上帝愿望的实现，"诸神就是文化理想。今天，人类已经非常接近了他的理想……实际上，人类已经变成了一个装着假肢的上帝"[1]，认为弗洛伊德对技术的人性化趋势的简短叙述虽被媒介研究所忽略，但十分珍贵；正如弗洛伊德所提到的，马达动力使人拥有可供支配的巨大力量：船和飞机延伸人们的运动范围，照相机和留声机保存转瞬即逝的视听印象，电话延伸人的听觉[2]；莱文森进而将有声电影的出现视作20世纪人性化趋势意义深刻、不可阻挡的进步：从爱迪生开始，人们反复尝试、不懈努力，最终让有声电影在20世纪20年代出现在公众面前，而无声电影立即"完全死亡"。[3]

莱文森自己同样忽略了弗洛伊德论点的另一部分，或者不如说是最主要的部分：文明存在两个步骤的议程——保护人类免受自然的侵害，以及调节人类相互的关系——而尤其体现在后者

---

[1] 弗洛伊德：《文明及其不满》，严志军、张沫译，浙江文艺出版社2019年版，第40页。
[2] 弗洛伊德：《文明及其不满》，严志军、张沫译，浙江文艺出版社2019年版，第39页。
[3] 莱文森：《人类历程回放：媒介进化论》，邬建中译，西南师范大学出版社2016年版，第106页。

的，是文明最终服务于人类的"爱欲"，并因此努力对死亡本能进行控制①。莱文森同样选择性忽略了上段引用的那段话后面的一句："现代人并不为自己上帝般的特征感到幸福。"②

的确，人性化趋势呈现为人类的一种永恒欲望——在媒介中尽可能多地再现真实世界传播环境，但将这一趋势视为媒介变迁的大前提则有将手段作目的的嫌疑。为什么即使并不必然幸福，还要如此拼命地想接近诸神？在弗洛伊德看来，爱欲的目的是陆续把人类个体结合成一个统一体，这个统一体的过程是爱欲与死亡之间的斗争，人类一方面要控制自然力，一方面要控制进攻性本能和自我破坏性本能，而后者才是人类文化发展最重要的问题所在。③ 考虑到《文明及其不满》发表于1930年——两次世界大战之间——他所表达的显然不是对技术媒介向人性化进化的热情，而是对其加以整合组织而调节人类危机的期许与忧虑；在"一战"之前，期许也许是现代社会发展的主流情感，而战争的残酷则撼动了这一信念，使人们想方设法添砖加瓦来巩固本应稳固的现代堡垒，无论是工业技艺，还是政治美学。当然，其间需要更加大量而有意义再生产可能性的表征的参与。

传统上，人类固有的"复制现实的渴望"经常被用来解释媒介技术发展的内在必然性，但这个前提在电影媒介的技术发展史中经常遇到解释上的困难。电影从无声到有声、从 2D 到 3D，直到当下的 8K 画幅、120 帧、VR 技术等，每次视听媒介技术创新扩散的过程都要伴随着这个神话，无论它在事实上失败过多少次，以至于，尽管早在 1900 年前后就有了有声电影、彩色电影、宽银幕电影甚至 3D 电影的技术实现，正统的电影史却坚持将它们逐步安排在线性叙

---

① 弗洛伊德：《文明及其不满》，严志军、张沫译，浙江文艺出版社2019年版，第70页。
② 弗洛伊德：《文明及其不满》，严志军、张沫译，浙江文艺出版社2019年版，第40页。
③ 弗洛伊德：《文明及其不满》，严志军、张沫译，浙江文艺出版社2019年版，第96页。

述中,以便不打断这个关于"复制现实的渴望"或者说"写实主义"的"征程"①。

现在我们就来到20世纪20年代有声电影诞生并冲击电影工业的历史节点上。此时有声电影的各项技术条件相对有声电影的早期状态来说已经成熟,如留声机的机械录音技术、稳定的胶片传输、无线电及相关的电子管等电子传输媒介元件等。"一直以来,电影史上对于电影无声和有声的界定总是理所当然地与声音的这些技术发明紧密地联系在一起,却忽略了声音作为与视觉同样的一种美学的追求,其实从未在电影的成长中缺席"②——不仅是现场配乐,还包括银幕后的人工配音、留声机录制声音等;虽然20世纪10年代配备用于电影放映的音响设备的影戏院还较少,但并非不可实现。既然是内在的需求,技术和经济方面的局限固然难以跨越,但为何这个从爱迪生实验室就开始的内在需求的技术实现征程(甚至爱迪生研究活动摄影机的商业动机就是更好地配合自己的留声机技术,并且他的合作者迪克森早在1889年就完成了将说话录音与"西洋镜"同步运行的任务;一直到1904—1910年,洛斯特完全解决了把声音录制在胶片上和画面旁的问题),到20世纪20年代才正式铺开呢?

首先,从社会结构与结构化过程的角度来解释当然是可行的,"科技条件能够满足社会需求到什么样的程度,更主要的因素,并不取决于需求本身,而是这样的一个需求,在当时的社会形构(formation)中,占据了什么样的位置"③。这其中当然有某些关键社会经济权力的推动作用,而本质上是结构中的动力使然。

声音在电影中的使用有"写实的意义"与"表现的意义"之

---

① 埃尔塞瑟:《媒体考古学作为征兆(上)》,《电影艺术》2017年第1期。
② 黄英侠、王红霞、王婧雅:《无声电影向有声电影过渡时期状况研究》,《北京电影学院学报》2010年第6期。
③ Williams:《电视:科技与文化形式》,冯建三译,远流出版事业股份有限公司1994年版,第32页。

分，一方面早期的声画匹配实践致力于还原物质现实，主要通过指示性声音使电影放映增强真实感；另一方面在商业应用上，是表现性的电影声音在20世纪头十年占绝对优势[1]。在电影工业初创时期，影像表征尚不丰富，就如前文已经论述过的，所谓"纪实"的需求未必足够强大到明确地体现在当时电影产品的生产上；而就当时的生产条件而言，表现性的声音，也就是率先得到发展的现场配乐、留声机录音，则更容易实现，也足以应对需求——当然，从供给的一端来说，是大型的电影公司能够率先实现。

在美国，电影工业的快速发展形成了竞争市场：几大巨头互相竞争制衡，同时新兴力量还具有填补市场空白进而上升的空间。很有可能正因为现场配乐与留声机配音等的早期使用，使电影声音已经成为一个广为接受的产品线选项，所以率先正式进入有声电影领域的才是当时两家新兴的小电影公司——华纳兄弟与福克斯，它们在技术推进方面干劲最足。实力尚弱的福克斯寻找的是"利基市场"，更专注于有声新闻影片的制作，1922年在新闻片中应用声音技术，成为有声电影第一次成功的商业应用[2]；而华纳兄弟引入电影声音最早是出于成本的考量：节省现场演出的人力支出，也让自己发行的影片产品标准化；华纳兄弟在1927年发行《爵士歌手》，正式引入同步化声音并取得重大成功，成为有声电影诞生的标志[3]。

如果说早期电影摄像机的专利之争还带有一些技术的"圈地运动"意味，是以个别突出的点状实践向外扩展领地范围，但各自保留边界与对抗性以在自己的势力范围内尽可能挖掘盈利可能性；那么有声电影的工业系统采纳过程，则呼应着媒介工业法团主义式的

---

[1] 黄英侠、王红霞、王婧雅：《无声电影向有声电影过渡时期状况研究》，《北京电影学院学报》2010年第6期。

[2] Vivian, J., *The Media of Mass Communication*, 7th edition, London: Pearson Education, 2004, p. 136.

[3] 大卫·波德维尔、克里斯汀·汤普森：《世界电影史》，范倍译，北京大学出版社2014年版，第255页。

第三章 作为"节日"的秩序:20世纪30—50年代现代媒介组织化扩张与纪实影像的"组织复制"

组织化趋势,力图将诸侯争霸模式转变为市场大一统模式,在这之中所有行动者逐渐为在国家框架下构建一个整体持续盈利的网状结构而有所联络、妥协与交换。当时的好莱坞"五大"签署了"五大协议"(Big Five Agreement),承诺共同采用西电的片上录音技术以保证共同的商业利益;借助这种协议程序,技术本身现在也显现出了自反性:没有进入市场的技术等同于没有存在、没有实体,而与是否具有应用价值无关。类似的自反性也进入电影表征领域,默片时代在生产与接受领域积累的很多表现形式与意义建构机制,在有声电影的大举进攻下都出现了倒退,声音技术应用之初显得不像是为电影添砖加瓦的,倒像是来捣乱的:为了保证连续性剪辑和声音的匹配,需要片场各种复杂安排,如多机位、用来保障录音质量的隔音棚等,给摄像机移动与取景造成困难;更不要提如电影《艺术家》所讲述的,大批技艺纯熟的默片演员黯然隐退了。

所以不难理解,当时竟有不少将有声电影斥为多余的"反动"评论。按照莱文森站在当代人角度的"人性化趋势"论,这些批评当然注定失败;然而与其说他们可笑的失败反证了媒介进化的一往无前,不如说他们更多地在新技术的分离/客观化冲击之际,强烈地感受到"非人性化"的东西:声音的侵入,使刚刚渐入佳境的电影从一个主动感知的配置向被动感知转变,"声音比影像更有能力来渗透和阻断我们的感知,更可能成为情感和语义控制的潜在手段"[1];为希翁的著作《视听》撰写推荐序的默奇更是敏锐地提出一个令人不寒而栗的联想:有声(对话)电影的成功开发与希特勒的掌权步调完全一致[2]。这的确揭示出,在表征的生产与扩张层面,电影在20世纪20年代末才真正开始从无声到有声的技术发展,恐怕不单纯是人性化趋势所能解释得了的,而更多是不自觉地整理拾掇电影自

---

[1] 希翁:《视听》,黄英侠译,北京联合出版公司2014年版,第29—30页。
[2] 希翁:《视听》,黄英侠译,北京联合出版公司2014年版,第15页。

诞生以来到20世纪20年代所达成的影像表征符号大分布，听觉开始参与统合视觉。生产与技术的进步话语，为了强调有声电影的历史必然性，而将对无声电影的表达稳态的留恋，哪怕是"不否认"，都视作不合时宜甚至反动，这个臆想的对立让我们可能没有注意到无声电影的影像表征达到一定的积累后才产生出的"发声"需要。

爱因汉姆写于1933年的文章强调，无声电影不是相对于有声电影的"残缺"，人们并不必然地拥有那种事后给定的残缺感：

> 看无声片的人，只要不心存偏见，都不会对无声这一点感到失望，尽管影片中那些事件，如果发生在现实生活中，是会发出声音的。没有一个人会因为听不到脚步声、树叶的沙沙声或时钟的滴答声而感到失望。如果在现实生活中听不到这些声音（其中当然也包括讲话），谁都会大吃一惊的，但这个现象在银幕上却几乎从未受到过注意。人们把电影的无声视为理所当然，因为他们多少总记得他们所看到的归根结底不过是画面而已。但是，仅仅这一点却还不足以使人们不认为无声对于幻觉是一种令人不快的破坏。人们并不这样认为的真正原因是前面已经讲过的：为了造成完满的印象，并不需要自然主义地把一切都再现出来。……只是在有声片问世以后，人们才注意到默片是没有声音的。……嗅觉的情况也完全一样。也许有人在银幕上看到天主教堂的礼拜式时会在想象中闻到香烛味，但是谁也不会因为闻不到而失望。[①]

但是无声影像积累到了一定程度时，声音的引入可以大大扩展对影像的组织潜力，而这是一条不归路。毫不奇怪的是，革命话语

[①] 爱因汉姆：《电影（修正稿）》，载杨远婴编《电影理论读本》，世界图书出版公司2011年版，第48页。

第三章 作为"节日"的秩序:20世纪30—50年代现代媒介组织化扩张与纪实影像的"组织复制"

主导下的维尔托夫、爱森斯坦等苏联蒙太奇理论家们对电影的声音一直抱有期许。早已探索用蒙太奇来尝试建立"影像秩序"的他们，将对蒙太奇的理解和期许对应到声音上，马上发现二者对他们所尝试建立的秩序的本质一致性，以及声音为影像打开的新世界。爱森斯坦将蒙太奇视作"造型的音乐"，而对于已经具有蒙太奇手段的电影来说声音之所以必不可少，"不仅在于强化感染力，更在于从情绪上充分表达那些别的手段所不能表达的东西"[①]。纯情绪的领域，在无声电影时期由风景奇观来承担——以最自由、最少承担叙事任务、朦胧多变的姿态，强行存在于观看时的意义建构中，以赦免观者具体信息吸收的方式，换取一个整体观看秩序的统领；现在电影声音则协助克服了蒙太奇这一"音响"在时序上不可避免的间断。

早在学生时代，维尔托夫就创办过"听觉实验室"，用留声机进行声音的剪接实验。在广播初步发展，也就是声音的无线电传送的技术发展背景下，他认识声音作用的角度，是将其更多地视为除了影像并置以外，跨越空间障碍的下一波发展浪潮，而非对电影真实感的补充元素："电影眼睛人的道路将从电影眼睛走向无线电眼睛（radio-eye），即走向一种由无线电传声的、有声的电影眼睛……无线电眼睛可以消除人们之间的距离，可以使全世界的工人不但有机会相互看见，同时也能相互听见。"维尔托夫特别强调过，他关注的核心并不是电影声画同步的必要性，也就是说，他并不关注在现在的观点看来对纪实影像创作的真实氛围塑造至关重要的影像自然主义问题："坚持声画的非同步，与坚持有声电影或对白电影，都并无助益……视觉与听觉无论是同步还是非同步，都不是必需的，这对纪录片和表演电影来说都是如此。有声与无声的镜头都是根据相同的原则来剪辑的，可以相符或不相符，或以各种各样、根本性的联结方式搅合在一起。我们要完全拒绝根据对话、噪音或声效的类别

[①] 爱森斯坦：《并非冷漠的大自然》，富澜译，中国电影出版社1995年版，第286页。

来对电影进行区别对待。"①

维尔托夫将蒙太奇看作克服空间、"让不同国家的工人能看到彼此"的保证，剪辑师虽然因此而"根据给定的主题建构出电影—客体时不能在时空上出错……但这绝不意味着要把所有数据以信息的方式加到每个镜头中，这些数据只是剪辑师作为参考的'剪辑路线'"②。声画的真实信息数据重要性只是为其意义表达服务的，声音和蒙太奇一样，都是整合手段；电影眼睛学派像拥护蒙太奇一样期许电影声音的未来，将之视为必然性而非必要性，是为了跨越空间、弥合差距，为了使影像能更丰富顺畅地达到其目的。声画对位是对现实的表征进行整合与组织化的必然，而不是作为还原的必需。

第二章对维尔托夫及其同时代其他纪实影像艺术探索进行分析时曾指出，无论是"电影眼睛"还是"第三先锋派"的城市交响曲，它们在探索影像表达的可能性上都投入了大胆的努力。在电影工业、新闻工作者、艺术家们用影像来叙述现实世界的不懈努力下，真正意义上能够用来表征现实世界的影像"秩序"逐渐在形成，真正能够供人评判或阐释出意义的一整套配置，也逐渐在类似《持摄影机的人》里那样横冲直撞、到大街上"出其不意地捕捉影像"的实践下加以固定、落实。到20世纪20年代末，电影眼睛派已经形成较为固定的创作形式，并认为可以这种方式进行现实表征的批量生产；1926年《世界的六分之一》应用了与日后的纪录片解说词颇为相近的字幕③；1931年《热情：顿巴斯交响曲》实现了纪录片第一次实地录音。并且更重要的是，赋予单个影像与单个声音——无论是表演还是非表演——以它自己达不到的意义。

---

① Vertov, D., *Kino Eye: The Writings of Dziga Vertov*, Michelson, A. (ed.), O'Brien, K. (trans.), London: University of California Press, 1985, pp. 105–106.

② Vertov, D., *Kino Eye: The Writings of Dziga Vertov*, Michelson, A. (ed.), O'Brien, K. (trans.), London: University of California Press, 1985, p. 57.

③ 巴尔诺：《世界纪录电影史》，张德魁、冷铁铮译，中国电影出版社1992年版，第57页。

第三章 作为"节日"的秩序:20 世纪 30—50 年代现代媒介组织化扩张与纪实影像的"组织复制"

一方面是有声电影技术相对于现代媒介发展进程来说非常"合意"的稳步推进,另一方面是当时人们对日益增加的现实表征数量的感受促使媒介形式与媒体组织的形成,无声电影向有声电影一往无前地发展;而这套电影配置一经形成,就不再有无声电影"天真"状态的容身之地,正因为这套配置不是技术强加的,也不是媒体工业强加的,而是通过现代视听媒介而得以形成的对"观察"的进一步整合组织的结果。本雅明的"灵晕"之所以在现代社会逐渐熄灭,一是现代社会所需要的普遍联系使人们必须去追求"事物在空间上和人情味儿上同自己更'近'",由画报和新闻短片提供的复制品是暂时的、可复制的,需要被占有且加速占有;"统计学的日益增长的重要性,也在知觉领域中表现出来。现实与大众以及大众与现实之间的相互适应对于思想和知觉来说,同样都是一个无穷无尽的过程"。[①] 统计学的重要性、无穷无尽的分解,既是现代媒介以来积累的财富,也逐渐成了认知的重负。"灵晕"的珍稀性要让步于整个现代进程,让步于能够达成特定议程的一个表征秩序。正如埃德加·莫兰在揭示电影从"幽灵"状态逐渐获得形体的这个过程时概括出的结论:

> 影片趋向于理性,这是其内在和最终的遗传运动所致,这种趋向以各种方式,在不同层面表现出来。任何象征性的影像都会表达某种含义和情感参与,一些影像或影像中的物体还会变为固定程式。在某些情况下,固定程式会最终成为名副其实的语法工具结晶。作为一种叙事系统,影片可以借助其内部结构的功能,如脚本、分镜头剧本和复杂情节,成为一种名副其实的逻辑与论证推理……从电影术中脱颖而出的电影艺术形成

[①] 阿伦特编:《启迪:本雅明文选》,张旭东、王斑译,生活·读书·新知三联书店 2008 年版,第 237—238 页。

了一种理解系统，其所有技术都从魔法的晦涩渊源中摆脱出来，并提升到话语的理性层面。[①]

一战、大萧条，以及紧随其后的二战，将广播与有声电影投入人类在危机下开放私人领域的发展机遇中。从此，不仅"观察"将人们聚集在同一个地点，"传播"也达到了散布各地的人们。电视则将二者结合，并将在二战后正式开始征服世界：1923年——AT&T开始建立广播网的同时——物理学家兹华伊金在发明光电摄像管并申请专利时，已经在设想和实践图像的远距离播映，他用这一发明在纽约和费城之间播映了一部影片；到1929年美英已先后开始电视试播。同时，纪实影像实践开始由分散的"个人复制"状态逐渐开始汇聚，这种汇聚不再像是弗拉哈迪或维尔托夫那样仅仅拉开一个有些英雄主义孤勇的旗帜，而是更加寻求理性认识与感性体验之普适性的组织：比如1930年美国一个致力于用影像达成社会变革的"工人电影—摄影联盟"在纽约成立；而英国的"帝国销售委员会"则成立电影组，第一任主管就是约翰·格里尔逊。

第三节 "组织复制"式纪实影像实践：以格里尔逊与劳伦兹为例

在广播将信息车站连成信息铁路、电影声音将风景连缀成叙述时，纪实影像的表征因此也在逐渐丰盈的同时，要求自己的规则与秩序，否则无法符合广泛传播的需求。现在与其说被表征的是"外界""他者"，不如说更多的是想象中无限远的受众；要想表征他们的共同生活，就需要想象如何去组织信息的接受。

[①] 莫兰：《电影或想象的人：社会人类学评论》，马胜利译，广西师范大学出版社2012年版，第178—182页。

第三章 作为"节日"的秩序:20 世纪 30—50 年代现代媒介组织化扩张与纪实影像的"组织复制"

还是以在组织影像信息生产方面率先做出大量努力的维尔托夫为例,他在 1928 年到访柏林,惊讶发现德国媒体将苏联"电影眼睛"视作对鲁特曼《柏林:城市交响曲》(1927 年)的模仿,于是 1929 年发表《给柏林的信》加以驳斥:"必须强调,(过去十年来)电影眼睛的作品主要都是建构了劳动的交响、整个苏联的交响,或者一个城市的交响。不仅如此,这些电影中的行动是从早到晚循序渐进地发展的……电影眼睛工作者和俄国及其他国家的专业同行们的工作是类似的,无疑也刺激了他们各自在不同方向的实践。所以,鲁特曼近年的实验应被视作来自电影眼睛多年来通过创作与声明对那些抽象电影创作形成的压力。"[①] 对于维尔托夫来说,这种"本末倒置"更多的是纪录电影史的风格首创地位与话语权归属问题,而不是苏联共产主义意识形态与其反动实践的问题。是组织影像的秩序方法,而非表征内容本身,成为他加以捍卫的重点。对维尔托夫来说,他拿捏的不是作为标记材料的"事实",而是"事实的感染力""事实的激情"(pathos of facts, enthusiasm of facts),而尽管这些来自现实而非虚构的感染力和激情才真正具有改造力,但并非天然存在,无论是画面还是声音说到底都只是材料,感染力和激情在自己的整套组织影像的配置下才得以达成;仅仅一两部像《持摄影机的人》那样的孤例远不足以回应革命的政治诉求,由"电影眼睛"一手建立起来的这套配置可以并且需要用于持续的无产阶级影像生产,"重组电影生产、组织起纪录电影工厂"[②]。

但这套具体形式真的能保证影像意义之网的持续编织吗?至少斯大林很快发现了其中的问题:所谓"事实的激情"中的"激情"好像总会变味成艺术家的话语权。于是以格里尔逊为代表,影像生

[①] Vertov, D., *Kino Eye: The Writings of Dziga Vertov*, Michelson, A. (ed.), O'Brien, K. (trans.), London: University of California Press, 1985, p. 102.

[②] Vertov, D., *Kino Eye: The Writings of Dziga Vertov*, Michelson, A. (ed.), O'Brien, K. (trans.), London: University of California Press, 1985, p. 104.

产的关注点必须赶快转向"事实",转向可通约、可能在一定程度上达成公共认识的因素。正如维利里奥所述,从摄影开始,"看"与"非看"的预先假设才成为可能——也就是对"观察"的分离;这实际上是为还原出一个"初始无知"的基础研究环境提供了理论前提,进而影像赋予了自己"揭示整体生存的基本结构"的可能性,而这个具有自由期许的场域在发展到此时已经成为宣传和营销的主要促销战场,形式逻辑因而让位于辩证逻辑,图像逐渐主导了对"一种大同的伟大的社会现实主义"的发言。[1]

作为20世纪30年代英国纪录运动的领袖,格里尔逊在论述中就鲜明地援引过电影的"白板状态"(tabula rasa)[2],将其作为围绕对现实进行影像表征的媒介化过程的初始前提。维利里奥还特别将格里尔逊及英国纪录运动作为这种社会现实主义的典型案例[3]:无论是"帝国销售委员会"所汇合的各种文化同化征兆,还是格里尔逊为主导的英国纪录电影运动对苏联电影"抒情色彩"的反对、对将弗拉哈迪式的"人类学"记录加以重复以制造一部"一劳永逸"的"公共视觉图像集"的强大意志,这些纪实影像实践都致力于以技术的无辜去"解放电影","纪录片应该简单地让每个人都能更好地观察"[4];这个时期的影像工作努力促成的,是以影像表征的观看来参与秩序的生成,设想影像对现实的表征所能够落实的意义究竟为何;以格里尔逊和劳伦兹为代表,他们的理想都不在于用影像单向控制,而在于用影像达成自发的汇聚与对话、让纪实形式落实成为可重复的社会整合机制——一句话来说,让纪实影像在人们心目中意义重大。

---

[1] 维利里奥:《视觉机器》,张新木、魏舒译,南京大学出版社2014年版,第49—50页。
[2] Grierson, J., *Grierson on Documentary*, Hardy, F. (eds.), London: Faber and Faber Ltd., 1966, p. 157.
[3] 维利里奥:《视觉机器》,张新木、魏舒译,南京大学出版社2014年版,第52—55页。
[4] 格里尔逊,转引自维利里奥《视觉机器》,张新木、魏舒译,南京大学出版社2014年版,第54页。

第三章 作为"节日"的秩序:20世纪30—50年代现代媒介组织化扩张与纪实影像的"组织复制"

一 精心组织纪实影像的规划与传递:格里尔逊与英国纪录运动

"他好比是一个加尔文教派的牧师,认为自己可以改变人们思考与感受的既定模式"[1],对格里尔逊的这句考语,与20世纪二三十年代广播媒介的大众传播"撒播"模式[2]何其心有灵犀。格里尔逊领导下的纪录电影形式与风格的确立,也绝不仅仅是一群所谓对社会现实抱有良善关切的人们致力于社会改良的进步主义话语就能解释的。如果说口语传播、书面传播都不足以面对这张现代社会逐渐展开的复杂性大网,那么它现在找到了增殖速度更快的材料来搭建其复杂性,这就是影像,"通过创造合适的社会—造型艺术语言组织现实"。事实上,一方面受益于广播等现代媒介带来的社会共同体想象,另一方面也肩负着弥补广播将重点放在"撒播"而在"交流"上不可避免的缺陷的责任,影像在"制作"社会秩序方面找到了自己擅长的生产线,就是纪实理念。

格里尔逊的社会学训练来自他在美国芝加哥大学的求学经历。1924年,在英国格拉斯哥大学毕业后,他获得奖学金支持,到芝加哥大学继续研究舆论与大众媒介,并深受沃尔特·李普曼《舆论》的影响——格里尔逊还见过李普曼,并多次强调正是后者提议将影像作为改进美国式民主的新手段[3]:李普曼认为应该用教育来加强人民行使民主的能力,否则单靠民主无法使乌合之众在大量资讯的迷惑与欺骗下达成真正有用的舆论,从而进行正当决策[4];而影像在接

---

[1] Barsam:《纪录与真实:世界非剧情片批评史》,王亚维译,远流出版事业股份有限公司2012年版,第153页。

[2] 彼得斯:《对空言说:传播的观念史》,邓建国译,上海译文出版社2017年版,第300—304页。

[3] McLane, B. A., *A New History of Documentary Film*, Second Edition, New York: Continuum International Publishing Group, 2012, p.74.

[4] 李普曼:《舆论》,常江、肖寒译,北京大学出版社2018年版。

— 123 —

受上的高效率可以更容易地达成教育目的,并且通过让位于观察,最大限度规避迷惑与欺骗。格里尔逊也非常自觉地认领了当时社会学致力于将现代社会进行合理治理与规划的崇高使命感:"当国家已远比一匹马能跑到头的雅典要广博、复杂得多时,学习如何对其进行合理治理则十分重要且压力重重,于是将其与我们自身相接合的问题就具有在公民历史上前所未有的紧迫性。"① 如何去表述国家与公民之间的关系、去"接合"(articulate),实际上就是在提出形塑一个"公共领域"的结构。

于是对当时的格里尔逊来说特别顺理成章的是,一个致力于以现实主义达成民主治理的社会学家,却在美国努力向好莱坞娱乐电影学习戏剧化与情感刺激的技巧,学习如何通过影像阐释来为个人提供"普遍的思考与感受模式":他一边在纽约《太阳报》上写电影评论,一边在好莱坞学习制片②——正好是两种在影像外围为形塑其表征秩序的努力方向:制片是在成品制作时引入工业配置,评论则是在成品流通时引入赋值体系。

上章所述维尔托夫、弗拉哈迪的纪实影像积累都为格里尔逊提供了基础。在苏联蒙太奇学派这边,当年正是格里尔逊负责将爱森斯坦的《战舰波将金号》引进美国(一种层面的制片工作);不过格里尔逊观点鲜明地对苏联蒙太奇派进行批评,认为尽管手法可圈可点,但爱森斯坦等的电影创作最终没有对电影如何提供一种正确认识现实世界的方法做出贡献;像《土西铁路》这样的影片,尽管其纪实性质与参与社会经济事务的主旨不失为一种未来,但失之于戏剧性视角,"接合"得很差,"比如,如果(把表现的主题)换成伦敦的贸易——今日伦敦的贸易……然后让你去找与(《土西铁路》

---

① Grierson, J., *Grierson on Documentary*, Hardy, F. (eds.), London: Faber and Faber Ltd., 1966, p. 121.
② Grierson, J., *Grierson on Documentary*, Hardy, F. (eds.), London: Faber and Faber Ltd., 1966, p. 15.

第三章 作为"节日"的秩序:20世纪30—50年代现代媒介组织化扩张与纪实影像的"组织复制"

片中表现的)干旱与沙尘暴对等的客观存在,也就是说,找到一部电影,你会发现追随它的方法是很困难的"①。格里尔逊对维尔托夫以及"城市交响曲"批评尤其严厉,称其仅仅是"快照影集",其影像尽管充满惊奇力量,深受那些疯狂无羁的电影学生的追捧,也不过是"捧上一盘杂碎的侍者","没有思想的形体,没有建构的形体","除了我们事先想放置在摄像机里的以外,无法从摄像机里发现更多的东西"。②对格里尔逊来说,事实是在过程中、有接续性的,不管你用影像说什么,你总得说点什么。如果一部影片——无论精彩与否——只呈现为一个自足的孤例,那它就于现实问题无涉,也就于现实问题无益。

格里尔逊对维尔托夫的非议,在雅克·奥蒙看来多少有点令人讶异:两人在强调纪实影像作为"超级眼"的影像意识形态上实际是英雄所见略同的——认为电影的依归是某种具有社会性和教育性的超我③。实际上,对鲁特曼等"在家门口寻找纪录片"的开创性,格里尔逊是十分肯定的④,这也正是当时社会整合所迫切需要开拓的影像表征新领域。格里尔逊对"城市交响乐"的批评,不在鲁特曼以及卡瓦尔康蒂等努力尝试的影像探索本身,更多是对当时热衷影像的年轻人趋之若鹜、竞相效仿的不堪其扰,"在新手撰写的电影脚本中,十有八九都采用了这种形式,什么爱丁堡交响乐、艾克莱夫交响乐、巴黎交响乐、布拉格交响乐等。通常的套路是:曙色初开——工人上班——工厂开工——街车川流不息——午饭时间——接着又是街

---

① Grierson, J., *Grierson on Documentary*, Hardy, F. (eds.), London: Faber and Faber Ltd., 1966, p. 122.

② Grierson, J., *Grierson on Documentary*, Hardy, F. (eds.), London: Faber and Faber Ltd., 1966, pp. 127-128.

③ 奥蒙:《电影导演的电影理论》,蔡文晟译,武汉大学出版社2019年版,第129—131页。

④ 格里尔逊:《纪录电影的首要原则》,载单万里主编《纪录电影文献》,中国广播电视出版社2001年版,第504页。

景……其实什么事都没发生，没有哪一件事能明确地说明什么问题……只有超越对人们的所作所为或日常事件进程的肤浅描写而真正进入创作阶段，影片才能达到更高的艺术境界。需要指出这样一个区别，创造不是制造事情而是制造功能"①。关键就在于，从维尔托夫、鲁特曼，到格里尔逊一代人所追求的，不应是自造一个媒介表达的闭合框架，而是让认识秩序具有可以自然显现的能力。风格本身不是问题，但必须去打破以形式来自我标榜的不良倾向，则是格里尔逊等作为社会工作者所自觉领受的使命。

格里尔逊与先锋派们风格与观点冲突的关键之处，尤其是前者批评后者"什么都没说"的原因，不是因为维尔托夫们"没有呈现任何事物的欲望"因而实际上无法看到任何事物；恰恰相反，如果没有维尔托夫式"电影眼睛"们在影像稀缺的焦虑下过强的呈现欲望，就不会有在影像表征已相对具有更大规模时格里尔逊眼中的"疯狂感"。持有相同的"超我"意志来引导对现实进行表征的二者，区别在于各自所处的媒介表征前提条件不同，即使二者实际上几乎是同时代人，但让一个来自老牌工业国家且能够在好莱坞也能高谈阔论的社会学家，去理解并接受新兴社会主义政权影像的开拓者所具有的窘迫感和紧迫感，是很有难度的一件事。

这也正是格里尔逊强调使用无法化约的"真实"素材的原因所在：如果这个秩序显现的能力不能从影像的最直接反映起步而达到影响认知、影响意义构建的作用的话，那么影像何为？比起任由导演们各种（胡乱）赋予现实以他们眼中所谓的形式，让意义从客观的影像中显现出来，则是对这个不可避免的主观介入带来的不可通约性的最合理规避：让现实自己显现秩序。这就是为什么比起"城市交响曲"的那些刻意加入张力元素、诗意元素或气氛元素的其他

---

① 格里尔逊：《纪录电影的首要原则》，载单万里主编《纪录电影文献》，中国广播电视出版社2001年版，第504—505页。

第三章 作为"节日"的秩序:20世纪30—50年代现代媒介组织化扩张与纪实影像的"组织复制"

形式的运动,格里尔逊更推崇如巴斯·怀特(Basil Wright)影片那样的"自发的运动"(movement in itself)[①]:一方面,人类一旦组装了"电影眼睛",那些以往经验范围里某些"视而不见"就再难回头了;另一方面,影像的材料逐渐堆积在人类的生存境况里,已经构成格里尔逊所谓"社会逻辑感",那些幻想着跳过现实采集与推演而直接截获外观形式的"新卢梭主义"对格里尔逊,乃至对当时工业基础已建立起来的资本主义社会来说,自然是从表面的先锋走向了实际的故步自封。

格里尔逊对电影声音的创造性使用而不局限于"复制"(reproduction)的强调,其内在动机也是由声音的媒介化复制的普及扩张所触发的。比如他肯定了像BBC这样的大型广播媒体组织"在处理声音效果方面有着无可比拟的自由"而将讲话、音乐、专家观点等声音源源不断地传送给社会,但仅限于复制而不创造;非要说"创造性贡献",也是在戏剧性营造上,比如广播剧里把采自不同地点的风声、关门声等作为音效以营造戏剧气氛。事实上正是已经有BBC这样大规模的媒介表征生产,格里尔逊才得以进而想象声音的创造性使用,特别是在声音加入影像之后可以重组出的复杂性。正像他自己所说,声音和影像作为媒介都会经历一个从一开始只要有一点点新奇性就足够,到后来越来越产生各种技巧、手法和风格以探索更多创造性意义的过程。[②] 再一次,和维尔托夫一脉相承,格里尔逊也将声音看作"与无声影像相辅相成,而不是复制"——声音的意义不在忠实于"对现实环境的还原","有的时候,在看到人物嘴唇在动的同时还能听到他说话的声音当然很有用,但实际上只要是能够对整体意义做出贡献的地方,都应该借助声音的

[①] 格里尔逊:《纪录电影的首要原则》,载单万里主编《纪录电影文献》,中国广播电视出版社2001年版,第508页。

[②] Grierson, J., *Grierson on Documentary*, Hardy, F.(eds.), London: Faber and Faber Ltd., 1966, p. 158.

力量"①。

与对维尔托夫及其影响下的"第三先锋派"的某种"敬而远之"相比，格里尔逊与弗拉哈迪的交往要亲密深入得多。格里尔逊1925年在美国为报纸写电影评论时就结识了当时因《北方的纳努克》声名鹊起的弗拉哈迪，并且正是在1926年评论弗拉哈迪的《摩阿拿》时格里尔逊被认为率先使用了"documentary"一词，为这个类型的影片正式落定言说的界限；在回到英国并主持帝国销售委员会电影组后，格里尔逊还主动联络弗拉哈迪合作了纪录片《工业化英国》（1933年），尽管根据各种描述，这次合作最后因为二人工作风格的冲突而并不尽如人意。单纯将之归结为个人风格的差异，甚至当时电影的"美国风格"与"欧洲风格"的差异，尚不足以解释格里尔逊风格在此时的强势与弗拉哈迪屡屡失意的影片制作经历；其背后折射出的还是整个影像图景的变迁。

1930年弗拉哈迪移居欧洲，在此之前他在好莱坞参与创作两部剧情片的经历都不甚愉快：即使米高梅为了他换掉了《南海白影》（1929年）的导演，仍然不会让他在一个商业电影项目中自由地发挥；而在与茂瑙自建公司合作的《禁忌》（1931年）中，在茂瑙的财政控制与强大创作意志下，弗拉哈迪的田野工作、摄像技术指导等显得更像是辅助；再加上茂瑙在1931年赶往影片首映式的路上因车祸骤然离世，影片成为他一个人的绝唱，连字幕标明的都是"罗伯特·弗拉哈迪讲述（told）""茂瑙执导"②，仿佛在茂瑙这个"贡献才华者""生产者"面前，弗拉哈迪只是"信息提供者""原料供应商"。

在几乎是一种乌托邦状态下——既有赞助者提供的大把时间与

---

① Grierson, J., *Grierson on Documentary*, Hardy, F. (eds.), London: Faber and Faber Ltd., 1966, p. 15.
② Barsam, R., *The Vision of Robert Flaherty: The Artist as Myth and Filmmaker*, Bloomington & Indianapolis: Indiana University Press, 1988, p. 50.

第三章 作为"节日"的秩序:20世纪30—50年代现代媒介组织化扩张与纪实影像的"组织复制"

预算,又不受任何创作方向上的限制,更不用考虑市场发行——制作的处女作《北方的纳努克》惊艳世人之后,弗拉哈迪终其一生都无法很好地在独立创作与商业成功之间作出抉择,却一直还是期待能二者兼得:一方面,他和夫人弗朗西斯·弗拉哈迪对于将已享有的盛名转化成盈利、转化成浪漫优越的生活条件一直抱有信心;另一方面,他又无法适应好莱坞工业制作,固执己见,常常超出预算,前调与拍摄进度滞后更是家常便饭。当然维尔托夫在这方面的名声也不怎么样,他的政敌在斯大林时代攻击他的理由之一就是他浪费了许多国家资助来拍摄那些"形式主义"的实验作品[①];不过维尔托夫一直在新政权意识形态感召与政治正当性建构的种种斗争中努力寻求影像秩序,弗拉哈迪则只讲自己想讲的故事。

有趣的是,如此这般一个弗拉哈迪总能吸引各种同样具有创作激情的电影界著名人物主动与他合作;换个角度讲,他也总是只能以与他人合作的方式才起码有可能进入盈利领域。从范·戴克、茂瑙到格里尔逊,弗拉哈迪总是被视为珍贵的田野探索方法提供者、信源甚至是创作本真性的品牌认证,由他先睁开"天真之眼"看到现实,再由这些强大的合作者着手"处理"他"采集"到的现实原材料:这种影像合作倾向简直可被视作帝国主义工业生产的逻辑复制,也是这个阶段对影像表征进行整合组织化的典型表现。比如,为了向政府部门申请制作经费,格里尔逊要求弗拉哈迪拿出《工业化英国》的一个纪录片剧本——一个可执行方案,而这在弗拉哈迪看来是不可能的:"我从没写过剧本,而且要是现在为了白宫那些'公仆'们开始写的话,我就完蛋了。"格里尔逊则最终承受不住弗拉哈迪浪费经费的风险而将他换掉,他发现即使提供了12000英镑的经费,也填不满弗拉哈迪漫游英国工业城市、到处影像采风"试

---

① Cook,D. A.,*A History of Narrative Film*,Fifth Edition,New York:W. W. Norton & Company,2016,p. 94.

验"的无底洞；要知道制作相当精良、主题同样宏大的《夜邮》也只花了8600镑。《工业化英国》最后成片是由格里尔逊亲自带领手下干将 Wright、Elton 在弗拉哈迪素材基础上补拍、剪辑完成的，事实上由于弗拉哈迪拍摄的素材量实在太大，格里尔逊后来又从这些素材里额外多剪出了五部短片，也算是对帝国销售委员会有了个经费交代。[①] 这段不甚愉快的合作简直是一个影像时代的缩影：影像漫游的天真堆积起的过剩，逐渐需要被纳入一定的秩序，才能参与意义的生产；而习惯了一味采集而不懂经营的"高尚的野蛮人"最终只能作为过时的怀旧理想黯然退场。通过对弗拉哈迪等开拓者达成的影像成就积累进行整理，格里尔逊们试图达到那个具有重要意义的整体图景，也因此不可避免地显现出对其利用甚至剥削。纪实影像的自我锚定，就如同广播、有声电影等媒介变迁一样：法团主义的义正词严主导了这个连视觉、听觉都急需秩序的时代。

尽管如此，格里尔逊仍将弗拉哈迪视为导师——不只是对于自己，而是对于他当时领导的一批为帝国销售委员会电影组拍片的年轻导演。他希望弗拉哈迪对现实的观察以及在摄像方面的即时性灵感能为导演们带来启迪，同时还希望弗拉哈迪的盛名能为电影组带来更高的声望[②]；艺术创造力的先锋与浪漫带来的艳羡与名望本身，在工业化社会中都不是乌托邦，而是要物尽其用。

在工业化电影所代表的金钱盈利与影像创作的崇高性之间，格里尔逊比弗拉哈迪思考得更为清醒、现实与坚定，他与政府部门既通力配合，又相互交易："帝国销售委员会电影组的利益原则在于，在必要的宣传限定范围内，我们享有一种独特的自由度。商业领域的走卒们是受票房效果羁束与驱动；宣传领域的走卒们则更智慧地

---

① Barsam, R., *The Vision of Robert Flaherty: The Artist as Myth and Filmmaker*, Bloomington & Indianapolis: Indiana University Press, 1988, pp. 53-54.
② Barsam, R., *The Vision of Robert Flaherty: The Artist as Myth and Filmmaker*, Bloomington & Indianapolis: Indiana University Press, 1988, p. 53.

第三章 作为"节日"的秩序：20世纪30—50年代现代媒介组织化扩张与纪实影像的"组织复制"

受良善的效果驱动，因为宣传的真谛有一半要取决于其所要求的声望。还有一点：商业只关心电影的第一效果，也就是一轮12个月的直接金钱盈利。而具有较长任期的宣传工作者则不是。快速拍摄固然重要，因为需要引发即时的公众兴趣，但电影效果在数年内的持续性更为重要。统领整个一代人的思想并且做到日积月累地统领，比周六夜以一时新奇或感动、除了某种'宿醉感'之外空无一物来刺激观众更为重要。在这个意义上，电影的宣传路线具有绝对优势。它允许导演们更长时间去发展，它对实验更有耐心，它能为作品的不断完善保证一定时间。"[1]

虽然最终在经济危机下，帝国销售委员会被英国政府解散，但电影组取得的成就得到了承认，"六年来（1928—1933年）它的核心效果是，改变了'帝国'一词的涵义"[2]。此时一战与大萧条为格里尔逊们带来的启示是，资本主义工业生产必须从单向的剥削转向多边的劳工合作，以分摊风险、消化过剩，"陈旧的征服战线需要让位于新的研究与世界组织化战线"[3]。让全阶层、全世界在观感上形成平等的铁路网，每个车站则既有独立的建筑样貌以体现出与众不同的价值，又不能够脱离铁路网而独立自维。他通过纪实影像达成了一个汇聚社会意愿与力量的愿景，这是之前自足于展示与观看的"奇观"秩序所未能触及的。在这个新的纪实影像制作趋势下，纪录片的政治作用与社会意义即使无法测量，也已经完全可以想象了：它被认为能够以非强制的手段达成普遍意义，这在当时已经殊为不易。

在英国电影仍限于摄影棚制作时，格里尔逊在方法上直接引进苏联蒙太奇，以《漂网渔船》"走出去"的标志性探索作出示范：

---

[1] Grierson, J., *Grierson on Documentary*, Hardy, F. (eds.), London: Faber and Faber Ltd., 1966, p.165.
[2] Grierson, J., *Grierson on Documentary*, Hardy, F. (eds.), London: Faber and Faber Ltd., 1966, p.165.
[3] Grierson, J., *Grierson on Documentary*, Hardy, F. (eds.), London: Faber and Faber Ltd., 1966, p.165.

影片口碑良好，也受到观众喜爱，尤其是当时英国议会与政府部门更是组织特别放映，从而大力支持了帝国销售委员会的扩张——"它不应只在一个导演、一个地点及一次只做一部片子的基础上，相反的，它应有半打导演及101个题材排队等着拍"[①]。以此为跳板，格里尔逊就开始了整合与组织化纪实影像扩张的议程，而不是自己创作——事实上格里尔逊真正称得上自己的艺术创作作品的也只有《漂网渔船》一部，因为对他来说，个人创作比起整个议程根本不是重点。

从格里尔逊在纪实影像工作方面的言行来看，整合纪实影像表征的"观察"与"传播"同步进行、相辅相成。

在整合"观察"方面，一边要继续保障对现实的高产量表征来推动社会进步，一边也要保证这些影像表征具有使用与交换价值。格里尔逊主要致力于以下两件事。

（1）反复论证和强调一个可持续的制作理念——"对现实的创造性处理"的创作宗旨。对"现实"的忠诚，保证了原料的纯粹；而"创造性"处理，则引入意义再生产。他取弗拉哈迪与维尔托夫两者所长——弗拉哈迪的"实地采集""分清描述与戏剧"[②]和维尔托夫、城市交响曲的"银幕流动状态""由许多活动组成整体"[③]，撇去二者理念上于规模化影像生产无益的东西——弗拉哈迪的"新卢梭主义"认识框限和维尔托夫以形式主义美学完全敞开可能性的无拘无束。格里尔逊撰写了大量评论及声明来反复阐述他关于"宣传片"在社会整合上的重要意义，以及引入社会学对当时以好莱坞为首的娱乐电影滥觞的必要性。为了保障一个更为明晰的生产标准，

[①] Barsam：《纪录与真实：世界非剧情片批评史》，王亚维译，远流出版事业股份有限公司2012年版，第136页。

[②] 格里尔逊：《纪录电影的首要原则》，载单万里主编《纪录电影文献》，中国广播电视出版社2001年版，第502—503页。

[③] 格里尔逊：《纪录电影的首要原则》，载单万里主编《纪录电影文献》，中国广播电视出版社2001年版，第507页。

他是比以往任何电影评论家都更强调纪录、娱乐、宣传、新闻等类型片区别的——事实上他自己就先提出了"纪录片"的概念，并直言不讳其在实际含义上的某种虚妄，但在表述影像秩序上的实用主义倾向："纪录电影这个词言不及义，不过，还是让它沿用下去吧……而且总有一天，纪录电影还会包括那些在形式和创作意图上跟《摩阿拿》完全不同的其他种类的影片，正如今天它把迥异于《刚果游记》的《摩阿拿》包括在内一样。"①

（2）重视纪实影像的人才培养与人力储备，这是影像表征迅速扩张和探索更多意义再生产可能性的又一重要基础：格里尔逊的理念与政府部门的宣传投资需求十分有利于当时年轻导演入行，毕竟高成本的摄影棚制作对于年轻创作者来说是不可承受的。而且正如格里尔逊所述，政府的长效宣传效果诉求，允许创作者们以良善效果的正当性为护盾作各种尝试。另外，格里尔逊作为一个"秩序"的化身，在实际创作实践中取消了个人表达，而将纪录片的社会整合意义内化于麾下导演们的观念之中。就像与弗拉哈迪的合作体现出的，他的强势更多体现在领导与管理上，但在创作方面没什么经验，无法手把手指导年轻导演们，因此也就没什么执念。电影组成员之一Harry Watt曾回忆道："我们从既聪明又古怪的上司那里接受了人的尊严这样的信念，从尝试及错误中学习我们的工作……我们有着绝对的信念，那就是我们正在进行或将要做的事是非常值得的。"②"我们可能会嘲笑他的那些弱点，为他拙劣的演技而发笑，为他说话的啰嗦和加尔文主义的作风而感到滑稽。但是，从本质上来讲，我们都尊敬他。"③ 帝国销售委员会时期的Basil Wright、Ar-

---

① 格里尔逊：《纪录电影的首要原则》，载单万里主编《纪录电影文献》，中国广播电视出版社2001年版，第500页。
② 转引自Barsam《纪录与真实：世界非剧情片批评史》，王亚维译，远流出版事业股份有限公司2012年版，第134页。
③ 埃文斯：《约翰·葛里尔逊：纪录片的开路人》，刘亚儒等译，对外经济贸易大学出版社2008年版，第45页。

thur Elton、Stuart Legg、Evelyn Spice，大英邮政总局时期的卡瓦尔康蒂、Harry Watt，加拿大国家电影局时期引入世界各地的导演如阿莱戈耶夫、伊文思、艾文·杰考比，等等，格里尔逊培养出的这一批纪录片导演，以及他们在政府部门及大众传播上形成的影响，将纪实影像的意义矩阵正式展开。

而在整合"传播"方面，格里尔逊的工作更体现出一种强大的时代精神，一种撒播"福音"般的意志。

（1）寻求政治支持与依附：几经更换门庭的格里尔逊始终认为，为了达到影像改变社会的理想，需要依靠更强大的力量：从效率和正当性上当然是政府公共部门，但私有部门提供的强大资金力量也可以利用，他有一段时间就在壳牌公司的支持下主导纽约电影中心的工作。和弗拉哈迪那种以艺术崇高无视政治与经济约束的艺术家态度不同，格里尔逊们需要的是快速、高效的影像普及，这样才能进入一种纪实影像的良性生产循环；在这方面的需求上，纪实影像表征甚至比一般工业产品更迫切，因为不像货币表征的是相对外在的交换关系，影像对现实的表征诉诸大量图像的认知积累构建起内在意义，需要足够多、足够细致，因而也如前文所说需要更多投资、更长时间。从格里尔逊的时代开始，纪实影像从经济实惠、方便操作的"业余"创作方式，逐渐以官方宣传教育的面貌变得严肃与专业，也有了"烧钱"的名声，在对《住房问题》拍摄现场的描述中就可见一斑：在伦敦贫民区的一个极其简陋的单间住房中，格里尔逊的摄制组使用一台有三个人重的米凯尔牌摄像机，可以连续拍摄十分钟，这在20世纪30年代是很先进的设备；用两盏500瓦灯泡给简陋的房间打光，电源由停放在室外车上的七组12伏的车用电瓶来提供。[①] 再加上《住房问题》是最早引入现场访谈录音的纪录片之一，可见对

[①] 埃文斯：《约翰·葛里尔逊：记录片的开路人》，刘亚儒等译，对外经济贸易大学出版社2008年版，第51页。

第三章 作为"节日"的秩序:20世纪30—50年代现代媒介组织化扩张与纪实影像的"组织复制"

当时的纪录片来说,"真实"的的确确是"珍贵"的;然而为了达到最好的大众传播效果诉求,这个规模的投资又是必需的。

(2)培养观众:格里尔逊反复强调影像教育,但他反对当时一些"天真"地认为只要使用电影与广播学生就可以直接自动接收到知识的观点(正如对媒介进化自然而然就能达成更高效的撒播、更亲密的交流所寄予的天真期望);他肯定教学过程的"手艺",担心大量影像的涌入反而会扰乱儿童的心智,坚持认为"指导并非只是造成某种印象,而是一个点滴灌输规范的观察与理解方式的细致事业"①。他提出将纪录片作为搭建学校与社会之间桥梁的手段,通过帮助学生建立现代工业社会的图景,逐渐成为真正的现代社区成员。他在1936年对教育工作者发表的一篇演讲中,将纪实影像在教育功能上的潜力作为对李普曼在民主舆论方面担忧的回应。

首先,格里尔逊利用政府宣传需求,将纪录片放映尽可能延伸到学校、工厂与剧场中,在已经被娱乐电影占领的院线之外努力寻找传播空间。他不止一次将影像传播力量与宗教作类比,认为电影的未来不在已然完全屈从于商业逻辑的(虚构)娱乐电影,而在纪实影像,即使它总以宣传、教育的面貌出现,但它真正有能力在像基督教青年会那样的组织里潜滋暗长②;在宗教失去控制力的现代社会,纪实影像的大众传播会接过调动公众的使命③。出于同样的理念,在电视即将登场时,格里尔逊对之充满期许,认为电视能够更好地履行社会整合的使命,进而带来可观的电影创造力解放。④ 他本

---

① Grierson, J., *Grierson on Documentary*, Hardy, F. (eds.), London: Faber and Faber Ltd., 1966, p.189.
② Grierson, J., *Grierson on Documentary*, Hardy, F. (eds.), London: Faber and Faber Ltd., 1966, p.186.
③ Grierson, J., *Grierson on Documentary*, Hardy, F. (eds.), London: Faber and Faber Ltd., 1966, p.195.
④ Grierson, J., *Grierson on Documentary*, Hardy, F. (eds.), London: Faber and Faber Ltd., 1966, p.186.

人后期在纽约制作的系列纪录片，即使并非为电视制作，却已经受电视即将带来的影像大众传播趋势影响，具有鲜明的电视系列节目特征：短小精悍，主题集中，模式可重复性强。

其次，他重视影片引介、宣传与评论，将影像传播与接受过程本身作为研究对象，这种直接介入话语秩序建构的积极性十分实用，加速了传播秩序的形成，比如给予弗拉哈迪的纪实性拍摄一个"纪录片"的类型名号，使之前直觉性、模糊的纪实影像得以迅速地找到言说的边界——一方面因为有了弗拉哈迪等前辈们的大量实践汇聚在一起，才能显现出纪实影像这一旗帜；另一方面有了格里尔逊这样的人真正将旗帜具体绘制出来，才便于后人追随。早在美国求学时期，格里尔逊就已经有了记者与评论家的丰富经验；在之后整个职业生涯中，他非常重视收集世界各地的影片资讯，比如引进苏联影片《战舰波将金号》《土西铁路》等，《土西铁路》的英文版就是格里尔逊制作的；在帝国销售委员会电影组成立之前，他就组织团队大量观摩研究了当时苏联和美国的各种"宣传电影"，既有《柏林：城市交响曲》和苏联蒙太奇派，也有《篷车队》《铁骑》等具有宣导色彩的好莱坞剧情片，"我们看了所有值得一看的纪录片和史诗片"（we had all the documentaries and epics worth a damn），甚至在为公众放映时，还"不得已"修改了一些不合时宜的结局[1]，从而在已有的丰富影像储备基础上摸索自己的宣传与教育路线。他还创办杂志、创办"帝国电影图书馆"，一手抓影像创作人才培养，一手抓影像观众媒介素养。整个传播链条融会贯通、环环相扣，创作伊始就会考虑传播效果，纪实影像拍摄不再是就地取材，不再是好奇的孩童随处捡拾自己喜欢的鹅卵石，而是有序而可持续的生产组装，正像一列火车一样循着铁轨，井然有序。"它是一种想在寻常事

---

[1] Grierson, J., *Grierson on Documentary*, Hardy, F. (eds.), London: Faber and Faber Ltd., 1966, p. 166.

第三章 作为"节日"的秩序:20世纪30—50年代现代媒介组织化扩张与纪实影像的"组织复制"

物中找出戏剧的向往,也是一种想把观众的心从地球末日落实到他自己眼前事件的一种愿望。由此,我们坚持一种发生于我们面前的戏剧……我们的兴趣点在于一切可使混沌世界中的情感具体化、并创造出公众参与意愿的工具。"①

格里尔逊强调纪录片作为改造社会的工具,好比古典时代将对表征的分类和排列作为对现实世界的操纵一样,本质上是认为这种现实影像的理性组织与影像信息接受的机制的对应关系,是可以想象的;在这一意义上,影像与现实完全一一对应的索引性符号关系从来不是关切的重点,尽管使用完全来自现实的素材是确保交换价值的前提。关切的重点始终是"做秩序",是意义构建的机制,进而加以实现。相对于在这之前影像表征领域那些丰富多彩、变化多端因而体现出某种脆弱性的"公共语言",以格里尔逊为代表发展出的影像"法团主义语言"则专注于行动、耦合于权力;索尔将"法团主义语言"进一步分为修辞、宣传用语和专业术语②,格里尔逊所生产出的"创造性处理""来自现实的材料",以及围绕影像实践建立起的"纪录片的首要原则",正与之一一对应。

所以在这个纪实影像表征的"古典时代",围绕经济、政治与社会的各种危机,纪实影像被广泛需要,纪录片成为一个有效的标签,树立了理论旗帜,排成了行伍阵型;对纪录片的社会想象也日益凸显,纪录片人不懈地组织和积累着对现实世界的影像叙述,使人们的精神生活中的理性思考逐渐有了纪实影像的一席之地,这是重要的时代特征,它其实比以往我们常常联想到的纪录片服务于政治宣传的时代特征更为根本。我们不仅领受影像对现实的表征,我们还赋予了它超出日常的意义——不完全像"奇观"那样仅仅是影像本

---

① Grierson, J., *Grierson on Documentary*, Hardy, F. (eds.), London: Faber and Faber Ltd., 1966, p. 18.
② 索尔:《无意识的文明》,邵文实译,南京大学出版社2019年版,第73页。

身异于日常,而是我们对于影像的态度异于日常。我们开始划分出在时间和空间上的理性组织精力来留给特定的影像。

  于是,对现实表征的竞争与政治经济的权力博弈同步展开。如果说世纪之交美西战争时能说出"你提供图片,我提供战争"的是报业大亨赫斯特,那么这时就是电影;而且或许更为可悲的是,这一次的参与者从一开始并非赫斯特这样的野心家,而是与格里尔逊相似的怀着良善传教理想的纪录片人,他们坚信让世界各地、社会各阶层互相看见,可以弥合鸿沟、协商冲突,于是孜孜不倦地持续产出关于世界的真实影像,结果却很有可能是为这种法团主义机制添砖加瓦,加入了一场喧闹的表征战局。"政府、商界、工会及其他社会组织在温和的却是执着而持续的操纵中齐心协力,使生活变得更好——是那个时代开明资本家、左翼共和党人和非社会主义知识分子当中普遍接受的智慧。"①

  这一时期欧美社会其他致力于社会改良主义的纪录片制作不断涌现,如在英国与格里尔逊风格类似,保罗·罗沙1935年成立独立制作公司"写实主义电影中心";荷兰的纪录片导演伊文思,坚信电影人的职责是"直接参与世界上最基本的事件",并用《英雄之歌》(苏联)、《西班牙土地》(西班牙)、《四万万人民》(中国)、《博里纳奇的悲哀》(比利时)积极投身世界各地的人民斗争;比利时的亨利·史托克以《悲惨的住宅》为代表的作品也是表达社会抗议的典型纪实影片。这其中要数西班牙超现实主义大师布努埃尔的《无粮的土地》最为特立独行,他已经开始尝试以某种程度上对风靡一时的格里尔逊问题解决式纪录片的反讽,来达到冲击效果。

  出于各自的宣传与公关目的,各个公共部门、半官方机构以及私人工业企业纷纷投资纪录片拍摄:以英国为例,除了格里尔逊服

---

① 约翰逊:《摩登时代:从1920年代到1990年代的世界:全2册》,秦传安译,社会科学文献出版社2016年版,第333页。

第三章 作为"节日"的秩序:20世纪30—50年代现代媒介组织化扩张与纪实影像的"组织复制"

务过的帝国销售委员会、大英邮政总局,还有英国旅游协会电影组、大不列颠协会和联合影片委员会、国家健康协会、国家储蓄运动、苏格兰发展委员会、伦敦之友协会、国家社会服务委员会、英国瓦斯公司、帝国航空公司、壳牌石油公司等[1]。在政治经济强势力量下,如此规模的纪实影像扩张涉及了商业电影以往绝不会问津的社会角落。

在各种社会力量之下,摄影机在许诺为这些黑暗角落照亮的同时,也将它们改造成可以在各种社会势力之间进行利益交换与谈判的筹码。媒介表征被委托给机器后,世界被逐渐视觉化,提供给世人一个对于普遍联系的观感,以至于开始体现出操纵表征就可操纵现实的意欲。比如殖民主义——作为纪实影像的首选——就是一个高度视觉化的现象,"充斥着飘扬的旗帜、奇特的制服、壮观的仪式……既加速了同时也阻碍了世界经济体系的出现",因为所有这些表征在当时的能力范围内都无法将殖民地并无政治、经济自由的本质提取出来[2],而对它的普遍认识却只能从操纵这些视觉符号开始。

对于这一时期将拍摄纪录片作为自己的选择的电影人,都主动认领着对观众眼睛的持续规训,这个对现实的影像表征的领会秩序是如此重要,以至于必须凌驾于事实之上:这是属于那个时代的影像真实观,它或许与政治宣传、与社会斗争关系紧密,但并不必然只是出于有意的政治宣传与社会斗争而采取的欺骗手段。这就是为什么像伊文思这样作为身体力行地在世界各个斗争前线与人们密切接触的纪录片人,并没有那个"闲心"像之后直接电影与真实电影的真实观那样去歌颂摄像机的解放力量,那些不合时宜地闯入镜头的"讨厌的外表美"必须作为不真实的东西被删去,因其"产生的

---

[1] Barsam:《纪录与真实:世界非剧情片批评史》,王亚维译,远流出版事业股份有限公司2012年版,第161—167页。

[2] 约翰逊:《摩登时代:从1920年代到1990年代的世界:全2册》,秦传安译,社会科学文献出版社2016年版,第218页。

悦目效果实际破坏了我们所要求的肮脏的效果……我们的目的是防止令人愉快的摄影效果分散观众的注意力,以致忽视我们所要表现的令人不愉快的事实真相……在博里纳奇矿区那些狭窄、肮脏的内景镜头中,如果出现叫人舒服的美学效果,观众看了或许就不会自言自语地说这里真脏、真臭,这不是人住的地方……这部影片要有一个战斗的观点,它要成为一件武器,不能只是如实纪录曾经发生的有趣故事"[①]。

二 高效组织纪实影像的信息与应用:美国工人电影—摄影联盟、罗斯福新政与劳伦兹

在电影等现代媒介的商业化更为发达、丰富的美国,纪实影像用于政治宣传与社会改造则通常被认为以工人电影—摄影联盟为代表的左翼活动开始,直接通过照亮黑暗角落来占领影像阵地。

20世纪20年代,一战暴露与引发出各种文化和经济冲突,如美国的"恐赤病"(直接受苏联革命影响)、移民问题、种族问题、禁酒令等,但仿佛一种群体无意识的否认机制和应激反应,美国的主流舆论是"恢复常态",希望忘记战争,把注意力集中到"生活";这一概念在新闻界被换算成煽情主义"人情味新闻"、在电影业被换算成古典好莱坞风格类型大片,而在公共生活中则被换算成广告与公关。英国的纪录片运动面对的是如何通过影像形成一个社会意义的构建机制,指向相对长远而模糊的效果;美国的左翼纪录片实践则首先得扭转产量的失衡,让更多来自现实图景的影像在影像构建的意义秩序中尽快占有一席之地。但是在高度工业化的好莱坞,格里尔逊式纪录片所谓长时段的社会意义太难估算与赋值,于是经常通过一种以消费自由来代替"民主"的方式,被偷换成市场效益:满足观众的需求就是最可把握的社会意义。从政府文化政策的角度

---

① 伊文思:《摄影机和我》,中国电影出版社1980年版,第77—78页。

第三章 作为"节日"的秩序:20 世纪 30—50 年代现代媒介组织化扩张与纪实影像的"组织复制"

来看,诉诸市场更成为处理政治认可和多样性的方法,美国政府一直以来宣称好莱坞的成功与政治支持无关,而是源于对观众需求的满足;电影工业被认为属于私人企业和消费者的"纯粹"市场。① 这种放任主义方式的扩张固然迅速,但很容易走向过剩,在将那部分能"消费"(既是字面意义上的掏钱买票消费,也是深层意义上的符号阐释消费)得起好莱坞大片的社会购买力消耗殆尽后,影像工作者就发现他们或许和当时其他物质生产领域一样陷入了危机。以车站与铁路作喻,如果说英国纪录片运动以部分形成整体的方式一点点规划车站规模、站间距离、先后顺序,以便尽可能以全局观念连接起效率相对较高的铁路网络的话,美国则既得益于之前快速扩张的车站建设与铁路铺设,又在面对社会危机时,开始困扰于一味逐利导致的失衡:车站过于集中资本力量发达之处,而且有的大而无当,有的承运能力又远远不足,终于影响了整个铁路流通的效率。

美国的纪实影像创作具有更为明显的实用主义倾向,既是这种失衡的后果——把影像的功能严格分为娱乐与信息告知,也是一种平衡的努力,这一平衡的努力在面对社会动荡与混乱局势时更为凸显。比如 1935 年开始的系列新闻片"时代的前进"将纪实影像高度戏剧化剪辑,并通过"上帝之声"风格的解说词,将对真实事件的建构直接兜售给观众。在这种倾向下,弗拉哈迪遵循自己从《北方的纳努克》开始一以贯之的人与自然主题拍摄的《亚伦岛人》(1934 年)已经显得不合时宜了。当时大多数评论都如保罗·罗沙一样,认为弗拉哈迪"对真实的理解是对过去的感伤反应,是对现世几无意义的逃避"②。但事实上,产量巨大、观看者甚众的美国新闻片,在形式上以直言不讳、缺乏复杂细致的美学处理来"直面现

---

① 米勒、尤迪斯:《文化政策》,刘永孜、付德根译,南京大学出版社 2017 年版,第 47 页。
② 罗沙,转引自 Barsam《纪录与真实:世界非剧情片批评史》,王亚维译,远流出版事业股份有限公司 2012 年版,第 213 页。

实"，一直是与其相对于商业电影的依附地位密不可分的：对于这些新闻片究竟除了所谓"提供信息"以外起到了怎样的社会意义，无论是政治力量、商业市场还是影像工作者自己都语焉不详，毕竟只要好莱坞大片本身足够盈利，谁会特别在意那些大部分是贴片放映的"赠品"接受度如何呢。

与英国政府机构参与纪实影像制作几乎同步，美国农业部、内政部、战争部等在20世纪20年代其实也开始制作一些纪实影像。1922年，美国农业部成立了电影办公室；截至1930年，内政部每年已经有约25部新闻片的制作量，其中矿产办公室尤为活跃。这些拍摄多为间歇性的，不系统，旨在单纯提供公共信息，如内政部影片供应社提出的两个原则是：公众有权知悉政府事业进展，因此政府有责任提供信息；图像记录就是应该被人看见的（images are made to be seen）[①]——后一句特别有意思，仿佛有一种"反正都是现成的，不用白不用"的意味，因为当时政府部门使用摄影、摄像手段进行实地考察、事业建设记录及评估已经比较普遍，没有理由浪费手头这些资源；这也从侧面体现了影像媒介手段发展到这时已经具有相当的规模，已经需要开始思考如何整合手上丰富的资源了。更为典型的是，正因为美国电影工业的发达，政府部门这些影像信息制作严格保持着一种疏离大众传播的姿态，以维持政治与社会治理的正当性，因此这些政府部门制作的新闻片也甘于当"赠品"，没有任何主动进行商业发行的想法；产量倒是十分可观，到1935年，已经有25个政府部门拍摄了400余部影片，或由各部门自己的人手拍摄，或"合同式承包"，向社会企业竞标，如罗斯福新政的代表性机构职业进步管理署（Works Progress Administration，WPA）曾以竞标方式与百代公司合作，百代承包了30部新闻片的制作与"免费发行"——

[①] Hearon，转引自 Snyder, R. L., *Pare Lorentz and the Documentary Film*, Norman, Oklahoma: University of Oklahoma Press, 1968, pp. 10–11。

第三章 作为"节日"的秩序:20世纪30—50年代现代媒介组织化扩张与纪实影像的"组织复制"

每月一部,作为自己发行渠道的贴片。政府部门制作的这些新闻片内容主要有三类:教授某种生产过程、对某一产业技术的描述、对政府职能的描述。①

在那些市场与政府没有介入意愿之处,被压抑的社会能动力量开始行动,用文字、摄影以及电影来表征残酷的现实。"大多数知识分子急剧左转,或者更准确地说是破天荒地投身于政治,用粗糙的意识形态色彩来描绘他们新近发现的这个国家……一个古怪的事实是,这些作家,就其自己的生活而言是最没有组织性的,却本能地支持公共领域的计划。"② 尽管援引的意识形态话语不同,但在同一个媒介表征环境下,他们的行动逻辑本质上是相同的。

美国工人电影—摄影联盟由一批左翼影像工作者于1930年成立,致力于以平面摄影和新闻片为主要形式来呈现底层人民的艰苦境况、唤醒工人阶级的反抗精神。值得一提的是,其左翼特性经常与某种自由抗争话语联系在一起,这就容易令人忽略一个事实——它某种程度上与帝国销售委员会电影组一样,最初是当时整合/组织化的法团主义产物:它通过共产国际在世界各地建立的工人国际解放组织的文化诉求而得以聚集,可以说直接受到共产国际的影响;联盟骨干成员之一山姆·布罗迪就将其宣言《为了工人的电影》发表在共产党党报《每日工人》上。③ 为了实现其整合目标,联盟采取的整合宗旨也与格里尔逊不谋而合,如另一位成员哈利·艾伦·波坦金发表的纲领性文章《电影与照片在行动》提出联盟的主要目标——用电影教育工人及其他群众,将电影作为武器、作为改造社会的工具;鼓励与支持左翼的社会批评以及对社会不平等现状的戏

---

① Snyder, R. L., *Pare Lorentz and the Documentary Film*, Norman, Oklahoma: University of Oklahoma Press, 1968, pp. 8 – 9, 13 – 14.
② 约翰逊:《摩登时代:从1920年代到1990年代的世界:全2册》,秦传安译,社会科学文献出版社2016年版,第340—341页。
③ Alexander, W., *Film on the Left: American Documentary Film from 1931 to 1942*, Princeton, New Jersey: Princeton University Press, 1981, pp. 4 – 5.

剧化与说服性纪录；做好电影发行，发掘与展示优秀作品，培养出能够欣赏和消费纪录片的观众群体。[1] 但是正如 Alexander 所见，联盟实际上并没有特别严密的组织化过程，更多地依靠着成员们个人化的社会关切及艺术热情；而且成员们背景各异、经历各异，将他们号召到一起的与其说是共产国际或者左翼旗帜，不如说是亲眼所见当时正在承受大萧条冲击的美国社会所展现出的巨大苦痛：大规模失业、全国饥饿大游行等。尤其是，当时好莱坞电影业所生产的新闻片尽管已十分发达，但没能履行社会整合的任务，仍然充斥着宠物秀、外交活动等无关痛痒的内容，而对大规模的社会苦难视而不见。[2] 工人电影—摄影联盟忙于迫切地展现现状，其新闻片表现出的戏剧化及激进倾向，与联盟成员所推崇的苏联意识形态蒙太奇电影在美学表达上其实并无继承之处，而更多地依赖真实材料本身的冲击力。

　　类似工人电影—摄影联盟这样以社会关切激情为主导的纪实影像实践，尽管大大丰富了对社会现状的媒介表征，然而用影像"做秩序"的力量，最终不免又来到国家政治层面，考虑到当时媒介条件的生产效率问题，这几乎是无可避免的。比如在罗斯福新政于1933—1935 年采取一系列措施来推行公共事业、建立整体社会纲领时，文化艺术领域也在他的考量范围内，但他的出发点不是形塑公众认知的社会理想，而是尽可能发动更多社会力量参与公共事业的实用考量；更具体一点说，文化方面的公共事业项目是在 WPA 之下进行的，目标是解决文化艺术领域的就业问题，这既是新政诉求，也是政治合理化理由。和水管工、出租车司机一样，艺术家也在失业；在"we do our part"、共度时艰的号召下，许多艺术家得到招募。人力的

---

[1] Alexander, W., *Film on the Left: American Documentary Film from 1931 to 1942*, Princeton, New Jersey: Princeton University Press, 1981, p. 7.

[2] Alexander, W., *Film on the Left: American Documentary Film from 1931 to 1942*, Princeton, New Jersey: Princeton University Press, 1981, p. 17.

第三章 作为"节日"的秩序:20世纪30—50年代现代媒介组织化扩张与纪实影像的"组织复制"

组织化优先于观念的整合,成为新政文化政策的首要关切。

和罗斯福新政诸多规划一样,在公共部门中纳入文化艺术的实践当时在美国还很少,或者说在此之前很难如此被提出来。某种程度上受益于经济危机,罗斯福新政得以在各种领域尝试之前没有采用的做法,这很难归结为理性"决策"的英明,而更多的是因已被广泛接受的方案失效而尽可能探索新的可能性。所以很多新政项目表现出一种"长期展望"的样态,比如率先启用劳伦兹拍摄纪录片《开垦平原的犁》的安置处(Resettlement Administration, RA),作为一个救济机构,将紧急救助与农村地区的生产恢复与贫困家庭生计开发结合在一起,不仅仅限于直接给钱,而是通过帮助农村地区收购和开发土地等方式促使农业自身的再生,"向人们建议在哪儿、如何谋生,向哪儿、如何移动,以及告诉他们代价如何,以此来达到对人的长远规划"[1]。WPA的领导者霍普金斯则从精神领域尝试进行规划,认为文化艺术可以借此机会成为教育普通民众的教育工具,还可以宽慰大萧条后民众的焦虑情绪,"重新赋予他们某种统一"[2]。"长期展望"的样态是相对于后人的观察总结而言的,但对当时的决策者们来说,某种程度上得益于旧有的各种对即时效果评估手段的失效,他们自己也无法将这些政策的可能性落实,说是"摸着石头过河"也毫不为过。

人们无疑需要更多对现实的表征材料来加入规划的落实、意义的建构。麻烦的是,经济危机甚巨,危机的可见性却很微弱,不仅是因为好莱坞创造的梦幻,而是在量化经济数据判断下,绝大多数人无法真正跨越社会区隔看到其他社区与群体的苦难,"你没法推开窗户看到危机",尽管可以"感受到"[3]。为了把这个感受尽可能传

---

[1] Snyder, R. L., *Pare Lorentz and the Documentary Film*, Norman, Oklahoma: University of Oklahoma Press, 1968, p. 22.

[2] 马特尔:《论美国的文化:在本土与全球之间双向运行的文化体制》,周莽译,商务印书馆2013年版,第73—75页。

[3] 转引自Stott, *Documentary Expression and Thirties America*, New York: Oxford University Press, 1973, p. 68。

达给公众，以为新政赢得支持，安置处开始设置专门的信息团队，他们不仅按照常规保障着流畅的新闻发布，还以各种"软信息"手段，在各种媒介载体中塑造新政的形象，如在《名利场》《自由》等杂志上的深度报道，描述安置处遇到的问题及解决之道，还有展览、广播录音采访与广播剧、大规模的摄影记录、电影。安置处的纪实摄影规模尤其大，致力于让受到重创的现实为人们所见，以弥合巨大的社会差距，"我们的任务是以农村人口的需求来教育（educate）城里人"[1]："教育"的措辞超越了"告知"（inform），新政的影像制作也在超越之前美国政府部门制作新闻片的信息功能，开始在一种客观性话语之下努力实现观念转变。

政府政策与民间力量双管齐下，纪实影像作为社会"共同的语言"，成为20世纪30年代的潮流，摄影师爱德华·史泰钦（Edward Steichen）在1938年说"现在最受欢迎的词就是纪实（documentary）"[2]。策划了1937年纽约现代艺术博物馆（MoMA）首个摄影展的博蒙特·纽豪尔（Beaumont Newhall）则说出了这一潮流背后的理念："纪实摄影的力量不仅在于告知我们（inform us），而在于打动我们（move us）。"[3] 通过现实表征，既诉诸智识，更诉诸情感，最终达到灵魂，形成转变，这是20世纪30年代人们谈到"纪录片"时所想的那种"社会纪录片"——用对现实的表征试图"教化感受"（educate one's feelings）[4]。

作为为美国联邦政府拍摄纪录电影的第一人，劳伦兹却不是

---

[1] Alfred Stefferud，转引自 Snyder, R. L., *Pare Lorentz and the Documentary Film*, Norman, Oklahoma：University of Oklahoma Press, 1968, p. 23。

[2] 转引自 Stott, *Documentary Expression and Thirties America*, New York：Oxford University Press, 1973, p. 11。

[3] Newhall, B., *The History of Photography：from 1839 to the Present Day*, New York：The Museum of Modern Art, 1949, p. 171。

[4] Stott, *Documentary Expression and Thirties America*, New York：Oxford University Press, 1973, p. 19.

第三章 作为"节日"的秩序:20 世纪 30—50 年代现代媒介组织化扩张与纪实影像的"组织复制"

"专业人士",在第一部作品《开垦平原的犁》之前没有真正导演、拍摄的经历,尽管作为专栏作家他发表过大量电影评论,并与 Morris Ernst 合作撰写抨击好莱坞审查制度与大制片厂垄断的书《审查:电影的秘密人生》。劳伦兹 1934 年曾准备拍一部宣传罗斯福新政的电影。劳伦兹的想法是用新闻片片段剪在一起,向公众展示真实生活境况,同时展示罗斯福新政第一年已取得的成就,但由于当时美国社会普遍对纪录片类型没有什么认知,也由于劳伦兹的方案被认为没有什么市场价值——新闻片本身就被视为"赠品",何况其重新剪辑的产物——他最终没有找到投资。这个方案没有被劳伦兹放弃,他搜集了新闻摄影等资料,并加入自己的摄影捕捉,编写出版了一本书《罗斯福之年:1933》(*The Roosevelt Year:1933*),呈现"人性、空间或事件中的戏剧,这其中有待解决的问题,有需要完成的工作"。[①]

在安置处的规划议程中,电影首先找到的最佳表征对象就是"黑色风暴"(Dust Bowl)——这个由长期忽略对农村地区环境治理累积而爆发的沙尘暴灾难,使成千上万的农民流离失所,既足够作为新政在农村地区规划的理由,视觉效果又足够引发奇观性、唤起情感,而固定摄影又无法充分表现。刚刚为新政策划过电影项目还出版了书的劳伦兹顺理成章地进入安置处的视野,他不仅一直活跃在讲述新政的各种活动和人员中,还对"黑色风暴"尤为关注,已经在《新闻周刊》上发表过大量相关文章。不过劳伦兹并非电影专业人士,安置处起初将其聘为信息团队的顾问;他提出的第一个重要建议就是将原计划的 18 集系列片改成只制作一部院线发行的商业电影:在他看来,联邦政府部门制作的电影理应具有更高的品质和足够的娱乐性,从而与好莱坞大片分庭抗礼。[②]

[①] Snyder, R. L., *Pare Lorentz and the Documentary Film*, Norman, Oklahoma: University of Oklahoma Press, 1968, pp. 19 – 20.

[②] Snyder, R. L., *Pare Lorentz and the Documentary Film*, Norman, Oklahoma: University of Oklahoma Press, 1968, p. 25.

但是，这个只批准了6000美元预算的影片不可能得到好莱坞大片那样的制作水平，劳伦兹对影片制作方式的考量都围绕着这一捉襟见肘的预算：请不起专业演员，于是放弃表演；租不起摄影棚拍摄，于是实地取景；没有条件实地录音，于是采用画外音解说。更尴尬的是，劳伦兹还拿不出有竞争力的工资来聘请好莱坞专业电影人，他曾寄望于哪位与他一样对新政充满热忱的电影人"为爱发电"，但没人买账，遍寻不获之后他只能自己上阵。为了节省实地拍摄经费，他充分利用安置处已有的强大摄影团队为他到广袤的平原地区拍照取景，同时草拟解说词和剧本大纲。① 劳伦兹的第一部影片《开垦平原的犁》这整个策划和拍摄过程都体现出，整合与组织化的努力实际上是多么的复杂，绝不仅仅是对现实的"坚定信仰"就可以解释得了的；而对于劳伦兹来说，比起格里尔逊更复杂的是，他面对着一个因发展迅速而惯性极强的电影工业环境，在表征材料上的供应必须从中妥协和找到间隙。

材料上如此，人员的组织上也很复杂。当时对《开垦平原的犁》的一些报道展示出了主创团队的冲突：三位摄像师不满劳伦兹的"外行"以及拍摄计划中的各种不确定性——劳伦兹是拿着大纲去拍的；主创们政治立场各异，不论左右都对新政有特定的顾虑。比起拍摄对象的淳朴和高度配合，劳伦兹在好莱坞和议会处处碰壁，连补充历史材料的档案素材都得靠自己的友人帮忙才能买到。② 在如此难以组织规划的复杂条件下，劳伦兹主创的纪录片《开垦平原的犁》《大河》等都采用了诉诸高效建立秩序的手法：高度依赖文学化、讽刺性与充满情感的解说，以及与画面之间并置出的冲击力；高度依赖配乐，劳伦兹将捉襟见肘的最后一点制作费都花在邀请专门的交

---

① 劳伦兹1961年的采访，转引自 Snyder, R. L., *Pare Lorentz and the Documentary Film*, Norman, Oklahoma: University of Oklahoma Press, 1968, pp. 26 - 27。

② Snyder, R. L., *Pare Lorentz and the Documentary Film*, Norman, Oklahoma: University of Oklahoma Press, 1968, pp. 31 - 32。

第三章 作为"节日"的秩序:20世纪30—50年代现代媒介组织化扩张与纪实影像的"组织复制"

响乐作曲家汤普森,且要求与自己的制片、剪辑工作高度紧密地合作,后者评价他"对音乐的表达力量与戏剧性使用极其敏感",并发现劳伦兹与当时其他导演工作方式不一样的是,他根据配乐成品来完成最终剪辑,"音乐给予劳伦兹一个形式"①。这两种显著特征固然分别与劳伦兹的专栏作家经历、其母为音乐家的成长背景有关,也契合了当时"人情味新闻"以及广播音乐节目的广泛影响,二者与影像文本的纪实特征相结合,成为对于美国的影像消费来说满含新意却无处不熟悉的合宜形式。

《开垦平原的犁》《大河》被认为在当时取得了成功,至少是作为纪录片类型在原本无立足之地的好莱坞站稳了一角:《开垦平原的犁》走高层路线,政府层面直接放给罗斯福看,商业层面则找了劳伦兹自己在好莱坞的老朋友们,在两方面高层一致的热情好评基础上,安置处自己发行,劳伦兹甚至亲自带着胶片跑地方院线,大约有3000家独立剧院上映;《大河》则由派拉蒙院线发行,并得到奥斯卡提名,之后在1938年威尼斯影展上击败里芬斯塔尔《奥林匹亚》赢得最佳纪录片。②

这个"上映就是成功"的纪录片历史叙事,从侧面体现出随着影像在数量上的累积,原本并不具有必要性的区分逐渐被设置出来:仅仅十数年之后,电影市场就忘了《北方的纳努克》取得的院线成功,而觉得纪录片这种"形式"应该是扫扫院线电影的地缝就余愿足矣了;纪录片尤其是当时这种强烈政策导向的美国式纪录片,也是主动领受了这一区分,主动坍缩文本的某种开放性,才最终得以被提出。劳伦兹在发行《开垦平原的犁》时,面对好莱坞发行系统对政府制作影片的强大敌意,利用自己在文学界与评论界积攒下来

---

① Snyder, R. L., *Pare Lorentz and the Documentary Film*, Norman, Oklahoma: University of Oklahoma Press, 1968, pp. 33 – 35.

② Barsam:《纪录与真实:世界非剧情片批评史》,王亚维译,远流出版事业股份有限公司2012年版,第233页。

的人脉，请当时很多评论员朋友在影评中有意把这部片子的上映问题"拔高"成公共利益如何冲破商业霸权垄断的问题；这个耳熟能详的纪录片宣发技巧，实际上是为了高效整合"传播"而主动出让了整合"观察"的潜力。

与欧洲和苏联的"艺术家"们相比，美国的纪录片尤其面对的是一个既贫乏又过剩的极端环境。在影像媒介的组织结构上，好莱坞垂直垄断所导致的极端在1938年"派拉蒙"案的契机下开始逐渐纠偏；而在影像媒介表征上，劳伦兹树立的纪录片形式则作为当时最具便宜性的纪实影像外观，努力在弥合这各种极端鸿沟：社会苦难的可见性、公共事业与娱乐工业之间的各行其是、围绕危机进行的法团主义话语权与正当性争夺等不一而足，这其中唯一的曙光，就是貌似公正无倚的"真实"。

尽管在社会危机之下，罗斯福新政作出了很多大胆的尝试与转变，也率先开始重视文化影响与媒介传播，但其在公共文化事业上的政策资助归根结底是在"就业、行动和经济增长"的美国框架下进行的。因此在反对者对新政制作文化艺术作品提出的论据——共产主义倾向、低俗内容、政党势力宣传等——之中，最致命的还是这些政策并没有产生短期即时可评测的市场效果，尽管其长远效果在后世受到广泛认可：文化活动、人才与资源上的社会整合，特别是过去被认为百无一用的文化艺术和艺术家首次在美国历史上被认证为正式的"职业"和"专业人士"。相应地，文化艺术的各种创造力产物也成为专业技术产品，可以与社会各种实用性需求一一对应，比如政策推广、民众教育、选战宣传等，都能在文化艺术领域找到承包商，这一文化艺术生产线的建立就是典型的美国式表征秩序趋势，如果说在20世纪30年代之前还未能显明，那么在经历社会风险时则得到了揭示与落实。

第四节 秩序的落实:第二次世界大战期间的纪录电影

以纪实影像的方式进一步揭示与落实表征秩序的机会,很快就被推到了世界眼前——第二次世界大战以不容置疑的紧迫感,让这个仍在格里尔逊、劳伦兹唇边喃喃低语的理想迅速成了主流,尽管为了快速实现而不可避免地有所坍缩。围绕着世界范围内的反法西斯战争,同时也是围绕着世界范围内媒介表征的正式整合,一大批纪实影像,包括纪录电影、教育宣导片、新闻片等多种形式,都在20世纪四五十年代得到了迅速发展。当然,出于战争需要,无论正义还是非正义的战时宣传都站在自己的立场而"不择手段",讲求纪录片"生活中浑然天成的戏剧"或者"事实的重拳",也必须得把重点放在"戏剧""重拳"上,而"生活"或"事实"是为其服务的。每一方都在以影像方式组织出自己一方的正义性而指责对方的非正义,都大量运用音乐、旁白等形式上的元素,"德国弗利茨·希普勒的《波兰之役》与美国约翰·福特的《中途岛战役》相差无几"[1]。

但对战时纪实影像政治宣传功能的强调,也不应埋没这样一个事实:同样是宣传,由于意向不同、媒介资源不同,英、美、苏、德各方尽管在上层都对影像宣传十分重视且投入巨大,但创作与制作上的不同之处仍然是明显的。这一方面可以解释为"得道多助,失道寡助",也就是说里芬施塔尔的《意志的胜利》再壮丽而有煽动性,也绝不可能扭转纳粹德国彻底溃败的历史宣判;另一方面,认为纪实影像真的能够在动荡局势中做点什么的这种信念又如此普遍地存在于参战各国,甚至很多时候走在具体行动前面——英国对

---

[1] Barsam:《纪录与真实:世界非剧情片批评史》,王亚维译,远流出版事业股份有限公司2012年版,第254页。

德宣战之前就已经出现了类似《英国的和平》那样以散布战争恐慌情绪来推销绥靖政策的汇编纪录片；更不要提美国参战之前在好莱坞各种以纪录片和剧情片不同形式的影像论战了。

如果继续从纪实影像表征秩序形塑的思路来考虑，这些不同之处就更容易解释。以纳粹德国为代表的轴心国尤为强调纪实影像的宣传功能，而信息告知在影像中则居于次位，即使是当时德国在院线常规放映的新闻片"德国人一周报道"也经常使用已有的庞大新闻片资料，以及在敌国"俘房"到的各种影像，与在不同前线拍摄下来的镜头剪辑在一起①，旨在深刻影响观念、刺激情感。轴心国的战时宣传电影都强调个人必须为国家利益牺牲，唯有在国家利益之中，个人才有意义。在纪实影像表征上，这就意味着必须让服从于"更高利益"的崇高感统领影片，而非具体的人或事。纳粹德国在推行种族主义思想方面最臭名昭著的纪录片《不朽的犹太人》，以非常露骨的犹太人与"优等民族"刻板印象对比的方式强调对犹太人实施种族灭绝的"必然性"，为此还将剧情片片段用作材料——甚至连这都算不上以假乱真、蒙骗观众，而是在这种宣传中，情感的唤起与持续才是组织化的目的。作为发起向外空间扩张的一方，没有什么比到底"向外扩张"到了什么更禁止被描绘的了，描绘出来就是在影像表征上为自己平添组织化的麻烦，毕竟单是武力占领与征服就足够费力；同样也没有什么比在时间性上建设合法性更紧迫的了，类似的操作也很典型地见于军国主义日本在合法化侵华行径时经常援引的"大东亚共荣圈"历史上。纳粹德国的战时宣传纪录片着力描绘的是雅利安民族的血统纯正，是诉诸德国的悠久历史文化（其中最凸显的当然是反犹主义的部分），重点加以组织的是时间，而不是空间；类似《波兰之战》等一系列歌颂纳粹军队胜利的纪录片，

---

① Barsam：《纪录与真实：世界非剧情片批评史》，王亚维译，远流出版事业股份有限公司2012年版，第292页。

都以客观腔调的旁白方式意图改写记忆,让人们相信德国的种种战争历史是"正当防卫"的历史,论述自己的"文明"的必然胜利,辅以避免出现尸体而只出现一些被摧毁的建筑物(或可视为指代"落后文明"必然被摧毁)的实拍镜头。

  战时宣传片服务于国家利益与战争局势,这是必然的,但服务的目的不等于结果,尤其是当这个影响结果在纳粹那样强势的侵略与种族灭绝主义意志推进之下显得微不足道的时候。它只需要人们再配合一点,它不需要空间上的描摹与联通,它需要时间上的紧迫和延续。纳粹德国的影像宣传,除了里芬施塔尔《意志的胜利》《奥林匹亚》以外很难说真正造成了什么影响力,甚至是在德国内部,因为它们绝大多数并不在乎空间上的组织。也因此,之所以单单里芬施塔尔的作品引发同盟国高层与电影同行们的轰动及恐慌——在美国,到1942年已经需要经过通讯部特别许可才可以观看《意志的胜利》;而受托准备拍摄战争纪录片的卡普兰在看后痛苦地说:"我们死定了,我们完了。我们赢不了这场战争。"[1]——与里芬施塔尔在片中展现出将时间与空间组织化完美结合在一起的超凡能力大有关系。对于那些以画面围绕着旁白和音乐加以时间组织的影片,固然可以被真正在"正义"防卫的一方嗤之以鼻,但里芬施塔尔将时间方向上的崇高感描绘在空间中,让观看者真的能够因此而想象这一虚妄的时间崇高感在一个空间的占领。

  《意志的胜利》在某种程度上似乎很有当时广受赞誉的英国战时电影的气度。与纳粹的空间侵略扩张相反,英国纪录片正在面临的问题是如何在时间上苦撑对抗——这在英国当时最具影响力的纪录片制作人、导演詹宁斯那里,不仅体现在《伦敦可以坚持》的片名中,也体现为其纪录片风格上对空间的细致描绘。在另一部风格鲜

---

[1] 哈里斯:《五个人的战争:好莱坞与第二次世界大战》,黎绮妮译,社会科学文献出版社2017年版,第185页。

明的著名纪录作品《倾听不列颠》中，詹宁斯将英国作为一个内在的共同体生存空间以影像方式徐徐展开，不加旁白，不加连续的配乐作为叙事引导，而是以具体的社会人物肖像自信地铺陈合法性，以整合空间性的方式努力传达"可以坚持"的巨大可能性。此前格里尔逊、保罗·罗沙等纪录片人的热情工作给英国的纪录片风格带来独特的从容感，被詹宁斯的战时纪录片展露无遗，仿佛一个影像"富翁"含而不露地耀示着，以期反衬敌人在影像上只能动用最简单粗暴的宣传呼号的捉襟见肘。如果说纳粹德国的宣传片着力在描绘"我们过去到现在是这么一路走来的，所以未来我们理应到其他地方去"，那么詹宁斯代表的英国战时电影更强调"我们就是这样、这样和这样的，我们具有一直这样下去的能力"。

詹宁斯的作品中经常展现出被之后的评论所广为赞扬的、将被割裂开的日常生活与诗性语言重新结合在一起的能力，而这也是詹宁斯本人所自豪之处[1]。詹宁斯在战前就深入参与了"大众观察"——一个致力于对英国日常生活与文化进行社会人类学调查的组织。无独有偶，同样是需要咬紧牙关扛住德军强大攻势，苏联的《新世界里的一天》《莫斯科反攻》等战争宣传影片思路也来自高尔基的一个社会学研究构想，他提议在预定的某一天，全苏联所有的纪录片摄影师都来拍摄他们四周的每件事情，对苏联的生活提供一个透彻而深入的观察[2]。这里的"观察"与后来以"直接电影"为代表标榜的观察式纪录片相当不同：名为"观察"，实则是精心描摹的社会肖像；与其说是去作观察记录，不如说以影像呈现上的丰富作为替代，向世人尤其是共同体成员们（既包括本国国民，也包括

---

[1] Leach, J., "The Poetics of Propaganda: Humphrey Jennings and Listen to Britain", 1998, in Kahana, J. (eds.), *The Documentary Film Reader: History, Theory, Criticism*, New York: Oxford University Press, 2016, p. 355.

[2] Barsam:《纪录与真实：世界非剧情片批评史》，王亚维译，远流出版事业股份有限公司2012年版，第302页。

战时盟友）昭示空间上的丰富；以影像表征上的组织化，向世人昭示在空间上组织化的能力。而在苏联，电影工业被全面动员起来，大量摄影师被派往不同的前线，带回了真实的战斗情形，尤其是在列宁格勒保卫战时期留下了非常丰富的影像，成为之后战争影片的丰厚资源；尽管背负宣传任务，但普多夫金、杜甫仁科等代表性纪录片人都将"真实情形"作为制作战争宣传影片的重点：尽管担心因展示了不够英勇的场面被剪掉，但杜甫仁科仍认为自己的影片是"正确的"——展现了将"撤退时的哀鸿遍野和前进时并不全然的惊喜"[①] 整合与组织的能力。相比之下，《意志的胜利》则是由"被诱惑的凝视"引导的"景观"（spectacle）式空间描绘[②]，诉诸凝视的时间性，取代并"摧毁了记忆，因而移除了任何现实感"[③]。影像之丰富固然震撼世人，但在空间性的整合与组织上无可描述。

　　空间性上的描绘与组织，不仅体现在英国、苏联相对宏观导向的纪录电影上，也体现在其战时各种资讯、教育类新闻片与纪录片的广泛展开上。在英国，当时负责结合电影工业的力量为战争服务的英国资讯部，对强烈宣传导向的影片常常颇有争议，而选择在较少争议的资讯与教育功能性纪实影像制作方面下功夫，留下大量关于战争资讯、国防知识、战时生活技能等特定功能主题的纪实影片；苏联也延续着自维尔托夫时代就各处派摄影师、以影像丈量"新世界"的新闻片与影像资料积累的传统。在空间性上首先受到威胁的这两个国家，多少都会觉得在时间性上的高谈阔论尤其浪费资源，这也许也是为什么格里尔逊开创的加尔文教派式劝导论证的纪录片传统被大大简化，英国相对领先的纪实影像生产，已经可以允许其

[①] Barsam：《纪录与真实：世界非剧情片批评史》，王亚维译，远流出版事业股份有限公司2012年版，第303页。

[②] Steve, N., "Triumph of the Will: Notes on Documentary and Spectacle", 1979, in Kahana, J. (eds.), *The Documentary Film Reader: History, Theory, Criticism*, New York: Oxford University Press, 2016.

[③] 索尔：《无意识的文明》，邵文实译，南京大学出版社2019年版，第96页。

表征秩序的生成,内部进一步分化成类似詹宁斯那样更具审美价值的产品,与资讯、教育等更具信息告知功能的产品;而格里尔逊本人则在战前就已经被当局冷落,远赴加拿大主持加拿大国家电影局,为自己的纪录片社会整合理念找到了新一片尚待开垦的处女地。

美国的情况与英、苏又有所不同,所以以卡普兰、约翰·福特等为代表的好莱坞导演投身战争纪录片拍摄时,他们做出的选择也与盟友们不尽相同。美国是晚于英、苏卷入战局的,这意味着两点不同的条件:一是与空间防卫任务紧迫严峻的英、苏相比,战争不是开始于美国本土,且美国经过孤立主义与干涉主义之间的一番激烈探讨才进入战局,带有"主动选择"之感,这就需要某种程度上和纳粹德国相同的在时间性上着力描绘以建立合法性的方式;二是在已有的雄厚电影工业生产力基础上,摆在电影人面前的还有已经积累下来的二战影像,可以说在美国正式开始以影像加入战局的时候,无论是宣传战争、表现战争还是观看战争、学习战争,当时的影像生产者与观看者都已经拥有足够的经验以形成一套互相配合的影像表征机制,它以一种"惯习"的方式进行着调节。

在珍珠港事件突发后,原本围绕好莱坞的种种"意识形态"与"道德问题"指控,都迅速转为对直面战争的迫切呼吁,仿佛一夜之间影像的力量被当作有力武器,之前劳伦兹等纪录片人努力以影像弥合贫乏与过剩之间巨大差距的困扰,在战争这个既在时间上紧迫又在空间上遥远的巨大风险笼罩下突然看到了站上舞台的可能。拍摄一部"讲座电影"式纪录片以宣传美国参战的最重大任务被委派给了卡普兰,他一方面是经典好莱坞电影风格大师,最擅长的就是以组织时间性来丝丝入扣地控制观众情感;另一方面,作为当时好莱坞主导着电影艺术与科学学院以及美国导演工会的重要人物,卡普兰长袖善舞、经验老到,能够整合起好莱坞各种资源并周旋于各种官员之间。在此之前美军已经开展诸多讲座、说明性纪录片等方式向士兵们讲解世界军事历史,以加强对当下危在旦夕的民主原则

第三章 作为"节日"的秩序:20世纪30—50年代现代媒介组织化扩张与纪实影像的"组织复制"

的认同与信心;然而收效甚微,年轻的士兵们对这些枯燥的说教不屑一顾甚至加以嘲笑。马歇尔将军因此希望引进专业电影人士来做这个"讲座",但是以"电影专业"的方式[①]。卡普兰帮助官方建立参战信心而选择的影像方式,必须正面迎战纳粹德国宣传片对时间性的描绘。

卡普兰的《我们为何而战》系列纪录片,以非常鲜明、直白、煽动性的影像汇编并置,而显得与纳粹宣扬种族主义、诋毁盟军的那些宣传片没有什么本质区别。不过卡普兰的优势是,美国稍晚参战,允许他完全使用已有的大量战争影像——基本是来自轴心国的各种宣传片、资讯、教育等纪实影像,同时还包括剧情片片段;美国财政部在此之前就已经广泛收集了轴心国各种影片资料并束之高阁——让观众对影片的接受自动地按照已经培养起来的观影习惯延伸开来。实际上这些影像被拍摄下来的事实本身,而不是其原本意图表征的事实与意识观念,成为《我们为何而战》作为纪录片向观众演讲呼吁的基石——"让我们的男孩们听听纳粹和日军是怎么叫嚣他们是优等民族这东西的,我们的斗士们就会知道他们为什么穿着军装"[②];对其加以重新组织并注入夸张的好莱坞式叙事并置,在当时不仅仅是最可操作的,还是最能够被广为接受的影像整合秩序,它一方面在创新性与娱乐性上继承着好莱坞的"专业",忠心耿耿地服务于观众的喜好(卡普兰要求他的纪录片编剧团队向他大声朗读剧本,务求故事清楚明白得即使小孩子也可以理解);另一方面又以与观众智识"对话"的姿态,传达出"多看看对方什么样,您足够聪明的话定会同意我的观点"这样一种与观众之间保持联结、心照不宣,然而实际上以不容置疑的秩序感加诸影像之上的霸权(他曾

[①] 哈里斯:《五个人的战争:好莱坞与第二次世界大战》,黎绮妮译,社会科学文献出版社2017年版,第143—147页。

[②] 转引自哈里斯《五个人的战争:好莱坞与第二次世界大战》,黎绮妮译,社会科学文献出版社2017年版,第186页。

引用自己执导的著名好莱坞剧情片《一夜风流》中克劳黛·考尔白露大腿拦车的桥段,以说明自己的这部纪录片必须如此"将话语转变成电影"①——"露腿"是一个运转非常良好的暗示,却不是落实的请求或承诺)。

美国官方不仅仅支持制作《我们为何而战》这样的宣传片,尽管这通常被认为代表了一种美国式的"浅薄"。实际上对战争的实地拍摄同样是美国军方所重视与支持的,甚至给予了比英、苏战争纪录片拍摄更多的资源。珍珠港事件发生数周内,美国海军就决定委派约翰·福特拍摄纪录片,以让美国人民消除疑虑,相信舰队准备充分;与其他主创不同,福特希望用新闻短片式风格而不是搬演与重述事件的"史诗"风格拍摄,他早在德军侵略法国之前就积极向美国海军申请组建"实地摄影小组"(Field Photo),以便让包括自己在内的一群"超龄、富有、永远不会被召集进军队"的电影人一圆战争英雄梦;他更以德国成功的战争宣传作为有力依据:"一个民主国家能够而且必须创造出一个更强大的战争机器……相对于一个独裁力量来说。"②之后海军更派福特去拍摄这场战争最早的秘密任务之一——4月18日的杜立德对日空袭,这既是策略举措,也是建立信心的战役;专业电影人被当作军事力量的不可忽视的一部分,这表明美国参战的种种举动已经是在一种电影化的思维中运作了。虽然还不至于将战争当成景观,福特去拍的也就是一些轰炸机起飞降落、战争中的士兵友谊等并非戏剧化的纪实片段,被用于新闻片的剪辑;然而以一种影像化的方式去想象战争叙事的这样一种表征秩序,已经颇有余裕地作用于种种针对战争的具体操作中,却是十分明显的。

---

① 哈里斯:《五个人的战争:好莱坞与第二次世界大战》,黎绮妮译,社会科学文献出版社 2017 年版,第 170 页。
② 哈里斯:《五个人的战争:好莱坞与第二次世界大战》,黎绮妮译,社会科学文献出版社 2017 年版,第 73—74 页。

第三章 作为"节日"的秩序:20世纪30—50年代现代媒介组织化扩张与纪实影像的"组织复制"

再后来福特被派往中途岛的时候也不知道,其实海军对中途岛可能会因为在飞行补给上的重要性而成为兵家必争之地有所觉悟,所以将福特的实地摄影小组派了过去;而后者以为制作一部悠闲而迷人的"中途岛的画像历史"就能交差了;袭击迫近时福特才开始严阵以待,还是中途岛飞机场的指挥官向他建议了拍摄地点。[①] 几乎是摄影机"等待"着战争的发生,摄影机也被组织到了战争之中。与美国观众之前看到的战争影像不同,福特拍摄到了战争与伤亡的近距离镜头,而且是以彩色胶卷拍摄的,而在20世纪40年代,彩色胶卷只用于幻想作品与壮观风景的展示,几乎相当于电影中的"绘画"高级形式。他因此希望这些影像能够成为面向大众施加更大影响的"正式影片"而非被剪成新闻片段。他将《中途岛战役》设想为18分钟,这个长度允许在全国院线同时放映,因为可以预定在任何数量的主片之前放映它。

《中途岛战役》一定程度上尝试重组了美国观众观看纪实影像的眼睛。影片开始的部分还是"中途岛的画像历史"的味道,紧接着风雨欲来、袭击迫近、士兵与飞机登场,然后就是可能是美国摄像机前所未有捕捉到的5分钟最鲜活战斗场景:轰炸声盖过纪录片常规配乐,福特连轰炸导致的胶片脱落错乱镜头都保留了下来,这超出了当时经典好莱坞叙事的想象力,更超出了当时纪录片精细编织论证风格的想象力;再加上彩色胶片的使用,一切都过于真实,以至于很难让习惯黑白镜头的观众将它视为"新闻"[②];于是福特加上了一句冷静的旁白:"是的,这一切的的确确发生了。"在这个震撼段落之后,才进入更为人熟悉的当时常见纪录片模式:旁白对画面加以演绎,但内容上仍然"冒天下之大不韪"地使用了伤亡与建筑

[①] 转引自哈里斯《五个人的战争:好莱坞与第二次世界大战》,黎绮妮译,社会科学文献出版社2017年版,第191页。

[②] 哈里斯:《五个人的战争:好莱坞与第二次世界大战》,黎绮妮译,社会科学文献出版社2017年版,第206页。

物炸毁等真实画面，以追悼伤亡士兵的哀痛结尾来表现一场胜利。处处挑战常规纪录片之处，意料之外又在情理之中，福特不遗余力地将自己拍摄到的得天独厚的纪实画面能够达到的潜力加以发挥，让战争以银幕影像的方式成为美国人生活的一部分。

《中途岛战役》上映后，媒体上的评论家颇多不悦，认为其不够明确、没有说明战役胜利的重要意义，又掺杂了太多感情和主观性——相比于《我们为何而战》那不加掩饰的宣传色彩，这种指责在后人看来简直荒唐，然而正可见对纪录片客观性的评价标准可以发生多么巨大的变化；而与批评界的有所保留相反，观众受到的巨大震撼，使得影片作为纪录片在院线前所未有地受到优待。另外，卡普兰《我们为何而战》系列的《战争序章》则在美国官方内部经历好大一番曲折争论、拿了奥斯卡奖后才得以上映，为了吸引观众，宣发广告词甚至称其为"史上最伟大的黑帮电影"；然而强大的官方背书宣传攻势也没能挽回票房惨败，这时的电影观众对战争影像的胃口已经大大被娇惯，既有影院连续不断的新闻片，也有一如既往专业而热忱的好莱坞剧情片。特定地对于纪实影像来说，当时真实发生的战争场面之戏剧性与冲击力，远超哪怕最疯狂的人为布景想象力，这正是观看纪实影像最大的动力，而不是坐在电影院上历史课。比起在民众之中有效发挥煽动作用，它更像是美国官方对战争合法性的公开声明。一直到该系列的第五部《苏联战场》，卡普兰才算是跟上了战争的脚步，既及时地就美国观众好奇的未知领域发表了成功的演讲，又以美国人民所自矜的民主精神宣言而非官方单向输出价值观念的方式确立了自己的独立地位。

真实的战争影像令好莱坞最专业的"讲故事的人"也相形见绌。不仅福特，当时好莱坞著名导演如威廉·惠勒、约翰·休斯顿、乔治·史蒂文斯等都敏锐地作出去前线拍摄的决定，也与军方宣传需求不谋而合。但当时很多电影人从前线带回来的，其实都成了剧情片素材，前线仿佛一个充满启示与灵感且不用大费周章花钱和花心思的大布景,满足和催发着导演们的故事想象力。福特《中途岛战役》的成功为休斯顿《圣彼得罗之战》、惠勒《孟菲斯美女号》等片带来启发,不是对真实发生的事件与场景进行当场记录的重要意义,而是实地拍摄为叙述与故事带来的巨大潜力。《圣彼得罗之战》《孟菲斯美女号》基本思路都是将编写剧情与在前线实拍的内容糅合在一起:在记录现实的同时,搭建认为符合纪实素材与主题需求的情节。其间,不仅观众对经典好莱坞叙事的接受习惯被充分利用起来——观众被认为就是如此这般接受电影的;观众对真实事件影像的特征认知与新近产生的巨大热情也被利用进来——休斯顿甚至要求士兵在拍摄时特意看一下镜头、特意以摇晃的镜头拍摄战争场景,以模拟纪录片特征。

第五节 作为"节日"的秩序:制作想象,汇聚意志

如果说弗拉哈迪《北方的纳努克》被认为是最早的真正意义上的纪录电影,那么经过20年代到40年代的积累与落实,尤其是以格里尔逊、劳伦兹这样的"组织复制"式纪实影像实践为代表,它才得以从一个个孤例逐渐走向相对清晰的影像认知与思考框架,无论是制作者还是观众都能领受到自己的位置。这个秩序的逐渐显明,则体现在二战期间各方重金投入、蓬勃发展的宣传纪录电影上:无论是对战争影像的组织化预期与规划(资金与人员支持、预测需要拍摄的重大事件等),还是制作的整合操作(摄制组的专业化与任务的集中),以及对影像传播的管理与归纳(从附加新闻片到独立作品、观众与评论界的不同反馈、奖项表彰与票房表现多个指标等),纪实影像都已经从满足于观看巡游的"无辜"的"奇观",逐渐呈现出具有自己的显著性、特出性,是要被"庆祝"的"节日"。

援引"节日"来尝试概括20世纪30—50年代主要而典型的影像媒介表征秩序,乍看之下特别类似于戴扬、卡茨在电视媒介研究

中引入人类学的"过渡仪式"——"对电视的节日性收看"[①]。他们使用"媒介事件"来指称以电视为代表的大众传播电子媒介所展示出的唤起广泛、同期的注意以讲述一个始发的时事故事的潜能，这些故事以"竞赛"、"征服"与"加冕"三种典型的过渡仪式形态出现，且主要呈现为电视直播形态。不过在我看来，这种"节日性收看"并得以成为"过渡仪式"的影像表征基础，产生于电视媒介成为现代社会大众传播主导之前；正因为有20世纪30—50年代的纪实影像表征描绘，纪实影像在社会整合方面的重要意义一方面有相对更充足的媒介材料与技术手段来实现，一方面有相对成熟的媒介认知与接受共识来想象，才有之后电子媒介时代对纪实手段的高度依赖和增殖。

与戴扬、卡茨研究的更为具体的电子媒介"事件"或更为宽泛的"仪式"相比，"节日"可能更符合20世纪30—50年代的主要趋势特征，一如伽（加）达默尔论"作为游戏、象征、节日的艺术"以探讨审美活动的现实合理性（现实意义）：如果说艺术或者审美活动是人类在理想与现实之间努力尝试沟通的典型实践的话，那么相比艺术作为"游戏"所代表的人类的自由性、作为"象征"的对现实的模仿性，其作为"节日"的这一共同性特征才指向能够将人们聚拢起来的共有习惯——一个"正式"的秩序，一个言谈形式；"这不单纯是为了集会而集会，它是一种意向，要把一切统一起来，打破阻碍着聚合的个别的言谈，驱散个别的体验"[②]。人们在"节日"的秩序中有不同的时空体验，既指向属于自己的投入，又指向其隐含的社会性。

这里对"节日"概念应用于视听媒介表征秩序描述，也参考了

---

① 戴扬、卡茨：《媒介事件：历史的现场直播》，麻争旗译，北京广播学院出版社2000年版，第1页。

② 伽达默尔：《美的现实性——作为游戏、象征、节日的艺术》，张志扬等译，生活·读书·新知三联书店1991年版，第67页。

第三章　作为"节日"的秩序:20世纪30—50年代现代媒介组织化扩张与纪实影像的"组织复制"

奥祖夫对法国大革命的历史研究《革命节日》。同样是在社会动荡的历史节点上,奥祖夫探究了法国大革命前后种种"节日"活动对建构革命意义产生的重要社会作用。她对于"节日"含义的阐释,正与20世纪30—50年代在纪实影像实践的积累下形成的影像表征新秩序趋势互为参照:节日"所追求的或者是让人体验到的那种团结一致",一方面是国家政权、政党、工业等强大力量主导下的组织强化,由"思想开明之士对其想象的制作达成一致"[1]——如格里尔逊、工人电影—摄影联盟等号召的人才资源、社会资源等;另一方面,人们在节日中不是被安排的,而是"登台亮相",是"不同意志的自发汇聚"[2]——就像自发形成的节日游行列队一样,人们在"大萧条"和"二战"这样的心理危机下时刻围坐在收音机前或者列队走入电影院,自发地将纪录片里种种诉说与呼吁当作构成日常生活骨架的一个重要"非日常",沐浴着某种被洗礼的感觉而成为公民。所以毫不奇怪,与革命一样,战争也成了"节日",就如里芬施塔尔那壮美宏大、充满神话色彩的《意志的胜利》,也难怪格里尔逊给人一种"传教士"之感:在传统宗教因现代世界发展而缺席的地方,作为"节日"的影像表征则成了法律强制之外的必然存在,"立法者为人民制定法律,节日为法律提供人民"[3]。

作为"节日"表征秩序中的纪实影像,既是一种意向(比如精心用现实的、共同性的方式打造一部旨在说服的影片,或特意走进电影院旨在看一部参与公共议题的纪录电影),也是一种自觉(普遍认为什么样的影像材料和形式更适合诉诸共同性——那就是来自社会共同性本身的纪实影像)。作为"节日"的表征秩序,努力使在组织化生产复制与传播的媒介环境下蓬勃发展的现代媒介表征,成为

---

[1] 奥祖夫:《革命节日》,刘北成译,商务印书馆2012年版,第18页。
[2] 奥祖夫:《革命节日》,刘北成译,商务印书馆2012年版,第30页。
[3] 奥祖夫:《革命节日》,刘北成译,商务印书馆2012年版,第19页。

人们聚集、进而形成共同体与组织的意义材料。与相对独立的"媒介事件"相比，作为"节日"的秩序不仅指向即时的团结与汇聚，更指向可重复、可持续的精神力量。到此时，对纪录片这样一个类型片种"应该是什么样"，也已经形成了一定的秩序，这个秩序将新闻片的纯信息性影像与宣传片、剧情片作为具有创作主体性的"作品"之间原有的壁垒逐渐瓦解融合在了一起，尝试连接理想与现实。

第六节　小结

从现代视听媒介表征的数量与潜能增长角度来看，本章所回顾的 20 世纪 30—50 年代媒介在事业与技术上的法团主义组织化趋势，正是应对现代工业资本主义扩张带来的阶段性过剩而展开的。虽然在媒介形态变迁方面，以有声电影为代表的历史叙述仍然显现出进化式的表象，就如莱文森"人性化趋势"所隐含的那样，仿佛是人类某种"完型"的渴求驱动着媒介的发展；不过，如果不是建立在相当程度的表征积累基础上，声音在整合与组织化方面的重要性就不会更早地凸显。声音在电影工业中建立标准并成为新一轮发展动力，乃至以广播为代表的媒介工业的正式形成与扩张，正是像消费其他人类活动一样去消化现代媒介表征带来的种种"意想不到"的他者。

相应地，这个时期纪实影像也需要去着力体会这些"意义之网"如何自行编织并得以持续编织，而不是在某个节点就无以为继；也必须找到途径负责解释、不自觉地去模仿这个编织机制来继续大量生产影像。以格里尔逊、劳伦兹为代表的纪实影像实践者应运而生，搭上政府与公共部门资助的快车，接过之前弗拉哈迪与维尔托夫们的初步探索。格里尔逊批判地将维尔托夫与弗拉哈迪代表的纪实影像探索方向分立加以合流，在整合"观察"的层面提出并论证纪录片创作理念、组织并培养专业人才，在整合"传播"方面依托法团

第三章 作为"节日"的秩序：20世纪30—50年代现代媒介组织化扩张与纪实影像的"组织复制"

主义组织化力量、培育观众的纪录片观看，促成了一个将"纪录片"乃至观看"纪实"作为汇聚社会意愿的"节日"的影像表征秩序，它可以有组织地、典范性地制作，不是因为能够达到即时的效果，而是其意义能够被广泛地想象，就如节日不需强制就能够将举办庆祝活动与欢度佳节的人们汇聚一堂那样。

而在与格里尔逊面临的影像表征储备环境有所不同的情况下，劳伦兹则更"因急就简"地应对一个影像失衡与社会失衡更加明显的美国好莱坞电影市场，着力优先整合"传播"而主动坍缩"观察"，从而形成了一个对于特定表征环境来说合宜的不同形式风格。这些纪实影像的整合与组织化努力，在经济危机与二战的社会需求紧迫性之下"好风凭借力"，成为运转良好的意义编织机制，既得以在时间性上加以渲染与整合、建立（从无到有的）历史叙述与话语意义，又得以在空间性上加以描摹与组织，将更具体可感的共同体联系铺陈开来。比起与战争正义性之间的关联，战时宣传纪实影像的形式风格取向更多地与其所处的媒介表征条件相关，而本质上并无高低之分：都如战争本身一样，被作为"节日"进行精心编排与热烈"庆祝"，这其中共享的意义与情感能够被赋予至关重要的地位，能够让各方都认为值得投入——尽管它可能只是一场残酷的战争，或一部循循善诱的纪录片。它或许是宰制性的面孔，但赋予它组织能力的，是被组织起来的政治权力、精于设计的"有识之士"以及观众。

正如工业上铁路线路铺张与节点上的车站建设需要同步开展、互相配合，这中间需要目的明确、意志坚定的组织与设计，同时也随时有天灾人祸、因地制宜、删繁就简的种种顺势而为。现在沿着已经十分成熟的纪实影像铁路网络——其间各种纪实类型以自然而然的样子被影像生产者的摄像机与观众的眼睛高度组织在一起——世界似乎可以被影像表征得很"有效"了，人们聚集在呼唤共同性的纪实影像的感召下庆祝着共同性的幸福感。当然，尽管时代显现出转变的趋势，以往积累的风景奇观仍然不会被取代，这张网络是以它们持续地积累逐渐编织而更高效的。

  如果说一战以帝国主义瓜分世界的本质而引发种种意难平的混乱，那么二战则以反法西斯的正义结局，在世界范围内实现了一个指向整体的盛大节日：影像如果将现实表征得够充分、够有效，那么通过表征的操纵，人类的良善意志自会包罗万象。这一隐含在任何表征符号背后的人类理想，将在战后继续促成以电视为代表的视听媒介高速发展。

第四章 作为"反思"的秩序：20世纪六七十年代现代媒介的自我表征与纪实影像的"机构复制"

以纪实影像为代表形式，现代视听媒介表征那为人们共同"庆祝"的"节日"秩序，在20世纪30—50年代矗立扎根，仿佛与世界达成了"一一对应"的表征契约，带着宏大的期许来到和平与繁荣的图景中。于是电视媒介及其纪实影像功能在技术思路早已准备好的情境下，马上在二战后就进入社会整体规划之中了；这一媒介发展进程再次带来纪实影像显著的形式与风格转折，且随着电视媒介的深远影响而绵延至今。

因此本章仍将从现代媒介发展进程上首先关注二战后以电视媒介为代表的电子媒介的崛起，包括媒介事业与媒介技术两方面的特征；在这个基础上，影像比起以前的电影则具有了更多媒介形态，且电影与电视这两大现代视听媒介物质形态与传播方式从此以后长期共存，媒介与媒介相遇，为它们所共同致力于的对现实进行表征的任务也带来了意义变化，我们将发现这一变化与纪实影像实践的主要特征转向，乃至对媒介表征的意义建构的变化、世界图景的变化，都密不可分。

20世纪六七十年代已经是一个与当代迫近的时段了，也称得上是与当代相距最近的思想与解放之年代。对于这期间电视等电子媒介带来的深远影响，很多杰出的论述都围绕着世界图景的高度影像化、媒介化而展开。那么在这个时代典型地去复制现实世界的纪实影像实践究竟代表着一种怎样的秩序变迁、重组着影像的意义？本章仍将通过对这一时期以"直接电影""真实电影"及其各自代表人物的纪录电影史经典论述进行梳理重思，将其与媒介形态与环境的重要改变联系在一起考量。既然"媒介与媒介相遇"，那么"影像与影像相遇"亦是这一时期纪实影像的主要课题；既然表征客体世界是纪实影像的题中之义，那么当客体世界也开始有越来越多的影像乃至再也无法回避呢？

第一节 "媒介发明自身"的媒介：电视的起飞及发展

远程传送影像与远程传送声音很轻易地就能够被人们同时想象。早在20世纪20年代广播开始建立较为成熟的媒介形态时，对远程传送影像的技术开发就已经开始了，一直到1936年11月2日英国BBC开播了世界上第一个定期播出节目的电视频道，被认为标志着世界电视的诞生，这期间对电视的想象一步步稳妥推进，但是相比之下对其大规模应用却并不是立即产生的，大众传媒领域对电视反倒有一种"反正已经知道会是怎么回事"的怠惰，即使是当时BBC的掌门人里思也对电视的潜力不以为然，称其为"可怕的诱惑"，甚至曾打算拒绝参加电视频道的开播仪式。[①] 的确，在30年代广播的"黄金年代"，尤其是二战期间广播在信息扩散、士气鼓舞、宣传攻击等方面的重要作用之下，发展电视似乎显得多余。直到二战之后广播的媒介表征潜力几乎到达巅峰，电视才如等待已久一般，在40

---

① 王菊芳：《BBC之道：BBC的价值观与全球化战略》，生活·读书·新知三联书店2013年版，第47页。

第四章 作为"反思"的秩序:20世纪六七十年代现代媒介的自我表征与纪实影像的"机构复制"

年代后期作为新的信息传播渠道与经济生产动力,开始为"新世界"拓展活力。

技术实现与终端普及上需要的不仅仅是时间,还有表征的空间。如果说上一个时代所整合规划的影像秩序性分布确保了一个在结构上的理性高度的话,那么在电视媒介对影像表征的巨大需求下,"铁路"式的分布规划逐渐开始穿插毛细血管般的"公路"路网,持续处于封闭分隔状态的"汽车"则使"车站"失效,取而代之的是时刻为个体准备着、为了显示出个体汽车的自由而存在的普遍性公路环境。到1952年,电视在美国的市场规模已颇为可观:34%的美国家庭拥有电视机,到20世纪50年代末达到86%。[1]

一　现代媒介理性之巅：电视媒介的综合性与规划性

电视媒介技术与媒介事业在二战后的正式发展,相比之前的电报、电话、留声机、摄影术、电影、广播等种种现代媒介,体现出两个显著的特征。一是其物质技术上的综合性：如前所述,电视的各项关键技术想象与前提不仅早已经完备,而且是非常自然地被期待的——流通材料方面的声画有线与无线传输、储存,组织方面的院线发行与广播网模式,消费与接受方面的终端生产标准化与网络规模效应,实际上没有哪个方面是需要电视完全白手起家的。电视的起飞与其说是一个新媒介,不如说是一次大整合。二是其发展决策上的规划性：由于各类现代媒介发展经验既相对充分,又足够晚近,围绕电视媒介的投资、推广与规制就都可以在相对可控的议程中进行规划决策,很多时候可以借鉴之前媒介在探索多年之后得到的成功经验,甚至直接跳过曾被证明是"弯路"的那些探索。威廉斯作过类似总结："第一,电视系统不但为人所预见,人们并且积极

---

[1] 埃默里等:《美国新闻史：大众传播媒介解释史：第9版》,展江译,中国人民大学出版社2009年版,第380页。

地在找寻实现想法的发明;第二,相较于发电、电报与电话,电视整合了各种科技成果,耗费的社会投资不多。"① 可以说,电视是第一个"媒介发明自身"的媒介,它在"媒介是人的延伸"方面达到了一个阶段性极致,将对"传播"的整合和对"观察"的整合同时推向顶峰;伴随着电视走入千家万户,媒介对现实世界的表征开始必须保障几何级数的增殖,甚至以自我增殖的方式深入社会肌理,进一步压缩惯常的时空间隔,对媒介本身的倾注也开始超越现实世界的第一性。

  对于电视的发展议程来说,最可搭便车的就是"终端先行"的广播模式——技术设备制造商销售终端产品,也就是整合"传播"、延伸到尽可能大的范围的驱动力,优先于满足收听节目的内容需求。"美国工业的发展完全颠倒了合理的主次顺序,使得传播的目标(无论被当作什么)服从于接收设备的生产和销售"②,在赫伯特·席勒看来,媒介不是首先被考虑为达成交流、认识世界的工具,违背了媒介本身的意义;的确,即使各种现代媒介的发展实际上都是现代工业产品的市场推广,而技术最初对传播目标的承诺最后往往萎缩成正当性措辞而已,但电视更是有备而来,它从一开始就看透了自身。同样是 broadcast,但电视不必经历广播早年的各种媒介新奇性尝试(如前章所述的科学技术人员内部点对点传播游戏)、经营的组织化与模式协商(从牌照费、终端费到广告模式)和规制上的反应(如意识到频率作为公共资源领域后着手加以管理并赋予广播公共性),而从一开始就可直接引入技术研发成果、广告收入模式③和已有的规制框架。对于广播媒介,推广其基础设施建设和终端产品,贩卖的是承载有用的内容的可能性;而对于电视媒介来说,这个可能性

---

  ① Williams:《电视:科技与文化形式》,冯建三译,远流出版事业股份有限公司1994年版,第30页。
  ② 席勒:《大众传播与美帝国》,刘晓红译,上海译文出版社2013年版,第20页。
  ③ 席勒:《大众传播与美帝国》,刘晓红译,上海译文出版社2013年版,第20—23页。

第四章 作为"反思"的秩序:20世纪六七十年代现代媒介的自我表征与纪实影像的"机构复制"

早已被广播落实了,成为已被认可的媒介环境前提,"购买电视机不仅仅是出于兴趣和娱乐……更为重要的是作为对一致性和声望的指认被激活了,电视机被强制接受……它是一种社会性的展示者,同时也是在这一意义上具有了价值:它被显露出来并且被过于显露出来"①。

除了终端先行外,电视的发展议程还有一个典型的前置模式——由二战的危机加以落实的军事—工业基础。"自二战以来,美国传播机构出现了三项明显的变革。其一是军事力量对美国政府通信机构的影响不断增强。其二是'民用'军事—工业传播集团的不断扩大。其三是美国军事传播在维护国际社会现状中发挥特殊的作用。"② 美国在这方面最为典型,当然二战后的资本主义世界信息传播结构不同程度上都体现出这一趋势,所谓"军事"的背后是政治权力在交流传播领域的有意识规划,这正与电视媒介的有意识规划一拍即合。

无论是诉诸社会环境的重建与社会关系整合,还是诉诸世界各国间对于权力分配与持久和平的复杂需求,这种军事—工业传播结构都必须同时做到:一方面扩大控制力范围与力度,尽可能将所有角落、缝隙都纳入体系,以免重蹈上个阶段媒介表征形成的认识秩序过于自信甚至膨胀的覆辙;另一方面,此时的控制必须同时许诺自由,允许足够的可能性,不然无法将日益丰富多元,甚至意料之外的社会元素纳入现实图景。正如第一章所述,这个矛盾统一体又一次体现出现代性围绕关联的可能性进行的分离/客观化与整合/组织化的双向运动,同步进行,互为表里。

在社会环境的重建与整合方面,首先战时的高度控制模式在战后未曾消散的紧张感和不确定气氛下继续具有正当性,而政府的控制与工业复兴的迫切性一经结合,更使得社会各领域总体上都顺从于这种惯性。美国战时新闻局的信息控制工作一直持续,在1953年

---

① 鲍德里亚:《符号政治经济学批判》,夏莹译,南京大学出版社2015年版,第43页。
② 席勒:《大众传播与美帝国》,刘晓红译,上海译文出版社2013年版,第29页。

巩固为美国新闻署而继续下去；英国在 1947 年设立中央新闻局（Centeral Office of information，COI）来替换资讯部（MOI），1948 年通过的电影法案则涉及了如何支持英国国内电影制作。工业企业则通过在信息传播方面诉诸公共利益来达成私人利益，典型的体现就是公共关系的发展。政府与工业两方面的法团主义扩张，最方便的就是搭上电视媒介的快车：视听媒介表征在事实信息的正义性之上附加情感共鸣的能力，现在既更为政府、工业等各方力量所推崇，也因媒介技术和产业的发展而更为便捷。媒介渠道全面延伸到家庭，力图成为毛细血管，让视听媒介表征作为血液流动得更快，反过来促成更多表征的增长来适应这越来越快的新陈代谢。

而在世界权力分配与持久和平的需求方面，二战后"形式上的殖民主义的崩溃"，使世界范围内的"物质交流的匮乏或者短缺正迅速被全面的国际交往所取代"[1]。在基础设施上是信息技术装备的设备销售与营运商承包，比如战后无论是苏联和东欧社会主义阵营，还是美国为首的西方资本主义阵营都出于意识形态宣传的考虑而反对干扰国际广播，呼吁对己有利的广播信息国际流动；东德很早就开始试验跨边界电视，美国更借助军事—工业的强大力量，以邀请"共享自由"的姿态逐渐实现国际卫星通信系统的搭建[2]。在流通材料上则同样高度依赖视听手段，比如美国商业电影及电视节目出口的强势，激发了英、法、加拿大及拉美国家以激励本国文化产业政策及各种配额制度作为反制，一起投入世界层面越来越密集喧嚷的隔空喊话。

广播电视大众传播媒介的飞速发展，使得媒介表征从一直以来的"作品市场"向"渠道市场"变化。问题不再是有话要说、有目

---

[1] 席勒：《大众传播与美帝国》，刘晓红译，上海译文出版社 2013 年版，第 121—122 页。
[2] 马特拉：《世界传播与文化霸权：思想与战略的历史》，陈卫星译，中央编译出版社 2005 年版，第 204—205 页。

第四章 作为"反思"的秩序：20世纪六七十年代现代媒介的自我表征与纪实影像的"机构复制"

的的要形塑某种意见而求助于媒介手段，而是先占据各种可能的通道，至于要说的话自然会源源不断地有。电视的发展，创造着电视自己的需求。在电视媒介引领的毛细血管般的影像传播趋势下，影像对现实的表征，逐渐开始转向影像的自我表征——影像开始体认自身。

影像由"表征"到"自我表征"的第一个典型后果就是对自身显而易见的反噬——体现为电影工业在电视工业冲击下的衰落。以英国为例，1947年BBC重启被二战中断的电视服务。两年后电影观众的人数开始下降，当20世纪50年代中期商业电视开播，电影业继续下滑，电影院相继关闭，到1960年电影观众仅是1950年的三分之一。① 如果从媒介载体角度来看，很容易接受一个进步主义话语：因为电视的时空压缩能力更强，所以对电影造成冲击。但是把它作为一个顺理成章的因果关系可能是有问题的。如果从媒介表征形式来看，说电视及时地在电影工业面临暂时的局限时接过影像表征传播的任务，也是合理的解释之一：一些原因是来自电影工业自身的，其作为现代工业所固有的现代化自反性，在从20世纪初开始的高歌猛进下已经积累到临界点，比如在电影工业的中心好莱坞，就外在地表现为1948年"派拉蒙判决"剥离垂直垄断、非美活动委员会审查引发人员组织上的离散与焦虑情绪等：电影对现实世界的表征已足够膨胀和细致到需要发掘新的秩序伸展空间，在工业生产上开始重组，并面临与其他社会力量的不断遭遇与碰撞。所以当电视承担了一部分它明显更擅长的任务——比如新闻片在电视发展后很快就退出了电影院，完全转为电视新闻与纪实节目——之后，电影也重新定向：市场上将产品与渠道进一步细分，50年代之前大多数制片厂影片都以家庭观众为目标，但从此专为成人、青少年或艺

---

① Barsam：《纪录与真实：世界非剧情片批评史》，王亚维译，远流出版事业股份有限公司2012年版，第347页。

术电影爱好者等特定人口特征和喜好服务的电影开始填满之前未被留意的缝隙；虽然电影院纷纷关闭，但独立放映商和艺术影院在进口艺术电影方面逐渐体现出细分市场的优势[①]，再加上电视网也需要海量的节目填满时间，20世纪50年代初就有约三分之一的美国电视节目是老电影，各大制片厂于1955年解除对电视的抵制，开始出售片库里的老片；电视在早期是直播的，但在20世纪50年代的"黄金时代"迅速发展下很快便不够用了，到20世纪50年代中期很多电视制作活动已经转到好莱坞演播室[②]，好莱坞制片厂开始创作电视节目，将电视也变成自己的渠道。

电视的发展也第一次给了影像表征一个审视自身的机会，而在这之前电影的独自存在使得这种自我审视没有必要。到此时，电影也已经发展到不得不质询自身、向自身寻求再生产的可能性。在技术创新上，为了与电视视听质量形成差异化，之前就试验过但只被作为新奇把戏的彩色电影技术与宽银幕标准纷纷站稳脚跟、成为标准，3D技术等新一批新奇把戏也开始进入电影工业的视野。在知识生产与文化共同体形成上，电影学已经成为一个学术科目，大学开始展开电影研究；迷影氛围在欧美盛行，电影俱乐部遍地开花，国际电影资料馆联盟在1945年恢复，此后十年间其成员从4个飙升至33个[③]，法国电影资料馆更成为"圣地"；几大世界性电影节纷纷创立或恢复——戛纳（1946年）、珞珈诺（1946年）、威尼斯（1946年恢复）、柏林（1951年）。

重要的是，在形式与风格探索上，20世纪50年代开始电影创作的现实主义倾向明显：电影人开始发现自己需要在古典好莱坞风格

[①] 大卫·波德维尔、克里斯汀·汤普森：《世界电影史》，范倍译，北京大学出版社2014年版，第429—430页。

[②] 埃默里等：《美国新闻史：大众传播媒介解释史：第9版》，展江译，中国人民大学出版社2009年版，第381页。

[③] 大卫·波德维尔、克里斯汀·汤普森：《世界电影史》，范倍译，北京大学出版社2014年版，第459页。

第四章 作为"反思"的秩序：20世纪六七十年代现代媒介的自我表征与纪实影像的"机构复制"

和宣传电影的那种如火车行进般笃定明确的轨道上脱离开，以再定义"真实"的名义去开发更多。以意大利新现实主义为典型代表，当代题材、平民生活及非职业演员被认为可以综合出"真实"，而"电影编剧应该尽可能地收集资料，以便创造一个完全的图像"（罗西里尼）。电影人的角色从"提供真相者"退为"期遇真相者"，"从隐秘性走向现时性的过渡区域，从威力走向行动的过渡区域。在这里，运动学并不满足于给观众提供一种看到眼前某个运动完成的幻觉，它引导观众对产生运动的力量感兴趣，对该力量的强度感兴趣"①。法国导演阿斯特吕克在1948年提出"摄影机—自来水笔"，就电影自身的境况重新强调建构电影的语言性质，从"观赏性演出"转变为写作，以达成"未来的某种可能"："随着十六毫米电影的兴起和电视的发展，每户人家都有放映机的一天已经为期不远……今日电影有能力表现现实的任何层面。今日电影使我们感兴趣的就是这种语言的创造。"② 同样地，罗伯特·布列松在20世纪50年代提出的"电影书写"不再被表达为一套创作者有意识、有价值观目的的视听引导，而"是一种发现的方法，它是一种懂得促使未知之物现形的机械装置，而不是因为我们早就已经知道这个未知之物是什么"③。尽管这一现实主义倾向在20世纪50年代实际上并未有一个所谓的纲领性文件或较为正式的"派别"，但各种电影创作探索已经开发出一定的经验来维护这一"期遇"，如对戏剧性、模拟性有意识地疏远，长镜头与场面调度的大量使用，对省略技法的使用等，隐含一种"观众因为在某些明显的时刻已经看见过它了，他会借此去推论该身体的存在"④ 的逻辑。

---

① 维利里奥：《视觉机器》，张新木、魏舒译，南京大学出版社2014年版，第104页。
② 阿斯特吕克：《摄影机—自来水笔：新先锋派的诞生》，载杨远婴编《电影理论读本》，世界图书出版公司2011年版，第221—222页。
③ 布列松，转引自奥蒙《电影导演的电影理论》，蔡文晟译，武汉大学出版社2019年版，第21页。
④ 奥蒙：《电影导演的电影理论》，蔡文晟译，武汉大学出版社2019年版，第19页。

二 现代媒介霸权之巅：世界的高速影像化进程

电视的起飞与电影的重定向，大大加快了世界的影像媒介化，改变了人们的现实生活图景。首先，一种现实表征的霸权逐渐形成，从对现实的反应性因素转变为对自己的现实：无孔不入的拍摄和传播成为常态后，大家就接受不了什么东西"不能拍"了，这鲜明地体现在公共性较强的政治生活上。20世纪50年代开始，电视成了美国政治进程中的主宰力量，"（1952年竞选）公众首次在电视上看到商业广告、纪录片和选举之夜的特别节目……塔夫脱的竞选干事们禁止电视摄像机拍摄代表资格听证会，这一错误使艾森豪威尔一派获得更多炮弹来呼吁代表们公正行事"；根本没有花多少时间，电视就已经让观众"大开眼界"，对影像习以为常甚至深谙个中玄机，"对互相竞争的集团的操纵是人人都能一眼看出的"[1]；关注点从作一个什么判断转向作判断本身，判断"不再建立在一种真实的综合过程中，而是建立在盲目的通报一切的过程中"[2]。在国内，"大众媒介或者公开地在广告中，或者审慎地在普通的'娱乐'专题节目中按照某种社会模式教育和告知受众……把通常接近于精神混乱和物质消化不良的整个社会运转过程作为一个合理的、非被操控的系统呈现在广大公民面前"；在国外也与国内共享一套逻辑，传播媒介展示的是生活方式，而非单向灌输，"利用传播媒介……向其希望发挥作用的地区不断扩张"[3]。

和电影一样，电视也在表现"非被操控性"上越来越多地依赖纪实内容，开始学习通过拿捏纪实性来化约自由话语、自主选择与

---

[1] 埃默里等：《美国新闻史：大众传播媒介解释史：第9版》，展江译，中国人民大学出版社2009年版，第377页。
[2] 霍克海默、阿道尔诺：《启蒙辩证法：哲学断片》，渠敬东、曹卫东译，上海人民出版社2006年版，第186页。
[3] 席勒：《大众传播与美帝国》，刘晓红译，上海译文出版社2013年版，第003页。

第四章 作为"反思"的秩序:20世纪六七十年代现代媒介的自我表征与纪实影像的"机构复制"

判断的正当性,再通过一个事实上是强制给予的、全面覆盖的传播网络,以提供更多选择的方式化约个人自由。从美国CBS、NBC在1947年开播新闻播报,到爱德华·默罗主持的CBS《现在请看》系列纪实节目于1951年开播,信息告知性的新闻流发展出"社会观察与思考"的电视纪实形式只寥寥数年;同年美国的系列新闻片"时代的前进""这就是美国"即中止发行。默罗成为最早的电视舆论领袖,并在与麦卡锡主义的斗争中成就了电视纪实的英雄主义话语,就如节目标题强调的"看",给予被看到的机会就彰显着正义感。

其次,是人们对现实世界的普遍观感改变。大众媒介尤其是电视的扩张,使得人们一方面在接收的信息上均质化,另一方面又得以互相观看而产生对社会阶层表象的重新分离与分配。比如,战后出于寻回往昔荣光与美好的迫切意愿,以意、英、法、比等欧洲国家为代表,关于艺术的纪录片开始被大量创作出来,有对艺术作品静态进行的动态拍摄(开发了诸多摄像机表现技巧)、艺术家生平传记、用于教育的艺术史等,使原本封闭在特定社会场域的艺术体验,开始被大众媒介化约为一种可被交换的知识资本。布迪厄在这一时期对社会品位的"区分"(distinction)进行的研究就与此密切相关。如果说之前的社会学研究将社会结构与阶层品味进行了相对简单化的相关分析,那很大程度上是因为表征的密度还没有足够高到可以体现出越来越紧迫的将日常生活也进行审美化分离的任务紧迫性。特定阶级的伦理与审美配置,如果说在这之前还是明确的指示与教条,现在则被表征可见性与可能性推动到潜移默化的日常生活规训中①,"每个消费者都应该重视供给的一种确定状态,也就是被客观化的可能性……它们是自动被分类的并能够进行分类的,被分成等级的和能够划分等级的"②。

---

① 布尔迪厄:《区分:判断力的社会批判》,刘晖译,商务印书馆2015年版,第338页。
② 布尔迪厄:《区分:判断力的社会批判》,刘晖译,商务印书馆2015年版,第341页。

表征的秩序:重写纪实影像史

电视越是带来更多的"审美震惊感",越是"对经验结构的侵害。为一样事物创造经验,意味着剥离它的新颖性"[1],反过来越是要坚持不懈地发掘持续的经验缺失。在这个持续的剥离中,作为整体意识与共同规范的真实,与作为个人体验的真实,二者开始互相凸显,而在这之前这一凸显也是不存在于人们的媒介认知里的。从电视的快速普及开始,这渐渐变得开始成为一个问题了,成为不同的体验。很快,我们就会见证这二者正式成为被对立起来的框架性概念。

到20世纪50年代末期,战后十数年高屋建瓴式的广泛控制模式开始失效,表征的强势扩张所带来的整合与分离的固有矛盾开始凸显:一方面,维持世界范围的普遍联系和控制还是十分脆弱的,战后十年恢复后,20世纪50年代中期开始,冷战世界格局下地区冲突及大国权力斗争不断,亚非拉地区民族解放运动与共产主义运动裹挟着美苏争霸的复杂博弈;社会层面的种族、阶级冲突也开始从美好的资本主义商品消费与社会秩序表象下浮现出来。此时正是电视的"黄金时代",摄影机和记者兴奋地追逐着世界的混乱与苦难。比如1963年肯尼迪遇刺成了电视的一笔"横财","人们后来说,(1963年)11月22日到25日是电视史上最好的日子"[2]:材料太丰富了,而且一切都是专门、自觉地为电视而准备好的,从副总统约翰逊接权、杰奎琳·肯尼迪一直穿着的沾血粉红套装、成为媒介仪式的肯尼迪葬礼,到嫌犯奥斯瓦德的押送及其在摄像机"众镜睽睽"之下被杰克·鲁比射杀——电视上第一次直接的谋杀、围绕疑点的各种争论、对泽普鲁德影片乐此不疲的逐帧剖析等。风起云涌的反种族隔离运动伴随着暗杀与暴力袭击,而各种冲击视觉的示威

---

[1] 阿苏利:《审美资本主义:品味的工业化》,黄琰译,华东师范大学出版社2013年版,第64—65页。

[2] 埃默里等:《美国新闻史:大众传播媒介解释史:第9版》,展江译,中国人民大学出版社2009年版,第415页。

第四章 作为"反思"的秩序:20世纪六七十年代现代媒介的自我表征与纪实影像的"机构复制"

运动、暴乱身边总有各种电视新闻明星主播与记者。与以前可以自足于党报宣传的社会运动不同,20世纪60年代的社会运动面对的是"晚间电视新闻、通讯社报道以及新闻从业者对于'客观'的解释……面对庞大的文化工业,政治运动必须对其有所考虑——或者行走于其边缘,或者迂回于其缝隙,或者予以反对"①。以电视为主流的影像化成为公共生活的思考前提。以前主要是用对现实的媒介表征来整合现实,现在则主要是为媒介生产而剥削现实;以前影像是手段,现实关系是目的;现在颠倒过来,现实关系是手段,媒介化的影像才是目的。

影像的普及已经引进了一系列日益严苛的赋值体系：政治问题,经济问题,种族殖民问题,文化问题,等等。在这些复杂的赋值体系下,影像在迅速贬值,要想避免变得不名一文,就不能将所表达的符号意义坐实,而需要永远保持多义性。逐渐地,传播行为开始不断质询传播系统本身,质询视听媒介表征的产生方式本身。仿佛只要解决其产生机制上的意义阐释,就不必再对表征内容本身的意义生成机制倾注太多意识了,此时的主流共识似乎是,各种意义阐释与判断都已经拥有足够的媒介表征材料来支撑,把它通过系统让渡给个人,要远比系统自己着手解决来得更有效率。而在这个让渡过程中,"直接电影"与"真实电影"在物质条件、理论与实践上作出的贡献卓著,成为20世纪六七十年代为诸多影像表征手段所共享的财产。

第二节 "机构复制"式纪实影像实践:"直接电影"与"真实电影"

"机构"（institution）亦可译为"制度""机制",它作为社会学概念,既为各种社会实体组织行动使用为具体的形态,比如学会、

---

① 吉特林：《新左派运动的媒介镜像》,胡正荣、张锐译,华夏出版社2007年版,第10页。

机关等，也指向抽象的方法、惯例与被订立的系统，"用现代的意涵来说，就是一种被制定、订立的事物"[①]。这里援引"机构"来概括20世纪六七十年代纪实影像实践的特征，想阐明的正是这种建立在组织基础上的规划性——既外在地体现在纪实影像相关组织的机构化形态上，比如电视台等视听媒体制作机构、电子音像设备技术开发机构等，也内在地运转于影像实践的具体操作方法规定中，比如引入的技术要求、真实性判断准则等。与第三章所述的"组织复制"相比，"机构复制"则更进一步，是对组织的"组织"，高度自觉地运用实体层级结构或抽象制度达成更高效的预测与扩展。

"机构复制"式的纪实影像实践，与"发明自身"的电视媒介的综合性与规划性是相统一的。从这个角度来看以"直接电影"与"真实电影"为典型特征的20世纪六七十年代纪录电影形式与风格转向，就会发现和已经分析过的前几个纪录电影史分期中那些表面的对立类似，它们也是在特定媒介表征境况下的"同题异作"，其背后昭示的秩序有着一脉相承的发展历程。

"直接电影"（Direct Cinema）与"真实电影"（Cinema Vérité）这两个词汇的使用一直以来都十分混乱：奥蒙等认为前者在60年代初期出现后很快取代了混杂含糊的后者，因为"直接"作为一种拍摄技巧的提出更为明确而特出：一是最大限度的即兴原则，二是声音始终与影像同步，排斥后期录音[②]；而由让·鲁什和埃德加·莫兰提出的、借用维尔托夫《电影真理报》措辞的"真实电影"，则更多是对这一影像实践纲领的挪用和引申，强调电影导演参与拍摄和调查进程，无意隐藏摄像机和话筒，他们从作者身份转为叙事人和影片中的人物，直接干预影片的展现，摄影机成为揭示个人和世界

[①] 威廉斯：《关键词：文化与社会的词汇》，刘建基译，生活·读书·新知三联书店2016年版，第288页。

[②] 奥蒙、玛利：《电影理论与批评辞典》，崔君衍、胡玉龙译，上海人民出版社2011年版，第66页。

第四章 作为"反思"的秩序:20世纪六七十年代现代媒介的自我表征与纪实影像的"机构复制"

的真实状况的工具。① 相反,海沃德却以"真实电影"统领了"直接电影",将后者更多地视为操作层面的"初级阶段"而非实践纲领——没有搬演,没有场面调度,也没有剪辑,尽可能接近真实却失于单纯;而前者是通过非表演、非戏剧化、非叙事来讲述非精英化的历史,致力于带来社会学意义上的另类视野。② 实际在使用时,这两个词经常只是在论述国别流派上更有用:以美国德鲁小组为代表的是"直接电影",带有美国式工具理性的技术导向,更"作壁上观";而以法国让·鲁什为代表的是"真实电影",带有法国式的浪漫主义与人文导向,更"全神贯注"。而事实上如加拿大纪录片人米歇尔·布劳(Michel Brault)所说,法国导演们从英语世界(美国、加拿大)引入了"直接电影"(Cinema Direct)这个词,而美国导演们都在用"真实电影"③。两个词汇代表的不是起源或流派势力之争,而是与卢米埃尔兄弟/爱迪生、维尔托夫/弗拉哈迪等"一体两面"的时代相遇类似,是不同的外在表现上的辨析背后,蕴含着同时在起作用的特定表征储备。

首先,纪实影像以自己更大的规模看见了自身,开始注视自身。二战期间为了讲述意义、价值观以应对各种风险与冲突而制作了大量影像材料,它们都在战时和战后成为丰富的生产储备。这些相互对立、相互揭示的影像也首次以一个世界性的规模彰显了影像在以真实话语建立政治正当性方面的巨大力量,比如纽伦堡军事法庭上就使用了史无前例的大范围影片与照片,它们之后被用于制作汇编影片《各国人民的审判》(苏联,1946年)和《纽伦堡审判》(美国,1948年)。比起之前更多地关注"成片",对战争的审判、反思

---

① 奥蒙、玛利:《电影理论与批评辞典》,崔君衍、胡玉龙译,上海人民出版社2011年版,第46页。
② 海沃德:《电影研究关键词》,邹赞、孙柏、李玥阳译,北京大学出版社2013年版,第102—103页。
③ Wintonick, P., "Cinéma Vérité: Defining the Moment", https://www.nfb.ca/film/cinema_verite_defining_the_moment/, 1999.

和战后观念转变的需求，使前一个阶段被抛弃在工整表征秩序的缝隙中的过剩影像开始进入视野。一些影像自有其意义——电影看到了自身，应对的也开始不仅仅是表征现实，而是表征自己留下的这些剩余。最早在法国、德国等欧洲国家建立的电影资料馆及类似机构在战后纷纷开始一边抢救因战争流散的电影遗产，一边搜集影像证据，代表性的有东德电影资料馆（一度由苏军接收，1955年交由东德管理）对纳粹影片的调查；汇编纪录片的代表作品有保罗·罗萨在西德资助下制作的《阿道夫·希特勒的一生》（1961年）、苏联导演米哈伊尔·罗姆的《普通法西斯》（1965年）等；而其中影响尤其深远的当数法国导演阿伦·雷乃的《夜与雾》（1955年），它所产生的广泛而复杂的反应与影响，表明纪实影像的意义开始发生转变：战后汇编影片起初都延续了战时宣传电影的强目的性，比如《各国人民的审判》《纽伦堡审判》等直接用于对德国人民进行长期放映，以防止纳粹意识的反扑，几可视作"供放映用的审判"[1]，但以《夜与雾》为代表，通过注视影像而非注释影像，来引发反思而非注入结论，成为汇编影片的潮流，从而大大扩展了纪实影像的意义生产空间。阿伦·雷乃在各处搜集集中营影像资料时发现，事实上很难直接使用，不仅仅因为大部分都是无动态的照片，更重要的是这些档案的视角多为纳粹集中营管理者，大量影像本身没有体现暴力胁迫，而是平静的状态——车站等待、集中营建筑等。他于是以实地拍摄的动态镜头与档案照片并置，作为邀请观众"用我们对历史事件的认识，揭示隐藏在这些影像背后的暴力，看到画面之外的毒气室"的方式。[2]

其次，越来越多的影像背后的不同权力动机，也开始越来越显明了。随着电视媒介一起发展的，还有与电视制作息息相关的广告

---

[1] 巴尔诺：《世界纪录电影史》，张德魁、冷铁铮译，中国电影出版社1992年版，第170页。

[2] Lindeperg, S., *Night and Fog: a Film History*, Mes, T. (trans.), Minneapolis: The University of Minnesota Press, 2014.

第四章 作为"反思"的秩序:20世纪六七十年代现代媒介的自我表征与纪实影像的"机构复制"

模式和赞助模式的勾连,因此对于某部电影或某个节目是否真的能够"直言"真相,不可避免地成为种种争论的交锋之处,那是所有力量的来源,也是所有力量的软肋。政府和企业以空前的规模赞助和投资影像制作,影像成为话语争夺的关键赌注,影像之间的对立对于观众来说日益明目张胆。如果说在战争年代的宣传电影中这种对立理所当然,那么在宝贵的和平年代来临时,人们尤其体验到有必要有意识地唤回影像媒介"复制现实"的"完整电影神话"[1],尽管此时这一点已经可遇而不可求。人们很快发现,在影像材料日益增多的同时——以电视为主,但电影也具有庞大的资产——它们相互之间的矛盾也越来越多,貌似客观的档案影像可以用于完全相反的目的,这一点如果说在战时卡普兰等导演制作战争宣传电影时还是一个具有审美震惊感的艺术技巧,现在则成为频繁被援引的影像可能性。诸多反思战争暴行的汇编纪录片都使用了一些臭名昭著的纳粹宣传电影片段;《夜与雾》在美国发行时甚至还被重新配音并将批判矛头指向共产主义,而其在制作过程中经历的各方利益博弈更是繁复曲折[2]。

影像日益充分、高速的传递为人们提供了越来越多用来判断的根据,但同时大大加强了面对政治问题的无能感;这不仅仅是自感无能力从众多信息中提炼出正确判断,更是由于影像更明确了人们对于政治能力应该如何"正确""合时宜"地行使的社会氛围。如果说以前"眼不见心不烦",不可见的东西就可以允许不出现在认知里,也就是说只要不表征出来,就根本谈不上有能力或者没有能力进行判断和行动,只是判断和行动而已;现在这种豁免地带的事物则越来越少,随着影像表征的描绘来到千家万户的荧屏,职业新闻

---

[1] 巴赞:《电影是什么?》,崔君衍译,中国电影出版社1987年版。
[2] Lindeperg, S., *Night and Fog: a Film History*, Mes, T. (trans.), Minneapolis: The University of Minnesota Press, 2014.

人的使命感、专家的激烈论争、广告看似傻乎乎其实表现出一种尼采权力意志般执着的反复灌输，所有这些绝望的努力反衬出一个现实：纪实影像进展到一定程度，再想象形成普遍的"有的放矢"的意义建构就越来越难了。

最后，影像的扩张与普及，使人们前所未有地拓展了对他者的认识，也相应地不断更新自己所处的社会关系配置。比如对影像民族志与影视人类学的体认与建制：在世界共同经历大战后，一度被经济与战争秩序抛弃在世界图景缝隙中的多元民族与文化，既开始了自己以影像建立民族国家话语的进程，也促使人类学影像走上征程，重新加以表现。活跃于20世纪30—50年代的贝特森与米德被认为是最早将电影视为学术研究手段的人类学家，他们制作的民族志电影系列《不同文化中民族性格的形成》为人类学电影的科学主义话语奠基：画面被作为视觉证据以证明和直观呈现人类学家的研究发现，并必须客观、避免人为建构场景，以供不断重复分析的可能。[1] 这种科学主义范式，即使因其对影像的种种天真期许而为人诟病，仍然不可磨灭其贡献——使战后和平年代的人类学纪录片获得话语权与正当性，进而大大拓展了影像在处理他者方面的能力。但是，由于电视等视听大众媒介对既有影像认识秩序的普及，影像呈现的"奥秘"为人们所熟习，影像诉诸大众传播的欲望也深入社会肌理，影像的科学性很快也被各种符号策略所包围：当摄像机日复一日被用于讲述对立的故事、表达冲突的观点时，想象它是一台科学仪器而忽略镜头后面正在注视的"科学家"就越来越难了。贝特森与米德一直就摄影机到底是学术表达的辅助手段还是达成学术发现的必要工具争论不休[2]；马歇尔的《猎人》一方面以援引弗拉哈

---

[1] 徐菡：《西方民族志电影经典：人类学、电影与知识的生产》，云南人民出版社2016年版，第85—93页。

[2] 梁君健、雷建军：《合法性的重新确立——贝特森和米德的视觉人类学实践》，《西南民族大学学报》（人文社会科学版）2016年第11期。

第四章 作为"反思"的秩序:20世纪六七十年代现代媒介的自我表征与纪实影像的"机构复制"

迪式的"人与自然"普世价值框架而获得了比纯粹学术领域的人类学纪录片更多的关注,一方面又因这一援引的先入为主、对外部社会因素的视而不见而被学界声讨①。越来越多的影像表征带来越来越庞大而难以处理的他者复杂性,对习惯于"客观"评价标准的学术研究如此,对个体在各个社会场域中的自我认知与领受来说更是如此。可是,当依赖某种既有秩序提供总体解释的可能性已经遥不可及,那么在对影像表征进行赋值与交换时该依据什么呢?一种"伦理时髦"②的策略就开始特别有必要了——对独特性的伦理证明成了最自然的出路:在既有的秩序之下反击既有的秩序。所以所谓事物的"本真"才被奉为美德,似乎是虚假才导致了我们认为本该畅行无阻的"好的"原则的失效。而事实上,作为被高度媒介化的社会成员,已经无法具有能力来抛开所有象征符号层面上的东西而不至于伤害自己的生存价值,这个代价无疑是非常巨大的。然而,人们仍然需要这个策略来作为一个反制行动本身,无论结果如何。

以上这三点汇总出在经历了电视媒介的头十年黄金发展期后,影像表征被赋予的新目标:因为看到自身,而必须超越自身;因为影像之间的大量共存矛盾重重,揭示矛盾本身逐渐超越揭示现实;因为日益需要处理复杂的他者,而迫切需要一种可以允许人们"无能"的本真性策略。总而言之,永远要比真更"真",要看见那些过去的"看不见"。比起更"真""看不见"的到底是什么具体的内容,这个不懈向自身质询的意欲本身才是关键。

纪实影像因此开始"推卸责任",从某种从拍摄到观看的直线指向性,开始往回折,想要把一个生发意义的可能性像"薛定谔的猫"那样赋予影像,这样就可以把超越已有"真实"的可能性尽可能保

---

① 徐菡:《西方民族志电影经典:人类学、电影与知识的生产》,云南人民出版社2016年版,第105—109页; Henley, P., *Beyond Observation: A History of Authorship in Ethnographic Film*, Manchester: Manchester University Press, 2020, pp. 136–137。

② 布尔迪厄:《区分:判断力的社会批判》,刘晖译,商务印书馆2015年版,第724页。

留下来，而不让自身的存在意义受到伤害。具体表现在"直接电影"和"真实电影"上，寻找真实的期待从创作者的主体性之中分化出来，一方面诉诸机器，一方面诉诸观看，以期其能够自动被"制定"（instituted）；而创作者自己的主体性则从追求观点和意义的有效表达、传递与促成，转为对这个意义产生过程的方法论"监护者"。

一 诉诸机器的隐身/在场：作为机构的媒介技术

在"诉诸机器"方面，直接电影和真实电影以影像复制的自动机制达成意义转变的可能性，而非传统意义上依靠创作主体的转述或阐释意向。媒介技术在人们的不断探索改进之下，从被组织的实践工具，反转成为能够组织的"机构"/"制度"，促成了视听媒介表征更高效、更深入地再现乃至侵占现实世界。与此"机构"化的进程同构，对媒介技术的开发与应用也体现出鲜明的机构规划制定特征。

在美国一边，"诉诸机器"的方式很直接：影像制作者亲身上阵为自己磨剑，只要搞定技术问题，就可以获得解放。时代生活公司旗下由罗伯特·德鲁牵头的电影制作团队，从应用于电视新闻的日益轻便的设备上受益：电视新闻在20世纪50年代中期就确立了其在经济上和意识形态上的媒介中心地位，从FCC关于地方原创的规则（出于社会整合的考量）到公众的欢迎（出于自由权利的诉求），都为电视新闻带来了产业上更多的技术支持，Auricon机型就是专为这一新兴市场开发的同期录音新闻摄影机，起初是光学录音系统，之后则使用磁头录音。[①] 德鲁是图片编辑出身，曾经接受将《生活》杂志专题拍成电视新闻短片的任务，但据他所说拍成了"一场灾难"，最终也没有播成。德鲁认为这个节目的失败，乃至当时大部分

[①] 温斯顿：《纪录片：历史与理论》，王迟、李莉、项冶译，中国广播影视出版社2015年版，第129页。

第四章 作为"反思"的秩序:20世纪六七十年代现代媒介的自我表征与纪实影像的"机构复制"

纪录片的失败,在于它们都是"演讲",影像到了抛弃文字的逻辑而拥抱真实世界的"戏剧性的逻辑"(dramatic logic)的时候,"如果我们能做到,我们就有了一个全新的基础"[1]。在两种影像媒介转换中寻求终极解决方案的困惑期,他看到了曾在弗拉哈迪《路易斯安那州的故事》中担任摄像师的乔治·里考克利用磁带录音机同期录音的早期作品,看到了自己的努力方向;而后者在弗拉哈迪剧组感受最深的就是技术设备对纪实理念的束缚:"当我们不得不拍摄同期声对话时,一切都被禁锢起来了,整个电影的性质就发生了变化。整个工作似乎都停下了。我们有笨重的盘式录音机,而摄影机不是重六磅,而是重达两百磅……我们再不能继续关注事情的发展变化,我们要将自己强加在发生在我们面前的所有事物之上。"[2]《路易斯安那州的故事》(1948年)在艺术完整性意义上在当时不可谓不杰出,弗拉哈迪本人以及很多电影研究者,都将本片在大众市场上的黯淡归咎于其既要顾虑赞助方标准石油公司的公关议程,又被弗拉哈迪不顾一切地投注着他对本真性的怀旧情绪这一矛盾。[3] 目睹弗拉哈迪为了尽量掌握事件过程与逻辑而一遍又一遍反反复复看素材的里考克,对在这个电视新闻黄金时代纪实影像仍然受困于摄影棚拍摄模式的现状厌烦不已;不过与弗拉哈迪这些"上一代"不同,作为与电视媒介一起成长的一代人,他则首先归咎于物质技术手段,而非电视时代习以为常的赞助模式。

里考克与德鲁在1957年一拍即合,着手改造设备。德鲁小组从时代公司申请了资助,拍摄一部关于宇航员失重效果的影片,制作这部影片不是为了表征科学知识,也不是为了表征社会事件,更不

---

[1] Wintonick, P., "Cinéma Vérité: Defining the Moment", https://www.nfb.ca/film/cinema_verite_defining_the_moment/, 1999.

[2] 转引自温斯顿《纪录片:历史与理论》,王迟、李莉、项冶译,中国广播影视出版社2015年版,第128页。

[3] Barsam, R., *The Vision of Robert Flaherty: The Artist as Myth and Filmmaker*, Bloomington & Indianapolis: Indiana University Press, 1988.

是表征思想观念,只是为了"上《艾德·苏利文秀》(当时最火爆的电视节目之一),然后艾德·苏利文会捧着《时代》杂志,这样杂志就会大卖"①。而德鲁巧舌如簧"忽悠"来的这笔钱也不是为了完成影片,而是改造设备。到头来,影像产品本身反倒成了无关紧要的东西。

德鲁小组在拍摄设备上的设想需要解决一系列问题:摄像机要足够轻便到摄像师能够肩扛,设备要尽可能减少噪音,要保证高质量录音,要实现声画同步。这一切都是以技术武装拍摄者身体的方式,最大限度地解放拍摄者;或者不如说得夸张一点,将拍摄者变成摄像机。拍摄者不再是那个"有话要说"的演讲者,而成为在科学话语与客观话语下的"坦诚之眼"(candid eye)。

事实上在1958年,用于电视新闻报道的同期录音摄像机已经较轻便了:16mm专业摄影机Auricon Cinevoice和éclair Cameflex重约60磅,改进版Arriflex16只有22磅,KMT Coutant-Mathot éclair摄影机不到20磅。它们虽然在当时也只是用于新闻报道的架上拍摄,但已经具有轻便化的基础条件,德鲁小组当时需要做的是将其轻便化到可以肩扛。来自法国的éclair摄影机最接近这个需求,不过它当时还需要独立的录音机与其同步运行,录音机与摄影机之间则是有线连接才能保证同步;1960年电晶体录音机的应用取代真空管,大大减轻录音机重量,暂时弥补了有线连接的局限。德鲁小组开发了利用音叉的无线同期录音方式,独立系统的无线录音可以保证对现实环境记录时的多声道立体声效果,并可以将摄像和录音分别做灵活的移动操作。

与纪实影像先辈们更多地利用已有的技术条件、以来自现实的材料进行"创造性处理"不同,德鲁小组将技术武装作为自己工作的前提和目标,主动去寻找、拼凑和改进。至于找一个适合的"故

---

① Wintonick, P., "Cinéma Vérité: Defining the Moment", https://www.nfb.ca/film/cinema_verite_defining_the_moment/, 1999.

第四章 作为"反思"的秩序:20世纪六七十年代现代媒介的自我表征与纪实影像的"机构复制"

事"拍出来,则是在解决技术问题之后可以"挑拣"的了,毕竟电视的养料已如此丰富,找一个自带冲突—解决结构可能的真实事件实在太容易想象。在德鲁小组1960年拍摄《初选》(*Primary*)时,这个党内初选的情境已经保障了充足的冲突性、重要性与新奇性,纪录片拍摄需要"创造性处理"的,更多是如何巧妙使用设备(和自己)。里考克不无自豪地追忆他在肯尼迪酒店房间的拍摄:他将一个微型麦克风放在肯尼迪身旁的烟灰缸里,另一个录音机连接摄像机对整个房间进行同期收声,然后自己"心不在焉地退守在房间角落,坐在一个舒服的大扶手椅里,将摄像机放在我大腿上。我确定他丝毫没发觉我在拍摄"。[1] 当时摄制组内尽管只有作为首席摄影师的里考克拿的是同期录音设备,其他摄影师(包括梅索斯、彭尼贝克等)还是默片机,但梅索斯高高举起默片机拍下的那个跟随肯尼迪穿过人群走向讲台的镜头仍然足够史无前例;这一镜头也不惜在后期匹配上并非同期录音的环境声音,以"将运用新技术可以明确做到的事情进行经典示范"[2]。新技术的应用似乎是理所当然地使传统的拍摄相形见绌,比如Member就觉得《初选》中较为精彩的段落都是同期录音段落,而非同期录音段落相比之下就显得粗糙和无效了[3];不过换个角度理解,正是如里考克那样握有同期录音设备的拍摄者,才有可能想象自己深入肯尼迪的酒店房间或汉弗莱的汽车后座上,近乎"偷拍"或"偷录"地获取素材。

新技术设备将影像表征可以达成的意义转变摆到了明面上:纪录片中人物的"前台"和"后台"被随时随地并置,使无论是拍摄者还是观众都开始意识到,从此他们可以这样来考量现实了:对动

---

[1] Mamber, S., *Cinema Verite in America*: *Studies in Uncontrolled Documentary*, Massachusetts: The Massachusetts Institute of Technology, 1974, p. 37.
[2] 温斯顿:《纪录片:历史与理论》,王迟、李莉、项冶译,中国广播影视出版社2015年版,第156页。
[3] Mamber, S., *Cinema Verite in America*: *Studies in Uncontrolled Documentary*, Massachusetts: The Massachusetts Institute of Technology, 1974, p. 39.

机的揣测和对意义的判断，无论在之前看起来多么笃定，现在都有转变的空间，因此要时刻准备着。而无论是肯尼迪光鲜亮丽后的疲惫，还是杰奎琳自信演讲之前紧张的搓手，凡此种种的"真实"可以有意义也可以无意义；可以于整体而言有建设性，也可以只是博君一笑的轶事。重要的不是摄像机捕捉到什么意义，而是捕捉到意义转变的各种可能，拍摄于是揭露出的不是别的，是自身的存在；"我们不是寻求绝对的真相，那全是胡扯。我们是尽力要达到德鲁说过的那个在场的感觉"。[1]

德鲁小组是通过设法将设备便携化和不可见，让拍摄行为以"隐身"的方式来表征自身的存在的，这一自我表征终究不会像里考克缩回角落的扶手椅那样成为呈现真实的终极解决方案，而是不断要将反复表征自身的过程继续下去：要挖得更深、更靠后，才更真，比如正如温斯顿所说，《初选》之后，政客及其班底很快就学会了熟练控制这种"更高层次的接触"，与其说拍摄者解放了自身的观察能力，还不如说是无意之间使自己成了"定调者"[2]。如此有意向性的"隐身"，反而是对拍摄行为自我意识的强调。

同样是表征影像拍摄带来的意义转变本身，同在1960年拍摄了法国"真实电影"开山之作《夏日纪事》的让·鲁什和埃德加·莫兰与美国同行们则是同题异法。虽然德鲁小组的技术导向更为明显，但无论是轻便的éclair摄影机还是之后Jean-Pierre Beauviala发明的无线同期录音设备，其实都是出自法国工程师之手。到1963年，éclair 16mm摄影机已经成为第一个无须外接设备即可达到去噪效果、具备工业标准的无电缆晶体同步录音、提供同轴片盒、兼容超16mm的摄影机。可以说法国纪录片人在设备上的热情和实力绝不亚于德鲁

---

[1] 转引自 O'Connell, P. J., *Robert Drew and the Development of Cinema Verite in America*, Carbondale and Edwardsville: Southern Illinois University Press, 1992, p. 67.

[2] 温斯顿：《纪录片：历史与理论》，王迟、李莉、项冶译，中国广播影视出版社2015年版，第136—137页。

第四章 作为"反思"的秩序:20世纪六七十年代现代媒介的自我表征与纪实影像的"机构复制"

小组,但出发点略有不同。

战后一方面面临着对破碎山河的影像"重建",一方面受到美国好莱坞工业入侵的"防御"压力,以法国为代表的欧洲主要影像领域都致力于扶持本国文化尤其是电影制作,尤其是有别于古典好莱坞风格的"艺术电影"与能够体现本国文化特色的影像作品。和许多时代自上而下的文化扶持政策相似,纪录片既受益于文化政策的一定资金与强制放映的倾斜,又因此而受限于非商业的制作目标,而不能在公共生活中真正建立一个健全的大众传播机制。为了既平衡院线强制放映纪录片的要求,又充分利用有限的官方资助,法国在二战后到20世纪60年代前是"短片时代",汇编电影、关于艺术的纪录片、关于工业和建筑的纪录片乃至让人很容易联想起20世纪20年代"城市交响曲"的诗意纪录片颇有佳作,但这些影像总体上投注于自身的过去,而一直在尝试向前一步的则是带有人类学倾向的反殖民主义纪录片:和人类学家重新出发尝试与异文化达成相互理解与共处的渴望一致,一些导演开始将目光投向非洲大陆,尝试用影像反思殖民主义,阿伦·雷乃与克里斯·马克1953年合作的《雕像也会死亡》就典型地体现出这时对影像意义转变的诉求:不在于用影像展现某一特定人类学主题,而是"表现出一种必要性,对于转换视角,审视某个既定的历史时刻,并加以鄙夷的必要性"[1]。

让·鲁什是贯穿这一时期人类学影片的代表人物。他从1946年起即在自己的博士导师、人类学家马塞尔·格里奥尔的指导下开始在尼日尔展开田野研究并拍摄。最开始受限于摄影及录音技术,格里奥尔和鲁什会将一组组当地传统乐手召唤到自己面前,设置好摄像机和录音机,让他们表演并进行录制。[2] 这对田野研究的机动性来

---

[1] 戈捷:《百年法国纪录电影史》,康乃馨译,北京大学出版社2019年版,第162页。
[2] Henley, P., *The Adventure of the Real: Jean Rouch and the craft of ethnographic*, Chicago: The University of Chicago Press, 2009, p. 14.

说几乎是致命的。而鲁什第一次自己去非洲田野的时候虽然带上了导师在20世纪30年代用过的35mm摄影机（大约20公斤），但自己在跳蚤市场买了一台二手16mm发条式Bell & Howell摄影机，以及一台Filmo 70，更为轻便灵活。脚架在艰苦多变的田野历程中很快就被弄坏了，不知是否某种程度上给了鲁什更大的探索空间，他之后声称比起脚架更喜欢手持。[1] 也是在这种探险式的影像创作情境下，鲁什想象以影像与他者的"期遇"，远比想象"隐身"式的影像深挖要容易得多。在他将第一批田野影像素材带回巴黎剪辑时，才发现由于自己之前并无拍摄经验，很多素材因为跳轴问题无法使用，但是这种无摄影棚训练预设的拍摄习惯，倒可能促成了他之后对密切记录通灵与仪式的特别关注：他不习惯镜头内剪辑，更喜欢手持并亲身体验场景，进而更关注即兴式的影像相遇，而非使用影像进行理性解释。再加上年轻时鲁什深受超现实主义关于启示性偶发事件的观念影响，他对被拍摄下的现实材料背后蕴藏的"通灵"体验尤为敏感，并毕其一生着力予以表征。

在法国人类博物馆的研究项目资助与学术传播下，让·鲁什的几部早期作品早在1949年就开始参加展映与小型电影节，被法国电影资料馆的亨利·朗格卢瓦赏识，并结识了之后为法国"新浪潮"提供很多资助的制片人。观众中还有当时还是十几岁的戈达尔、特吕弗、里维特等，他们之后的创作都不同程度地援引着鲁什的影响[2]。到1950年第二次非洲田野时，鲁什已经拥有了Sgubbi公司提供的一台艺术品质的可携带磁带录音机（超过30公斤，发条式，最多持续30分钟录音），摄像机则继续使用发条式的Bell & Howell（最多持续拍摄25秒就要重新上发条）。这套设备完全没法同期录

---

[1] Henley, P., *The Adventure of the Real: Jean Rouch and the craft of ethnographic*, Chicago: The University of Chicago Press, 2009, pp. 38-39.

[2] Henley, P., *The Adventure of the Real: Jean Rouch and the craft of ethnographic*, Chicago: The University of Chicago Press, 2009, p. 49.

音，但声音录制的品质还是大幅提升了，声音的重要性在鲁什的片子中展露出来，"某些时刻甚至能够通过声音的复合体展现出灵媒附体的状态"；再加上研究搭档配有汽车，尚可移动这些笨重设备。鲁什自己的技术也更好了，取景更稳定，镜头更长，有趣的细节镜头与更广阔的地理场景设定镜头相结合。剪辑意识也开始建立起来：由于每拍 25 秒就要上发条，在整个仪式过程中每次重新开始拍摄时都需要换角度，剪辑时中间穿插反应镜头①。有趣的是，也许正是插入反应镜头的要求才让他得以去记录并体验仪式进行时观看人们的情感反应。

让·鲁什早期的拍摄经历表明，在以他为代表的纪录片探险式实践中，为了尽可能达成对他者的相遇与理解，是使用并改进技术设备条件的动力；而在有限的技术条件下，这种动力也会尽力开发出自己的具体操作方法。与德鲁小组面对的那个被电视媒介和商业电影工业高度、高速影像化，因而显示出某种扁平化而非等级化态势的环境不尽相同，以法国为代表的欧洲大陆尽管拥有庞大的影像表征储备，但具备着与其文化艺术基本一致的高度等级化。德鲁小组致力于以挖掘"真实"的深度来在等级化上寻求影像表征的新空间，鲁什等欧洲人类学家和纪录片人则寄望于扁平化上的更多可交流性。不过相比开发自动潜水设备进行水下世界探索记录的雅克·伊夫—库斯托（《寂静的世界》，1956 年）、将高山攀登的实景影像记录下来的马塞尔·伊萨等对极端自然环境的捕捉，以鲁什以及克里斯·马克为代表的这些具有拓展人文视域性质的环游世界"横向旅行"②则显示出轻便设备应用的更大生产力和创造力，展示了这样一个可能性：任何一个主动接近和理解他者的主体都可以利用影像

---

① 1982 年访谈，Henley, P., *The Adventure of the Real: Jean Rouch and the craft of ethnographic*, Chicago: The University of Chicago Press, 2009, p. 55。

② 戈捷：《百年法国纪录电影史》，康乃馨译，北京大学出版社 2019 年版，第 167—169 页。

来传达丰富的文化环境和情感共鸣，进而为世人带来越来越丰富的世界性体验。这对当时的艺术家们来说当然是十分诱人的，而对普罗大众来说也十分振奋人心，这意味着大家可以在同样可理解的现实表征面前平等交流而不必受以往等级化的阐释体系所束缚。

埃德加·莫兰比鲁什更早看到了这一潜力，向他提议了一个将社会学理想影像化的计划："你对你自己的部落知之甚少——你的部落是巴黎人……应该去拍摄那些被你忽视的人。"[1] 不过等级化的阴影还在，鲁什这时候虽然在人类学领域因影像的原真性受到瞩目，在电影圈他还显得十分"外行"。1960年拍《夏日纪事》时，原本请来的摄影师辞职，就是担心鲁什和莫兰主张的手持摄影坏了自己名声；鲁什转而雇用戈达尔的摄影师，但用的也还是35mm胶片的Elair Cameflex CM3，并不是很轻便。在使用这种固定摄影拍摄了一些如受访人物在一张桌子旁坐下来一起聊天之类的镜头后，鲁什和莫兰都不太满意，认为为了实现影片的初衷，还是得采用手持摄影、走上巴黎街头。鲁什于是联系了加拿大电影局的米歇尔·布劳，后者对鲁什来说十分理想，他不仅来自加拿大法语区，还已经实践过"行走的摄像机"（walking camera）的纪录片拍摄。鲁什给布劳的电报里写道："聘请您一个月的时间拍摄鲁什的影片，并向我们以及其他法国青年电影人们传授这些新的技巧。"[2] 布劳使用16mm摄像机Arriflex，并带来了两样鲁什所称的"礼物"，一个是夹带式的小型话筒，可以夹在被拍摄对象身上，在其行走时也能收声；另一个是10mm广角镜头，保证手持镜头画面抖动不太明显的同时保持画面足够大的景深。但Arriflex的马达噪音太大没法同步录音，鲁什和éclair的工程师Andre Coutant一起在军用样机基础上琢磨改造技术，

---

[1] Wintonick, P., "Cinéma Vérité: Defining the Moment", https://www.nfb.ca/film/cinema_verite_defining_the_moment/, 1999.

[2] Wintonick, P., "Cinéma Vérité: Defining the Moment", https://www.nfb.ca/film/cinema_verite_defining_the_moment/, 1999.

第四章 作为"反思"的秩序:20世纪六七十年代现代媒介的自我表征与纪实影像的"机构复制"

最终诞生了KMT Coutant-Mathot éclair,仅1.5公斤,可以承载400英尺胶片盒,持续10分钟连续拍摄,并配有隔音罩——所有这些都保证了可以在街上的较长拍摄与录音。布劳为《夏日纪事》做出的重要贡献还包括片中人物罗丽丹在协和广场行走时的独白。由于叙述和追忆与父亲有关的集中营回忆,罗丽丹认为她没法在别人能听到她说什么的情况下无所顾忌地表达出来,布劳就将摄像机安在汽车后面,由人力缓缓推动,确保与罗丽丹的行进保持一定距离;再在她身上安装小型话筒(录音机则放在罗丽丹手上拎的包里)。这一段独白真实自然、饱含情感,声画质量更是上乘。

和德鲁小组"技术先行"的运作方式相比,鲁什和莫兰"兵来将挡"式的技术革新显然更加关注对拍摄行为达成尽可能多的接触,技术手段则是将这一模糊理想加以实现的必要条件。与传统的纪录片相比,不管是德鲁小组还是鲁什,最终片中究竟表现什么样的具体内容对他们来说都不是终极关切,他们追求的都不是去表征现实世界,而是如何去表征一种与现实世界的关系——而这个关系恰恰是他们自己用媒介技术才得以实现的。德鲁小组更倾向于"隐身"的存在方式,鲁什和莫兰则倾向于"在场"的存在方式,不过不论是退隐还是向前一步,都揭示出因摄像机的存在而能够达成的意义转变。说到底,直接电影和真实电影真正不懈讲述的都是关于自身的故事,围绕这些技术和手法形成的一部部如真实世界一般无二的纪录片作品,都是作为这个"自己要讲的故事"的其中一个例证。

二 诉诸观看的统合/拒斥:作为机构的媒介体验

但是,诉诸机器只是完成对意义转变本身的表征;要想让影像真正产生意义价值,还需要诉诸观看:既然技术媒介设备已经有所讲述,它们又是怎样同时讲述了我们所有人可能共通的体验呢?当然类似乔治·弗朗叙这样自20世纪50年代初期就开始的探索具有重要意义:弗朗叙在《动物之血》《荣军院》等纪录片中使用通常被用于虚构电影叙事的象征性画面形式特征，不再将影片不言自明的对现实的明断性强加给观众，而是旨在"通过影片本身的织体提出命题和反命题……它们的题材是不同思想的冲突"①，但依靠相对高度语境化的画面元素解读所能释放出的诉诸观众阐释的力量是有限的，或者说至少在电视时代初期还不足以扩展其共通性。当时很多引入影像沉思与辩证主题的纪录片，如《全世界的记忆》《梵高》都被归为"高雅艺术"传统的延续而非真正诉诸观众主动的意义统合过程，即与此有关。画面内容本身不能确保诉说自身，画面之间的关系才可以。于是从弗朗叙开始，已经显现出一些因镜头辩证并置而产生的不连贯形式探索；到了20世纪六七十年代，电视将影像表现形式大大扩展，开始将影像之间的矛盾统一关系渗入人们的影像感知与阐释之后，"诉诸观看"就非常典型地化为剪辑的重要性了。

剪辑工作在纪实影像创作中的地位，除了在维尔托夫以及苏联蒙太奇派那里得到特别推崇和强调外，几乎一直处于无话可说的状态，尤其是从20世纪30年代格里尔逊、劳伦兹为代表的影像组织化工程开始，一直到二战期间的宣传战，剪辑工作都体现不出相对独立的创作空间；鲁什在20世纪四五十年代开始拍片时，在法国电影界都还没有形成给剪辑师署名的惯例②，尽管由于缺乏经验，无论是其早期无镜头内剪辑意识的素材，还是之后越发丰富多彩但即兴因素极多而很难梳理的素材，鲁什的作品都十分依赖他和剪辑师之间的冲突与合作。

在剪辑台上，影像的制作者们也在观看，"直接拍摄法的制片人兼摄影师是他所拍摄内容的第一个观众"③，并试图给这些原真素材一个既可理解又不封闭的结构方式。在这方面《初选》作为起步就

---

① 伯奇：《电影实践理论》，周传基译，中国电影出版社1992年版，第147页。
② Henley, P., *The Adventure of the Real*: *Jean Rouch and the craft of ethnographic*, Chicago: The University of Chicago Press, 2009, p. 61.
③ 鲁什：《摄影机和人》，载霍金斯主编《影视人类学原理》，王筑生等编译，云南大学出版社2001年版，第91页。

第四章 作为"反思"的秩序:20世纪六七十年代现代媒介的自我表征与纪实影像的"机构复制"

十分容易上手,它以事件自带的对立结构及美国传媒界对政治题材"公平原则"的要求,而采用交叉剪辑的方式制造戏剧性,用来自新闻报道和访谈的画外音取代了解说,示范了直接电影如何可以根据真实素材与事件拍摄时间的累积而"自觉地"对位出一个合适的剪辑结构,成为直接电影剪辑的"定调者"。《初选》之后德鲁小组为美国广播公司ABC制作的很多纪录短片都体现出这种对立冲突,尤其是"危机结构",限于片长,专注于几天或几小时之内必须解决的危机状况,但与故事片常规的闭合结构不同,由于是记录真实事件,危机很可能得不到解决,比如《简》一片中,主人公的演出就未能获得成功。因此交叉剪辑既保证了符合人们对这类事件的二元对立结构的固有认知,维护着影片的真实性,又能形成对观众极强的刺激,将以往未被表征过的非闭合危机结构表征了出来。

但随着直接电影的风行、题材的扩展,找到这种结构所需要的创作主观性投入越发明显。除了并没有那么多足够"重要"的危机可拍到外,还有一个原因就是"危机结构"交叉剪辑的外观设计本质上是高度的"结构化",是被剪辑给予素材的,而真实素材本身能够具有的意义再生产能力还是被大大浪费了。电视的发展已使周遭充斥了图像所构成的精巧意义框架,直至影像本身的意义系统逐渐自我束缚;这时候还没有被侵蚀的领土,本来就是以直接电影和真实电影诉诸机器的实践方法带来的意义转变可能性,吸引观众的往往不是大众媒体上俯拾皆是的输赢,而是肯尼迪的疲惫、杰奎琳的搓手等和危机结构关系不甚紧密的东西,因为那才具有"通过影像真正去认识一个人的可能性"[1]。之后针对直接电影的客观性声明,很多研究也指出《初选》在表面客观平衡下对两位候选人的明显倾向[2]。本来

---

[1] Mamber, S., *Cinema Verite in America: Studies in Uncontrolled Documentary*, Massachusetts: The Massachusetts Institute of Technology, 1974, p. 139.
[2] 温斯顿:《纪录片:历史与理论》,王迟、李莉、项治译,中国广播影视出版社2015年版,第143页。

是可能为自己"免责"的客观记录，反倒束缚了自身。

　　危机结构作为最便捷的起步积累手段很快走到了穷尽，比真更"真"的魔咒开始起作用，直接电影的实践者们开始形成了围绕剪辑的焦虑——本质上还是如何确保一个纪实表达"机构"的权威性，让其运转更高效。梅索斯兄弟甚至曾应激反应般声称要摒弃剪辑，他们的《披头士到访美国》（1964年）完全是将披头士的巡回演出记录以一种随性、流水账式描绘展现出来，结果得到了当时BBC"再过十年也不会有人从这个无聊的片子里看出什么价值来，基本上就是对披头士事无巨细都兴趣盎然的一种执念"的评价，但即使这样——或者说正因为这样——再加上披头士的巨大影响力，对这部影片的讨论与主题分析才呈现出各种面向：有的借此反思披头士被赋予的商业价值背后消费社会的逻辑，有的则对影片为何没有将每个披头士成员都塑造得更鲜明一些而好奇不已。[1] 无论如何，在观看之中，素材被"盘活"了，尽管完全的"无结构"会让人陷入困惑，但观看者投注的主观性，可以为声称无中介、无倾向的影像记录注入各种意义统合机制。纪实影像开始对观者发出邀请，或者说求助也不为过，唯其如此，机构的巨大齿轮才能够继续运转下去。可以说，观者在消费直接电影的影像时开始同时消费自己投入的劳动了，消费这种被提供的可能性。

　　诉诸观看的意义统合所具有的潜力逐渐被发现以后，直接电影就可以逐渐将主题拓展到更深更"看不见"的层次上了。从显而易见的政治冲突竞争，到名人后台生活细节的窥视与颠覆，终于一直扩展到普通人的日常生活，甚至在诉诸观看的潜力被越挖越深后，普通的日常在"真"的这个属性上被认为具有更大的特权，在剪辑上也不再能够单纯围绕冲突或围绕人物，而是"试图将拾取到的零

---

[1] Mamber, S., *Cinema Verite in America: Studies in Uncontrolled Documentary*, Massachusetts: The Massachusetts Institute of Technology, 1974, p. 146.

星资料提升到不言自明的概括"①。对"日常"的"整体描绘"本身逐渐成了被表征的主体,剪辑工作从达成影像叙述转变为达成原始素材的可叙述性。

根据直接电影代表人物们的介绍,这是一个非常精细而微妙的工作。影像表征就已经是对现实的客观化,对"日常"的非日常化凝视,怎么用它再来剪辑出"日常"?只能寻求从其各种可能的对立面去反向操作,通过打破固有的影像剪辑逻辑去援引观众的观影经验。比如一些最常见的手法有容忍长时间的沉默与固定镜头、画外音(来自电视新闻、音乐等)与画面内容的对比反讽、非闭合结构等,甚至是对拍摄行为在场的刻意保留,如人物对镜头说话、直接讲出对拍摄者和镜头的意识等。影片制作者作为第一个观众,将一个自己统合出的意义赋予这些素材,然后又在剪辑中将这一意义作为对真实性宣言可能的束缚加以掩盖,掩盖本身又再次体现出其赋予的意义。结果就是这一持续的焦虑过程成功地将观众"拉下水":观众如果统合出一个意义框架,那是观众根据现实素材先在的意义自行阐释的;而如果观众发现自己的观看拒斥着任何特定意义,那恰恰也说明纪录片忠于自己的真实性使命,没有把自己的主观观点强加给影片。无论如何,剪辑所做的工作只是所谓"重建事件"、使自己形成,而不是使某个故事或意义形成。因此难怪很多纪录片研究与批评都直接说直接电影"排斥叙事""非叙事",但这其实与文学研究领域的"新批评"一样,将作品看作自主的、只保证对自己进行细致入微的检查,本质上不是"取消叙事",而是不再进行以达成意义为目的的叙事,转以"叙述"观看行为本身,指望一种"自由自在、不受约束的批评智力直接面对着没有中介的白纸黑字"②。

---

① 转引自温斯顿《纪录片:历史与理论》,王迟、李莉、项冶译,中国广播影视出版社2015年版,第140页。
② 霍克斯:《结构主义和符号学》,瞿铁鹏译,上海译文出版社1987年版,第157页。

在这方面弗雷德里克·怀斯曼的"马赛克"式剪辑特别典型。怀斯曼是亲自参与剪辑工作的,他的大量作品都致力于展现特定机构空间内人们的互动,本来就在以拍摄来有意避免事件对剪辑的线性统领。摄像机在他这里是"墙上的苍蝇",更是"飞来飞去的苍蝇",他在这方面的感受很难说是创作者还是观看者:"当我重看所有素材的时候,刚开始,每个序列都是孤岛。但逐渐地一个个小小的群岛开始连结出来。在剪辑时,你要留意你脑海边缘的那些想法。这个过程在某种意义上非常理性,或者说意图上非常理性。但同时又是非理性和无理性的。我可以把我所有电影都过一遍,告诉你每一个镜头为什么在那里,它和前后镜头有什么关系,以及影片头10分钟和最后5分钟有什么关系,然后那5分钟往往也不是连贯的……在连贯的几分钟里,可能会是从50分钟里拿出的5分钟,剪辑成显得好像它正是以你观看它的方式发生的样子……需要去摆弄,剪辑是在来回摆弄中产生的……如果你不喜欢它,它对你来说就是撒谎。"[1] 对于以创作者观看的方式进行的剪辑,里考克也作过一个听起来有些不负责任的总结:"如果是同一个人拍摄这些素材并进行剪辑,其结果可以概括为'观察者对在摄影机前所发生事件的若干感受'。"[2] 典型的马赛克式结构将自己呈现出一种近乎"予取予求"的开放姿态,以允诺开放各种统合或拒斥的意义阐释的形式,努力为自己的作品固定一个"元意义",那就是摄像机(后面的人)的观察与感受本身。

而对于以鲁什为代表、表征期遇与互动的"真实电影",剪辑更多是一个"将真实时间转为电影时间"[3] 的问题。虽然剪辑台上的

---

[1] Wintonick, P., "Cinéma Vérité: Defining the Moment", https://www.nfb.ca/film/cinema_verite_defining_the_moment/, 1999.

[2] 转引自温斯顿《纪录片:历史与理论》,王迟、李莉、项冶译,中国广播影视出版社2015年版,第9页。

[3] Henley, P., *The Adventure of the Real: Jean Rouch and the Craft of Ethnographic*, Chicago: The University of Chicago Press, 2009, p. 165.

第四章 作为"反思"的秩序:20 世纪六七十年代现代媒介的自我表征与纪实影像的"机构复制"

重新观看是必然的,但关于观察和"若干感受"的部分在拍摄现场通过参与而达成了,对于鲁什来说,"如果不满意,可以马上停止拍摄,重新尝试另一种方法;如果一切都进行顺利,可以把现场拍摄的内容连接起来,我认为这才是真正的参与式摄影"①。所以相比美国直接电影同行们有时高达 200∶1 的片比,《夏日纪事》的 16∶1 简直精练得"不真实"。作为社会学家的莫兰将《夏日纪事》的素材看作研究数据,想用"你如何生活?"这个片名并将影片内容按照工作、生活困难、人际关系等社会学研究话题剪辑;而对鲁什来说,参与的经验是完整的、持续逼近的,他一如既往更倾向于以时间推进顺序和传记性的方式剪辑,对他来说与剪辑师的冲突往往是如何取舍。鲁什觉得借助同期录音设备,他终于能够捕捉到那些参与所达成的接触本身,因此每一个看起来无关紧要的片段实际上都为最本质的整体感受做出贡献,而将它们移除的同时也会将所谓更重要的那些瞬间的意义消磨殆尽②。因此对于鲁什来说,剪辑工作更像是以自己的感受去碰撞诉诸他人观看这一"机构",最终的成品永远是妥协的结果,不管是向合作者、剪辑师、制片人,还是观众;它呈现出一种永远的遗憾并激发出对完整体验的欲望。鲁什总是无法接受将完整的体验削减为几个重剪在一起的碎片,只是为了"产生具有某种意义的对世界的表征"③。好在作为真实电影理念的提出之作,《夏日纪事》以影片最后与拍摄对象一起观看影片并激烈讨论来将这个遗憾本身表征了出来,而没有真的像莫兰最初设想的那样成为一个单向的社会学报告(莫兰的"你如何生活?"被制片人否决,因为"太电视了"——这种方式的呈现已经被电视媒介使用到了饱和)。

---

① 鲁什:《摄影机和人》,载霍金斯主编《影视人类学原理》,王筑生等编译,云南大学出版社 2001 年版,第 92 页。

② Henley, P., *The Adventure of the Real: Jean Rouch and the Craft of Ethnographic*, Chicago: The University of Chicago Press, 2009, p. 167.

③ 转引自 Henley, P., *The Adventure of the Real: Jean Rouch and the Craft of Ethnographic*, Chicago: The University of Chicago Press, 2009, p. 167。

莫兰和鲁什有些沮丧地发现，不管创作者和研究者表征现实世界的机构化目标多么坚定而良善，如"深入了解自己的部落""表达爱的主题"，最后很有可能和与自己一起亲历拍摄的人感受都各不相同，遑论触及观众了。于是就把这些细碎的感受交给观众自己去判断吧。

三 自我"机构化"：作为机构的媒介话语论争

与电影自20世纪50年代后的自我意识逐渐增强相吻合，纪录片也面对着观看与反馈几乎同时发生和来回往复的境况。于是直接电影与真实电影的自我表征本质，几乎从一开始就给自己在评论界的处境带来了无尽的麻烦：似乎怎么做都不对，设法"推卸"出的"责任"总会反噬回来；温斯顿将之总结为一种类似鱼与熊掌兼得的贪婪：既想拥有科学主义的权威，又想拥有艺术家的自由特权[①]；这一观察尽管贴切，但在这里还需要点出的本质是：比起以往这种"贪婪"体现为创作者的主观权力意志，这一时期由于大众传播电子视听媒介的深入发展，在实践的同时建立强硬的话语的自我机构化，对于直接电影和真实电影的实践者来说则成了必做之事。电子媒介所日益实现的即时观看，从影像创作伊始就迫使他们回应，而为了达成观看又要主动制定关于自身的立场。

直接电影和真实电影的代表人物们，或许是纪录电影乃至整个电影史上最积极甚至强硬地为自己的创作理念发声的一批了。即使是著述与论战颇多的维尔托夫和格里尔逊，当年也只是更多被当作不切实际的先锋艺术家或是雄心勃勃的政治改革家，珍而重之地对当年来之不易的纪实影像行使高屋建瓴的高谈阔论；而现在这一批纪录片人则必须能够以犬儒主义的姿态来配合因电视媒介的扩张而

[①] 温斯顿：《纪录片：历史与理论》，王迟、李莉、项冶译，中国广播影视出版社2015年版。

第四章 作为"反思"的秩序:20世纪六七十年代现代媒介的自我表征与纪实影像的"机构复制"

加速贬值的纪实影像,以貌似的漫不经心和"放权"牢牢握住对自己创作理念的意义统合特权。这个使命看似完全矛盾:既然是一种对观众承诺自由平等、不带预设的观看,那么为什么观众反过来必须接受"所见为真"这个预设?纪录片导演们在这个矛盾之间左支右绌,以这种挣扎本身来亲身表征着直接电影与真实电影的固有矛盾,将这个矛盾作为一个"机构"建立了起来。一直到现在,我们在思考和探讨纪录片真实性问题时陷入的那些经典甚至老调重弹的问题,都被直接电影当年这个将影像的客观性推至"极致"的纪录片创作风格所统治着;我们使用的话语、讨论这些问题时的乐此不疲、以子之矛攻子之盾的各种思想快感,几乎都自20世纪六七十年代直接电影与真实电影始。

围绕创作技巧与风格的"名实之争",从直接电影和真实电影群体内部就早早开始了。鲁什和莫兰之间的观点矛盾最为典型:莫兰将媒介技术视为工具,坚持将其与认识论层面的真实揭露以不同的术语严格分开,还因此特地将北美的用词"cinema direct"(直接电影)引入法语,以指《夏日纪事》所使用的"技术"——"摄影机走动拍摄"(walking with the camera),而将"cinema verite"留给他心目中可以超越维尔托夫式"电影眼睛"浮光掠影的街头偷拍(莫兰称之为"cinema-thief")而表现"广大的那些行动中的群众"的真实电影,"例如像伊文思以及英国的格里尔逊一样"[①];新技术只是实现手段之一,而《夏日纪事》的可贵在于鲁什扛着轻便机器穿过了肤浅的表象、深入了普通人的生活。鲁什则认为以"摄影机走动拍摄"为主要成就的技术与"真理电影"(cinema verite)是关联在一起的,如果没有技术的支持,真理无法被表征;鲁什专门在莫兰这篇文章下作注为维尔托夫辩解,认为维尔托夫的"偷拍"是受

---

① Rouch, J., Feld, S., *Ciné-Ethnography*, Minneapolis and London: University of Minnesota Press, 2003, p. 230.

当时技术所限,机器大而笨重,在街上拍摄很难不引起注意,将这些表明人们意识到摄像机存在而不能够正常行动的影像去掉以后自然就只剩下貌似的偷拍了;言外之意,在以影像揭露真理上,"电影眼睛"派尽力了,如果没有达到更深入的探索,更多是技术条件所限。当时的评论界则更多站在莫兰一边,当然不可避免地是因为在观感上维尔托夫的"真理电影"与《夏日纪事》实在大异其趣[①]。莫兰认为比起维尔托夫,鲁什应该更向弗拉哈迪"认祖归宗"才对,但尽管不止一次追忆少年时代第一次观看《北方的纳努克》对自己的纪实影像启蒙,鲁什在阐述理念上还是援引维尔托夫更多,他模仿"电影眼睛"的各种修辞也明显更多,比如大量用"cine-"这一前缀来强调电影的自动机制有别于人类认知与行为的独立性与特殊性、其所达到的不以创作者个人意志为转移的意义等。

这种迫切地在创作理念阐释与自我表达中将自身与机器合一的倾向,在美国德鲁小组那边则更加明显。在观者与评论界看来,机器与创作主体天然地是两码事,也是完全可以分开讨论的,于是要么创作者在取材、运镜、构图、剪辑等方面不可避免的主体性使机器客观复制的遁词失效,要么纯粹依赖机器复制会使影像失去与基本人性之间互通的可能,无论是哪一种都可以将对于直接电影的讨论作一终结了,但似乎在导演们现场实践体验了与机器之间的关系之后,他们感到特别需要反复论述申明这种与机器之间爱恨交加无法分离的关系,即使立即就给自己带来持续的麻烦也在所不惜:比如早在《初选》《夏日纪事》创作三年后,法国广播电视公司1963年在法国里昂组织了一场会议作为"电视节目和装备国际化"会议的一部分,让当时已经分别在欧美大陆引发轰动的法、美纪录片人相遇。一场围绕着摄影机的"自动机制"是否是纪录片拍摄唯一合

[①] Henley, P., *The Adventure of the Real: Jean Rouch and the Craft of Ethnographic*, Chicago: The University of Chicago Press, 2009, p.174.

第四章 作为"反思"的秩序:20世纪六七十年代现代媒介的自我表征与纪实影像的"机构复制"

法方法的争论在所难免,鲁什与里考克还曾有热烈辩论,他们都希望找到隐藏在肤浅的日常生活习惯之下的"生活的真实""人的真实",鲁什试图通过讨论、访谈和即兴表演等方式,穿透可见的表面,达到潜在的真相;里考克以及德鲁小组的方法则是通过不加干涉拍摄、捕捉正常生活中不受保护的自我暴露的时刻来揭示现实。"真实电影想要解释生命存在的理由,而直接电影想要让生命展现自己。"[1] 这次会议上,远道而来的德鲁小组所强烈主张的方法激发出欧洲电影艺术界自觉的"抵制",而似乎省略了这场会议是关于"电视节目和装备"的事实——受邀参会的除了纪录片人,还有对于德鲁小组和鲁什来说都至关重要的工程师们:Andre Coutant(Eclair相机)和 Stefan Kudelski(Nagra 录音机)。当 Coutant 展示他的相机时,他从口袋里拿出一支钢笔说:"相机使用起来还没有这个简单,但我们正在研究。"[2] 当时的评论界乃至纪录电影史研究都被纪录片人的辩论带领了节奏,而没有意识到他们实际上有多么统一地团结在诉诸机器的话语基础之上,然后不自觉地将这种对机器中介的观察引发的焦虑传授给观者与评论界。

直接电影和真实电影都不乏对自身阐释进行机构化的高手,而他们建构创作理论的方式与建构自己的纪录片十分相似:一旦使用某个定义,又马上会躲避它(鲁什自《夏日纪事》开始一方面将"真实电影"大旗招展开,庆祝着终于找到了寻求真理的最佳工具,将影像作为认识论的具身化的手段;另一方面则拒绝加入关于何为"真理"的争论,强调让影像"自己说话",强调自己影片的非政治性、非表达性);一方面坚持自己履行了真实性的使命,另一方面承认各种不真实的指控并将其合理化(里考克曾以此类比摄像机被怀

---

[1] McLane, B. A., *A New History of Documentary Film*, Second Edition, New York: Continuum International Publishing Group, 2012, p.233.

[2] McLane, B. A., *A New History of Documentary Film*, Second Edition, New York: Continuum International Publishing Group, 2012, p.232.

疑的主观倾向:"对电路进行测量时,要使用电压表。而一旦你进行测量,你就改变了电路。"[1] 以这种方式,他强调的是自己的"测量"行为本身的价值)。温斯顿认为,直接电影的"这些回应实质上允许主观性侵入边缘,但保留了核心内容(即未经剪辑的素材)的真实性"[2];其实跟随着这种机构化讨论的自我对立方式,评论与观看的怀疑已经扩散到质疑摄像机存在本身对真实的干扰,比如经典的"人物在摄像机前表演"问题,而这种泛化的怀疑就算不是直接电影与真实电影人们乐见其成,至少也是彰显其存在意义的话语财富,正给了导演们最好的材料来凸显自己创作方式的迷人之处,得以对已有的各种关于纪实影像的观念付之一笑。彭尼贝克面对质疑鲍勃·迪伦在《别回头》里自己"表演鲍勃·迪伦",甚至整个影片都有配合迪伦表演之嫌的评论时,不无得意地反唇相讥:"如果我告诉你这全是假的,你会介意吗? 如果我告诉你这只是个剧本呢?"[3]

直接电影与真实电影非常依赖关于自身"合法性"的讨论。直接电影需要不停辩白自己在现场的透明性,而真实电影则需要不停放置自己的主体性。前者似乎在告诉观众,我提供给你的材料是可信赖的"真材实料",因此基于这些材料而使你得出的结论——什么结论都没关系,你开心就好——彰显了你的价值;后者则似乎向观众保证,我们的材料来自可信赖的"供货商",虽然也许其他人会提供给你迥然不同的材料——甚至"质量"更好,但至少这位

---

[1] 转引自温斯顿《纪录片:历史与理论》,王迟、李莉、项冶译,中国广播影视出版社2015年版,第144页。

[2] 温斯顿:《纪录片:历史与理论》,王迟、李莉、项冶译,中国广播影视出版社2015年版,第144页。

[3] Pennebaker, D. A. , "Interview with Donn Alan Pennebaker by G. Roy Levin", in *Documentary Explorations: 15 Interviews with Film-makers*, NY: Doubleday, 1971; Hall, J. , " 'Don't You Ever Just Watch?': American Cinema Verité and Dont Look Back", in Grant, B. K. , Sloniowski, J. , eds. , *Documenting the Documentary: Close Readings of Documentary Film and Video*, Detroit: Wayne State University Press, 2014, p. 251.

第四章 作为"反思"的秩序:20世纪六七十年代现代媒介的自我表征与纪实影像的"机构复制"

供货商的资质可以让你清晰辨别,可以供你判断。和经典电影工业与电视媒体致力于达成的霍尔所谓主导—霸权式解码相比,他们的作品渴望着对抗式解码,通过与怀疑的反复对抗与妥协,一个近乎霸权式的纪实影像话语才建立起来。直接电影和真实电影人们仿佛殉道者般走向审判台,但同时也是所有观看者与评论者将他们送上去的;在影像丰富的电视时代,站上审判台同时也是站上舞台中心。

第三节 作为"反思"的秩序:自反的现代媒介

直接电影与真实电影所代表的"机构复制"式纪实影像实践,对20世纪六七十年代影响甚巨。虽然绝不能将其断言为因果关系,但以它们的实践方式开始,对于现实的表征方式的确形成了一种"足以曝光一切"的机构化自信氛围与"无往而不至"的雄心:武装在机器外壳里以体验前所未有的"自由"。于是视听媒介表征的秩序将自身也纳入反思领域,形成我们暂可称为"反思"的秩序:它明确地意识着自身的运转,并机构化地实时实现着自身。

首先电影本身的艺术表现力诉求大大加强:通过认识到"比真更'真'"的可能性的存在,在各方面超越表象的渴望激发了20世纪六七十年代先锋电影与实验电影的发展,展现出自20世纪20年代先锋电影第一次浪潮以后无可比拟的旺盛与丰富[1]。法国"新浪潮"就曾深受鲁什的摄像机街头走动拍摄、"期遇"(以摄像机促成行为与互动)、"通灵电影"(以摄像机激发通感)等理念的启发;借由影像,诸多艺术表达形式之间的界限也在逐渐打破,诸如安迪·沃霍尔等艺术家也开始以影像来表征自己的艺术创作本身;实

---

[1] 大卫·波德维尔、克里斯汀·汤普森:《世界电影史》,范倍译,北京大学出版社2014年版,第659页。

验电影进而也发展出言说自身的话语体系，以诸如反叙事、抽象拼贴、游戏性结构规则等自反形式、"地下电影"的表达与行动方式作为主流的反面而存在。

其次，电影工业也必须在各种持续丰富的、冲突的影像表征中重新定位。观众有了更多选择，无论是电视，还是主流电影之外的作品。无往而不胜的好莱坞已经不能再决定观众的喜好，制片厂开始用更加开放甚至反叛的影片试图与电视竞争，成就了"新浪潮""新好莱坞"等发展契机。另外更加不容忽视的是，电影工业不得不求助于更大的资本力量，多家主流好莱坞制片厂在20世纪60年代初先后被综合性工业资本集团收购，对此老牌好莱坞导演约翰·福特写道："好莱坞现在由华尔街和麦迪逊大道经管，他们需要'性和暴力'，这违背我的良心和宗教信仰。"[1] 事实上福特只看到了问题的一边；而在现代社会，所有的问题都无法只问责一边。观众的品味是生产商的指南针，当影像已经全面铺开至此，成为人们生活中习以为常的日常消耗品时，把电影从大集团中的汽车、食品、石油、保险、宾馆与殡仪馆等五花八门的产品中超脱出来就更难了。电影作为一个自为领域的状态只能维持在一个影像相对珍贵的阶段，这个自为阶段既意味着领土权力，也意味着自我封闭、自我铲除的风险，所以注定会在为自身谋求生存的挣扎中自我打破，让自己在面对更多机会的同时承受更多不确定性。

最后也是最重要的影响在于，影像媒介技术的发展与其说扩展了人类"复制现实"并加以认识的能力，不如说放大了"复制现实的渴望"，在这种越发不可遏制的渴望之下，社会各方面的表达欲都空前地旺盛，也都如直接电影与真实电影那样，从寻求对偶然与不可预知性的控制，到主动出发将偶发事件作为自我表达的一部分。

----

[1] 转引自大卫·波德维尔、克里斯汀·汤普森《世界电影史》，范倍译，北京大学出版社2014年版，第670页。

第四章 作为"反思"的秩序:20世纪六七十年代现代媒介的自我表征与纪实影像的"机构复制"

如前所述,20世纪六七十年代正值战后世界秩序重建工程在日益扩散的媒介表征之下开始逐渐失效,固有的权力框架开始受到越来越多挑战的时期:冷战格局之下出现了各种裂痕,西方资本主义阵营在民主自由说辞下的霸权开始受到越来越多第三世界国家乃至自身社会内部的质疑与激烈批判,而社会主义阵营这边也针对单边的权力控制产生了重重矛盾,无论是中国与苏联的紧张关系,还是之后的"布拉格之春"等。影像表征的重要性开始超越语言文字的壁垒,成为对所有强权政治与传统权威的机构化反制手段。比较著名的比如成立于1967年的"纽约新闻影片小组"(New York Newsreel),由一些支持"学生争取民主社会"组织的学生成立,制作对抗主流媒体、抗议越战的新闻影片;1968年法国参与罢工的电影制作者创作"电影—传单"——制作简单且在几周之内发行的16mm影片;戈达尔联合共产主义者戈兰成立吉加—维尔托夫小组;还有一些著名的摄像机参与反思社会运动的例子,如克里斯·马克《美好的五月》、小川绅介的《三里冢》系列纪录片等。

但是这时期的种种以影像为手段的"微观政治",与格里尔逊所谓"改造社会的锤子"的工具性相比,并没有明确地试图去捶打形塑现实。就像直接电影与真实电影所立即引发的争议一样,仿佛以按照主观意愿去改变现实这件事情成了新的政治不正确,新的"政治正确"是捶打自己,让自己被民主地形塑,不如此不足以规避无处不在的权力批判。直接电影与真实电影非常自然地与当时风起云涌的政治运动与思潮联系在一起,正是因之"除了自身之外不承认其他任何目的的纯粹的和纯粹无利害的伦理行动,以那些献身者的完美无瑕的名义,除了给予其他权利,还给予愤怒的权利,因为这些人尽了他们的全部义务并尤其创造了一个要求得到认可的完美行为"[1]。结果就如克里斯·马克所说,他通过《美好的五月》这部电

---

[1] 布尔迪厄:《区分:判断力的社会批判》,刘晖译,商务印书馆2015年版,第725页。

影,"希望能为寻找过去与未来的捕捞者们提供一片鱼塘,从虚空的废渣中挑拣出真正有意义的东西"[1];纪实影像的储备也开始越来越像个自选商店,重要的逐渐不再是评估影像"商品"的使用价值,而是评估自己有多少品类可供选择。

　　对影像的操作处理,开始在优先级上超越对现实进行影像表征本身。很多艺术家甚至纪录片导演开始无须扛起机器也能诉诸真实了,典型的如汇编纪录片大师德·安东尼奥;20世纪70年代继续活跃地进行直接电影创作的著名导演如梅索斯兄弟、怀斯曼等,也将直接电影作为一种影像生产利器的可能性示范得日益充分:梅索斯兄弟擅长挖掘人性,怀斯曼则致力于探索机构,他们的系列作品展现出一种方法上的高度可复制性:无论名人、普通人、高等级化组织还是松散社群皆具有影像化的潜力,但代价是长时间的在场,而且为了比之前的影像表征更"真"、待选品类更丰富,所需要的记录时间越来越长。

　　于是储存媒介技术在20世纪70年代开始迅速发展以适应影像的需求:磁带录像机和稍后的光盘、数字技术,都旨在方便快捷、易于保存和编辑。应用首先还是发生在当时最发达的媒介系统——电视的生产之中,20世纪70年代初就开始使用装在"U-matic"磁带匣里的3/4英寸磁带的摄影机,U-matic系统之后迅速取代了大部分16mm胶片的电视报道;紧接着荷兰飞利浦公司推出了可录制1小时节目的卡式录像带,并发明了可以随时录制电视机中正在播放节目的录像机,将这一影像高效处理的武装手段迅速普及到私人领域:20世纪70年代末到80年代,以欧美为主,世界上约1.7亿电视机家庭都拥有了盒式磁带录像机,同时成就了日本、西德与东南亚国家在录像机与盒带生产上的迅速崛起,1976年日本索尼公司开始推销Betamax家用录像机,不久后松下推出家用视频系统VHS;

---

[1] 戈捷:《百年法国纪录电影史》,康乃馨译,北京大学出版社2019年版,第208页。

第四章 作为"反思"的秩序:20世纪六七十年代现代媒介的自我表征与纪实影像的"机构复制"

日本胜利公司也推出了家用型录像机,一卷卡带可录两小时节目,合乎录制1.5小时电影的要求。家用盒式磁带录像机大大改变了影像的处理方式,观众开始可以将电视台播出时间与自己的观看时间分开,也开始可以将各种影像产品的消费与广播电视网系统和院线放映系统分开。①

另一边,电影工业则在呈现质量上着力打磨。在1970年大阪第70届世博会上,采用大格式的胶片进行拍摄的IMAX巨幕首映,图像区域是普通35mm胶片格式的10倍;斯坦尼康设备与立体声多声道录制也得以应用,到1977年《星球大战》大规模运用数字电影特技,以及杜比光学立体声系统,成为电影工业技术的里程碑作品,也成为一代文化奇观。影像在小荧屏和大银幕上的"左右互搏",在自身催生了新的等级化,也为自身打开了更多边缘地带的可能性。

更高效的记录与存储技术转折此时已经在准备之中:飞利浦公司几乎同时在20世纪70年代初就研制出了激光视盘(LD),几经发展后形成的CD-ROM高密度只读盘片将从20世纪80年代起才开始大展拳脚;至于数字技术,早在1970年就以美国贝尔实验室发明的CCD(数字相机光敏元件:电荷耦合器件)发端,该技术正是数码相机的核心,被宇航局用于拍摄并传输来自月球的图片,以克服模拟信号在传输过程中的衰减问题。这些新的技术准备将与卫星通信、互联网等媒介传输技术一道,在20世纪末让影像得以"离开地球表面";纪实影像也将呈现出挣脱一切甚至挣脱现实的新样态。

第四节 小结

本章从电视媒介在二战后起飞背后的技术综合性与事业规划性开始,分析其所经历的终端先行、军事—工业基础这两个经典的媒

---

① 汤普森:《意识形态与现代文化》,高铦等译,译林出版社2019年版,第217—219页。

介发展途径。电视是现代媒介在整合"观察"与"传播"上同时推向一个阶段性顶峰的典型体现，也是媒介开始"发明自身"的典型体现。相应地，作为媒介表征的影像也开始体认自身，从"表征"开始来到"自我表征"，将自己纳入反思领域：电影感到自身的危机并开始重定向，在技术创新、学科建制、向现实主义风格转变以达成更多敞开领域等方面百般挣扎，后果则是将现代世界推向高速影像化——对现实的媒介化表征形成霸权，主宰了社会表达；人们对现实的观感也发生改变，广泛的社会反思与行动被不停激活。20世纪六七十年代这一媒介表达的转折性时刻，纪实影像既是添砖加瓦的主导力量，也是之前种种积累的汇集："直接电影"与"真实电影"这一体两面的纪实影像技术与风格转变，就是纪实影像开始自觉审视自身、影像背后的权力冲突显明、社会关系配置在大量媒介表征推动下不断更新的大势所趋，这一"一体两面"在纪录电影史的经典叙述中，化为美国以德鲁小组为代表、法国以让·鲁什为代表的经典形象，他们再次以殊途同归的方式，将纪录片在之前并没有成为问题的创作主体性作为了一个问题，并以"诉诸机器"与"诉诸观看"的方式将自己的纪实影像实践"机构化"：在拍摄时以标示"隐身"/"在场"的方式，从表征现实世界，过渡到表征与现实世界的关系；典型地体现在剪辑以及观看上的，则是指向媒介观看体验本身的意义统合与拒斥机制，从而使纪实影像实践从阐释现实世界，过渡到不断地自我阐释。对如此繁多的媒介影像而言，自身的"存在感"开始越来越强以至于有超越其表征意义本身，对影像的"操作"的重要性也开始在优先级上超越对现实进行影像表征本身。

这种作为"反思"的视听媒介表征秩序，一方面不断致力于彰显自己在世界图景中的存在感以图存，由此才带来了电视媒介一直延续到20世纪末的世界性媒介表征霸权；另一方面也是"竭泽而渔"，对自己的贪婪体察也会走向穷尽甚至反面。于是20世纪70年代后，人们又会见证一场前所未有的视听媒介技术及传输效率迅捷迭代更新：在存储介质上从磁带录像机到光盘、数字技术，在传输上则是卫星通信以及紧随其后的互联网。相应地，"直接电影"与"真实电影"尽管影响力延续至今，也同时会很快面临自己成为众矢之的的转向。

第五章 作为"建构"的秩序：20世纪八九十年代电子媒介全球化扩张与纪实影像的"社会复制"

在前几章对世界纪录电影史背后的技术媒介表征量变与质变发展规律进行重述的基础上，本章及第六章将继续尝试对20世纪八九十年代至今纪实影像的"新纪录电影"转向加以分析总结。

从"新纪录电影"这一与"新媒介"一样模糊的概念上就可以看出，当来到20世纪后期时，一定历史距离的局限性，以及媒介技术与社会发展的日新月异，很大程度上限制了我们理论反思的解释力：当对种种足够显著但面目模糊的转向着手进行对象化研究时，往往具体研究对象已经过时甚至消失了，但转向的趋势又不容忽视。20世纪后期的视听媒介变迁与纪实影像实践，开始因表征速度与数量的空前膨胀而几乎无法辨识临界点：在以电视为代表的大众传播视听媒介仍然占据媒介表征霸权地位的同时，以数字化与互联网为特征的新媒介已经开始对其产生影响。

转向之迅速与剧烈，为经典的纪录电影历史叙述带来了很大的困难，又在大多数情况下被实用主义地赋予了艺术表达的多元主义话语，因此显现出不可也不应被任何既有的理论框架加以分析的倾向；不过回到20世纪八九十年代由电子视听媒介在全球、全社会不断对社会场景进行延伸与融合的技术媒介发展趋势，我们可以清晰

第五章 作为"建构"的秩序:20世纪八九十年代电子媒介全球化扩张与纪实影像的"社会复制"

观察到,纪实影像的这一转向,正是一场影像表征的"大爆炸"以不可遏制性向前推动的具体体现。

第一节 电子视听媒介的全球机构化扩张

20世纪50年代开始,电视将影像源源不断地输送到千家万户;到了20世纪六七十年代,这些影像又与风起云涌的各种社会运动与文化思潮互相成就,在挣脱了原有的等级化秩序的同时也抹平了自身的价值,使严肃的现实主义影像、商业目的的公关影像、满足感官愉悦的娱乐影像等统一编排在时间线上,直到彼此之间的界限也开始模糊。

对于以电视为代表的电子媒介在20世纪60年代以来社会各个领域的剧烈变化中起到的作用,梅罗维茨在《消失的地域》中总结为电子媒介造成的社会场景融合与场景中行为的改变:封闭场景的开放,外在地体现为将各种历史传统施以逆转;而在成书于1985年的梅罗维茨看来,随着电子媒介在社会中越来越强大的势力扩张,这种场景融合与行为变化仍在持续,但它未必天然地承载了自觉的进步期许。[①] 与其说人们以视听媒介武装自己的权利,或者说电视赋权于人民,一个与"景观社会"类似的说法则更中肯一些:人们逐渐不再有能力与底气对其加以批判,因为它正是过去半个多世纪以来人们拼尽全力对现实进行最大化的影像表征的结果。

电子视听媒介在全球的机构化扩张,在将影像表征深深植入各种社会生活中、带来空前的视听信息生产与传播机构化规模的同时,也在渐渐弥平很多在过去具有重要反思意义的区隔,比如媒介生产与消费之间、对媒介表征的结构与解构之间。这些"中间地带"的

---

① 梅罗维茨:《消失的地域:电子媒介对社会行为的影响》,肖志军译,清华大学出版社2002年版,第300—302页。

逐渐形成和扩张，正是此时以"新纪录电影"为代表的纪实影像转向所体现并加以深入的；纪实影像在这一时期的主要特征，开始从"机构复制"深入扩展到"社会复制"。

一 媒介生产与消费的同构：电子视听媒介技术与事业的深入

20世纪70年代末，随着类似索尼公司发明的个人立体声播放机"随身听"（walkman）这种新型终端的出现（20世纪80年代中期起"随身看"watchman小型移动电视亦风靡一时），将视听媒介武装到个人，开始在已经被全方位影像武装的家庭生活基础上更进一步，成为新兴市场；技术所创新的不仅是设备，也是"时刻准备到处移动着"[①] 消费文化产品的新受众。在这之前，电子录像已经为这种个人化提供了充分的想象力，并且一旦存储媒介技术到位，影像的复制、积累与再生产立刻大大加速，到1980年底，在美国电影业盒式录像带销售和租赁就已经超过票房收入。不仅存储，连影像记录与生产的设备手段也开始普及到个人：20世纪80年代初开始，关于影像的操作日益便捷，无论对于专业影像产品生产还是个人影像表达来说都完全具有了摆脱传统组织化生产的可能，还是索尼公司，在20世纪80年代初推出8毫米磁带摄录像机，摄像机也开始进入私人生活；使用1/2英寸磁带的视频摄影机在Beta和VHS盒式录像带格式中变得可行；旨在识别录像带的帧的"时间码"经过修改，被用于同步胶片与一个或多个录像机，以时间编码的剪辑使得混音和重新录音更加容易；至于视频非线性编辑系统的普及，更将以往被刻板印象式地归于艺术创造力的影像重组能力，转换成人人皆可近用的技术工具。

[①] Zielinski, S., *Audiovisions: Cinema and Television as Entr'Actes in History*, Custance, G. (trans.), Amsterdam: Amsterdam University Press, 1999, p. 230.

第五章 作为"建构"的秩序:20世纪八九十年代电子媒介全球化扩张与纪实影像的"社会复制"

另外,电视必须对日益丰富的个人接收有所应对。从20世纪70年代末开始,电视系统从信号传输入手将自己的网络加密、加宽,直到"离开地球表面":20世纪70年代后期,有线电视和卫星电视都开始发展,仅1975年就同时见证了美国第一个全国有线网HBO通过卫星向全国转播拳击冠军赛,以及泰德·特纳将WTBS上星,产生了"超级电视台"——通过卫星将当地电视台的节目扩大到全国。有线电视的传输容量与质量大大提高,因而普及相当迅速,到1986年有线电视在美国已经达到近47%的渗透率[①]。而卫星通信技术起初是美苏空间争霸的军事领域研究副产品,到1962年,美国国会成立通信卫星公司以组织卫星技术的商业性利用;之后在美国的倡议下,"国际通信卫星组织"成立,使卫星通信的商业营运1969年起就达到了全球性,苏联则在1971年成立了类似的"国际人造地球卫星组织"以分庭抗礼;再加上其他地区和国别卫星系统、专门业务系统,卫星通信使信息流动越来越成为全球性的商品。卫星通信在大众视听媒介方面的应用,开始是作为中继站和电视广播的分布点;不过在卫星直接广播(DBS)以更高的动力传输、更有效的信息消费接收监控等优势开始占领市场后,它开始越过全国性广播电视网与有线电视网络而直达受众。

有线电视与卫星直接广播的发展,依然承继着当年广播电视媒介终端与基础设施先行、强大的军事—工业系统作为背后支撑的典型模式,指望着将此系统进一步完善,但同时正是这些发展使以管理作为有限公共资源的广播频道为依据的电子媒介规制话语开始失效:既然现在足可容纳上百个频道,且可以通过频道定制与订阅掌握接收情况,那么无论是公共物质资源方面的资质审批与牌照许可,还是公共文化教育方面的道德规范与社会责任,都找到了对于商业力量来说最为实用主义的解决——责任可以被推卸出去了。

---

① 汤普森:《意识形态与现代文化》,高铦等译,译林出版社2019年版,第219—220页。

因此，电子录像、摄像技术及磁带存储的便宜性与普及性，以及电视的大众广播模式向有线电视和卫星电视的延展，在影像媒介表征的宏观社会结构与微观个人生活实践两个方向上都产生了新的影响，既承接20世纪六七十年代在现实表征霸权下对现实普遍观感的批判性转变，又为接下来影像表征的根本性技术转向奏响了先声。这个新的影响就是，一方面，以新自由主义全球化"解除管制"趋势为典型特征，大众传媒以"市场"化约"自由"，转而将资本势力扩张的新希望放在消费上，也就是正式开始了将消费者对媒介文化产品的"自由选择"作为自己生产的一部分，设法将作为个体行为的消费"机构化"到媒介表征生产之中，以期将消费与生产"同构"，二者互相配合以完成日益难以预测和掌控的媒介表征任务。这个早在大众报刊时期就开始实践的媒介经济学"二次销售"逻辑——将媒介产品销售给受众，再将受众作为"商品"销售给广告商——在日益高效率的视听媒介产品生产下，从一个具有单向性的产业化生产逻辑变成了为全球各个社会力量所内化的消费逻辑，也就是说，非如此受众也不同意，否则怎能在如此纷繁复杂的景观社会中凸显主体性？或者说否则怎能在上百个频道的切换中为如此多的待选影像赋予其"可供选择"的意义，也许是其背后的媒介生产得以发生的"唯一"意义？这一"自由"确保了大量媒介产品有理由去生产和流通，反过来它们又一起保障了这一"自由"能堂而皇之地行使下去。传统上"收视率"这一对受众加以测量控制的手段，反过来仿佛成了受众表达自由选择权的手段，而媒介产业与广大社会成员皆乐见其成。

另一方面，在个人生活实践领域，作为生产的消费也日益凸显出来：在此之前，媒介产品相对封闭的文本期待，使得需要关注的只是媒介产品表征的品质特性（内容、形式）及对应的行为效果（收视率、批评与伦理反应）；现在开始需要关注文化消费者对影像的"操作"过程，这个"操作"不同于产业化的制作与艺术作品创

第五章 作为"建构"的秩序:20世纪八九十年代电子媒介全球化扩张与纪实影像的"社会复制"

作,而是我们在日常生活中对待影像的方式,"它与合理的、扩张的,且集中、嘈杂、壮观的生产相对应,我们称之为'消费'。它是有计谋的、四处分散的,但是它渗入任何地方……因为它通过对主导地位的经济秩序强加的产品进行使用的方式来凸显自己,而不是通过产品本身来凸显自己"[①]。通过订阅有线频道、用家庭磁带录像机录电视节目,甚至简简单单的频繁换台,人们制定着自己的影像媒介时间,也将时间制作为影像媒介时间;"使用"本身,就是新的"机构"(个体为自己订立之物),具有想象中的影像化意义,比如"随身听"自20世纪80年代起的风靡就被赋予了一种在人群中彰显孤独感的符号特性,使都市嘈杂中的人们即使跻身人群也仿佛持有一种自恋式的内在个体性。[②] 这种对"日常生活实践"的新期许,似乎并没有想象中具有那么高的解放性质。费瑟斯通将消费在当下社会(约20世纪80年代后)的主导性所导致的文化衰落现象称为"消解文化"(undoing culture)的过程,而消解则是通过"文化商品与影像的流动强度越来越大"达成的,从而人们"很难在文化符号或影像与它的使用者或消费者之间落实一种固定的意义和关系"[③]。从文化的角度来看,被"消解"似乎带有悲剧色彩,但从个人角度来看,这种"消解"又意味着很多赌注机会,所以再一次产生了一个循环:很难说它是一个需要应对的现状,还是一个我们乐见其成甚至一力促成的氛围。因为无法落实固定的意义或关系,所以某些僵化的意义与关系有机会打破;积淀的文化习惯被个人日常行为的日益显明提取出来,成为新的意义空间,可以具体化,可以拿来生产、消费;潜移默化的知识也经过个人反复体认,成为某些专家体

[①] 塞托:《日常生活实践1,实践的艺术》,方琳琳、黄春柳译,南京大学出版社2015年版,第33页。

[②] Zielinski, S., *Audiovisions: Cinema and Television as Entr'Actes in History*, Custance, G. (trans.), Amsterdam: Amsterdam University Press, 1999, p.230.

[③] 费瑟斯通:《消解文化:全球化、后现代主义与认同》,杨渝东译,北京大学出版社2009年版,第6—7页。

系得以形成并盈利的材料。所有这些都促成了更多媒介表征,而其中视听媒介在20世纪下半期无疑最为经济高效。因此,从个体消费的角度,也在逐渐与生产实现"同构"。

生产与消费互相同构的进程,将各个社会力量的表征潜力进行翻倍挖掘,这是现代媒介表征的全球机构化:过去它那些能够被体认出来的、个别的"机构"——无论是作为具体形态的媒介工业生产机构,还是作为概念方法的视听媒介表征规约——现在则开始因以电视为代表的电子视听媒介全球化发展,而从典型性开始成为普遍性。就像第四章所述,纪实影像的"机构复制",是影像表征作为"反思"秩序的基础和体现;那么这个进程深入发展到20世纪后期,影像表征来到了不仅仅自反,而且开始有强大力量对现实世界进行建构的时候了。从观看现实、整合现实、反思现实到建构现实,现代媒介的存在泛化到社会的每个孔隙中,为其自动赋予着表征。

二 媒介结构与解构的同时:电影、电视等视听产品的自反式发展

在新自由主义的媒介生产消费结构与日常生活政治与文化两个方向上,我们也开始捕捉到一些与过去由资本主义全球化发展观与启蒙理性主导的现代化进程之间的断裂,一个备受争议的"晚期资本主义"社会和"后现代主义"文化的时代在20世纪六七十年代激烈的变革后逐渐形成:人们在依循过去高贵的自由、平等理想,努力向理想的、透明的世界大步迈进时,忽然有一天发现不知何时迷失了方向。越来越多的传播渠道、越来越丰富的世界图景并没有理所当然地使世界诚实地展开,但我们已高度依赖影像材料所具有的生产力,让历史的车轮倒退、回到无知时代是更加万万不能的;何况,在处处仍存在不平等的世界中,影像媒介表征也是不均衡的,这也引发两个方向上的媒介化动机:一方面,世界某处、某社群的媒介表征相对匮乏,意味着还有潜在的生产与消费市场,于是"媒

第五章 作为"建构"的秩序：20世纪八九十年代电子媒介全球化扩张与纪实影像的"社会复制"

介帝国主义"的文化市场抢占仍然可以按照传统的资本主义全球扩张议程进展下去；另一方面，媒介表征之中广泛存在的刻板印象、选择性忽略、歧视与对暴力和苦难的麻木，对于广泛的社会文化运动来说又那样易于感受，以至于显现出一种普遍的潜意识：至少要先得到充分的表征，才能谈问题的解决——甚至很多时候更简单化：只要得到充分的表征，问题就会解决。于是无论如何，世界的媒介化图景越丰富，显现出的矛盾与风险越多；显现出的矛盾与风险越多，就越引入更多的表征活动来参与对抗。就如卢曼对社会中风险归因的分析：通过归因，行为及其后果才是可见的，但是当能够为其意图负责并进行解释的"行动者"的"一阶观察"逐渐为高效的媒介表征技术所加速，直到与广大社会层面对"一阶观察"本身进行的观察（"二阶观察"）之间的时间与空间距离越来越小时[①]，看待事物的规范还没来得及建立就可能被瓦解。于是，之前几章基于现代性的分离/客观化与整合/组织化双向交织而具有的显著历史阶段特征，在这一密集加速的趋势下开始难以把握。

我们仍然可以先从电影工业一窥媒介表征的进一步扩张带来的这些影响。20世纪70年代末，以好莱坞为代表，电影工业好不容易从电视的挤压中喘息过来，又面临有线电视、卫星电视的丰富选择，以及磁带摄录机的迅速普及。和当年面对电视一样，好莱坞刚开始的反应仍是反制，1976年MCA和迪斯尼还提起诉讼，要求停止出售侵犯了版权的录像机，但不仅这场诉讼最后以失败告终，而且时势所趋，这次没有留给电影工业多少时间对抗，因为一旦达到如此的扩张可能性，影像表征的生产就不可能那么容易停下脚步。有线电视、卫星电视的巨大内容需求，以及录像带的便捷性与低成本，很快都得以转变为电影的新渠道，也改变着电影工业本身。到20世纪80年代末，来自录像带的收入就达到了影院上映收入的两倍，独立

---

① 卢曼：《风险社会学》，孙一洲译，广西人民出版社2020年版，第104—105页。

和低预算影片的发行有了迅猛增长，因此在传统的几大公司垄断格局下，独立制作与中小资本力量也逐渐找到空间，甚至通过与大型公司之间的"逆向收购"及项目投资合作，合力使整个市场竞争焕发出活力①。好莱坞以高概念大片的形式努力打造相对于这些灵活机动的小型制作的竞争力：采用项目制以分散巨大风险；可靠的制片人越来越具有权威性；以1975年成立的好莱坞经纪机构CAA为代表，经纪机构以演员、导演、编剧等"打包产品"交易来配合项目化的需求，一方面垄断，另一方面也盘活了大多数好莱坞人才的盈利可能性。

　　新技术迫不及待地被应用于这些大片制作，从电影的手段逐渐开始变成目的：要更壮观、更清晰、更震撼；同时，由于传播渠道多样化，电影美学风格越来越受制于各种不同收看情境下的技术标准："因为视频会增强画面反差，很多电影制作者都使用低反差的色彩和照明，以便在视频转换时使亮度看起来合适。……（剪辑和摄像机运动加剧、震撼的音响效果等）都反映出在一个使人分心的家庭环境里保持观众注意力的必要性。……视频设备'预格式化'了电影。……视频上的剪辑实践有可能使得电影制作者倾向于使用更多的特写镜头和更少的远景镜头。"② 电影作为一个作品的完整性，如果说在过去可以胶片盘和手动换片、剪断重接胶片等形象呈现，那么此时这种对电影的想象方式已经很难再扎根于人们每天身处其中的影像流之中了，而作为一种怀旧方式封存在诸如《天堂电影院》（1988年）这样的童年告别仪式中。

　　电影似乎开始在自身之中生成不再是"电影"（film）的事物。正是由于影像制作技术提供的可能性，影像流通速度此时大大优先于质量。当时针对胶片电影与磁带录像的激烈争论中，有一大部分

---

① 大卫·波德维尔、克里斯汀·汤普森：《世界电影史》，范倍译，北京大学出版社2014年版，第892—893页。
② 大卫·波德维尔、克里斯汀·汤普森：《世界电影史》，范倍译，北京大学出版社2014年版，第903—904页。

第五章 作为"建构"的秩序:20世纪八九十年代电子媒介全球化扩张与纪实影像的"社会复制"

电影人就在批评低劣的录像带影像贬低了电影的艺术价值。但是抢占影像表征市场与话语权竞争优势的斗争此时明显更致力于空间扩张,而不是时间延展。如此发达的传播渠道与消费潜力,并不容许太多坚固封闭的"艺术品",而是需要快销;事实上,情势甚至已经开始逆转,起初是不遗余力用内容填补渠道,很快就发展出截取渠道中的"影像流"为己所用的影像再生产方式:比如录像带在家庭摄录机上是经常反复使用的,新的影像材料会将以前的覆盖掉——这简直和当年维尔托夫等苏联新闻片编辑们将胶片涂层刮掉以便反复使用前后呼应。不同的是,当年维尔托夫们是为尽快形成对新政权的认同而加速影像在空间上拓展的进程,而录像带的重复使用则重复了影像的流通本身;维尔托夫们将现实世界当成资源,录像带的重复使用则将影像流通当成资源。影像流通本身已经深深扎根于现实世界图景中,甚至开始超越影像制品的意义指涉。

另外,影像"专业"与"业余"之间的界限也逐渐模糊——一方面是技术的普及:录像设备的易得性使影像制作不再神秘;以"直接电影"与"真实电影"广为人知的日常生活的影像化及其一整套表征形式(手持摄影、同期录音、细节放大等),也随着电视、电影等的广泛借鉴而大大普及。另一方面是意图上的同化:随着20世纪末"真实电视"(reality TV)使原本被"直接电影""真实电影"多少加以崇高化、事件化的日常生活与"后台"行为成了媒体常规影像流的一部分,"直接电影"与"真实电影"为自己打下的自反性基础开始起作用,这一整套形式曾几何时是纪录片"专业性"的来源,但它所加速的影像表征生产进程却逐渐形成"人人皆可"的氛围,反过来将自己的专业性加以消解了。如尼科尔斯所说,"真实电视"之于纪录片,或可类比于弗洛伊德意义上的"性变态"之于"性正常"[1]:就好像

---

[1] Nichols, B., *Blurred Boundaries*, Bloomington and Indianapolis: Indiana University Press, 1994, p. 51.

性的繁衍功能（性行为合理化的依据）在变态行为中消失了，"真实电视"在致力于为社会整合而共享现实图景方面也无动于衷，它只为自己负责。

好莱坞电影工业经历着同样的自反性：为了在各种新渠道盈利，大量人力被引入影像制作之中；以往被认为与电影的专业性格格不入的一些影像制作惯例，如电视节目、商业广告、MTV等，于是也被带入电影制作中；甚至为了能够进入主流电影业，很多电影学院出身的年轻电影创作者都反倒需要从拍摄广告片起家。

说到底，还是那个现代性固有矛盾的回响：不能妄想着一方面以如此的速度将现实世界深描得越来越细致、越来越密集，另一方面还能将某一领域局限在设想好的范围内。20世纪60年代以来在各个社会领域"去等级化"的规划，在大量媒介表征生产流通的参与之下愈演愈烈，到20世纪80年代前后开始，这一规划本身也开始从一个具有意向性的社会变革议程，通过不断具体而微的深描，逐渐化为实践中的惯性。发达的大众传播与制造手段使影像之间的竞争常态化，与其他领域的宏观叙事与微观叙事、主位与客位之间的地位转换一道，在不懈的社会运动斗争与大众消费文化两方向加速努力下，将曾经被视作理所当然的传统等级秩序、品位之分、伦理结构等不断消解，直到自身也可以被消解；什么都可以被质疑，质疑本身也可以被质疑。如此螺旋向下的旋涡与半个世纪前维尔托夫给自己起的笔名代表的理念居然不谋而合，也正暗含了两个历史时期彼此呼应的对于影像表征之意义不断质询与探索的变革性诉求；不过，在维尔托夫的时代尚不具有如此规模的影像实践积累，于是他的影像无论何时总能以一种无法直接言明自身的局限性而显得令人费解；而现在，令人费解的就早不是影像的内容本身，而是我们如何再去给予影像一个顺理成章的演进叙事了。这正是围绕"新纪录电影"所产生的理论困惑。

第五章 作为"建构"的秩序:20世纪八九十年代电子媒介全球化扩张与纪实影像的"社会复制"

第二节 "社会复制"式纪实影像实践:"新纪录电影"对"自我表征"的延续与颠覆

与电影、电视等视听媒介一道,纪录片也在20世纪80年代前后再次显示出转向——仅仅在"直接电影"与"真实电影"以纪录电影各历史流派前所未有的意志力提出真实性主张与实践方法十余年之后,甚至在直接电影如日中天的20世纪60年代就已经产生以纪录片形式完成的质疑:"一切坚固的东西都烟消云散了",或者不如说,越是貌似坚固的东西烟消云散得越快。在录像存储记录技术、有线与卫星电视传输技术发展的推力下,这一套以观察式风格进行自我表征的秩序过于高效,以至于迅速吞噬自身。曾几何时被作为"改造社会的锤子"的行动者或"墙上的苍蝇"的监视者的纪实影像,在泛化的全球媒介图景下,走到了对自身看似无所不能的幻觉中,在社会层面演练自己的机构化力量。这里的"社会",表示对"机构"的延续,是用来表达"机制(institutions,也就是前文所采用的"机构"之抽象层面)与关系被形塑的状态"①。纪实影像的主要特征,即是从指向一个"机构",到指向一个机构形塑状态,此时纪实影像与媒介表征在生产与消费的同构、结构与解构的同时上也是高度一致的。因此用"社会复制"来概括20世纪八九十年代因电子视听媒介的全球化扩张与其在社会生活中的全面深入,而形成的纪实影像新特征,既可以延续从"组织""机构"到"社会"的概念发展逻辑,又能够较简洁地指出这个机构形塑状态本身与之前那些主要特征之间的联系与区别:虽然在具体实现形态上很难归纳出区隔,但转向是可以被体验到的——这正是"新纪录电影"这一模

---

① 威廉斯:《关键词:文化与社会的词汇》,刘建基译,生活·读书·新知三联书店2016年版,第492页。

糊命名的由来。

我们不妨暂且沿用纪实影像作为文化工业产品与作为对现实进行表征的作品这两个方面看看纪实影像的一些宏观变化。在纪实影像作为文化工业产品的传播方面，渠道的扩张激活了本来不为生产者与受众所体认的影像需求，而纪实影像以其能够将"他者"直观带到眼前的许诺，为这些不断被发现的需求提供了最便捷高效的生产工具，进一步建立了威信。新闻纪实当然是一马当先，1980年CNN开播，到1985年已经接入了近40%的美国家庭电视用户。1982年，探索频道作为有线电视频道开播，更是将"使人们可以探索世界、满足与生俱来的好奇心"的宗旨公开地落实给了纪录片。探索频道以及接下来一系列更为分众化的纪实频道，改变了纪录片与电视媒介之间的关系[1]：如果说以前纪实影像是内在于电视叙事流之中的元素，那么现在它开始与电视剧等虚构形式一起被作为一种传播上而非文本意义上的"有意为之"加以考量。首先包括HBO、探索频道等有线电视频道对纪录片内容制作也多采取项目制，以挑选优质项目提案并提供预购买资金的方式进行控制，而给予创作者项目范围内的最大自由，这一方面激励了大规模、多元化、创造力丰富的纪录片创作，另一方面也将原本游离于主流大众传播与艺术表达探索之间的大部分创作者及其资源纳入工业整合的范畴并加以固化。其次，电视媒介对纪实影像的这种"有意为之"也开始对纪实影像作为作品的完整性进一步分解和抽离：既然是一个顺应市场需求的产品，那么就应该能够想象它的常规结构、生产步骤、不同生产部门等。

于是，一方面，电视业自20世纪70年代起直接受益于"直接电影"所代表的高效影像生产理念与手段的"真实电视"——真人

---

[1] McLane, B. A., *A New History of Documentary Film*, Second Edition, New York: Continuum International Publishing Group, 2012, p. 276.

第五章 作为"建构"的秩序:20世纪八九十年代电子媒介全球化扩张与纪实影像的"社会复制"

秀、纪实剧等开始大行其道,通过与以往训练有素的专业呈现形成鲜明对比,通过彰显"无准备"的价值来挖掘新的价值潜力;在围绕真实电视的争论中,广泛使用的观察模式逐渐被默许为纪实影像的核心,成为评判对现实表征的依据[1]。另一方面,原材料的再加工,比如素材的反复使用和针对不同市场的重新组合屡见不鲜,与呈指数级增长的非虚构类节目时间相比,大多数电视纪录片从20世纪80年代有线电视和卫星电视普遍使用开始,整体质量原地踏步甚至飞速下跌,"几个小时的时间里充斥着重复使用的库存影像,讲述每个可以想象到的主题,伴随着乏味的解说和最无聊的访谈。在有线电视频道忙着填满无穷无尽的时间时,从观点、调查和艺术的角度拍摄的电影常常被搁置一旁……采用幻灯片的方式,加上旁白和'大头访谈'。有意节约成本和经验不足的研究人员有时会用任何可用的镜头来代替正在讨论的事件的实际镜头……这个问题变得如此普遍,以至于移动图像档案协会的通讯上刊登了一篇由档案管理员Jerome Keuhl撰写的专栏,列举滥用的胶片,跟踪这些时代错误,根据他的报告,某些电影调研人员甚至当真向他索要葛底斯堡演说或泰坦尼克号沉没的镜头,这些事件从来没有被摄像机记录下来"[2]。就好像近百年的纪录电影史兜了个圈,回到了挪用影像重构德雷福斯事件的20世纪10年代,但当年对真实事件的影像呈现如此重要以至于不惜一切,如今则更多的只是对时间与空间的"填满"。这绝不是说电视纪录片没有杰作,而是在源源不断流向千家万户的影像流中,想要厘清意向明确的影像表达和漫不经心的影像填充,越来越不可能了。

在纪实影像作为对现实进行表征的作品方面,影像的稳定性,

---

[1] Corner, J., "Documentary Studies: Dimensions of Transition and Continuity", in Austin, T., de Jong, W., *Rethinking Documentary: New Perspectives and Practices*, New York: Open University Press, 2008, p. 24.

[2] McLane, B. A., *A New History of Documentary Film*, Second Edition, New York: Continuum International Publishing Group, 2012, pp. 302 - 303.

无论在物质上还是在意义上，都作为纪录片工作者需要应对的问题在这个时期凸显出来：录像存储不仅在声画质量上大大降级，而且设备标准的新陈代谢大大加快，影像制作不得不将频繁的设备和格式转换纳入考量范围，"任何一个想让自己的片子存活得比自己的生命更久的纪录片人，都必须不停地考虑影像储存的问题"[①]；在直接电影以颠覆古典纪录片风格而逐渐固定为一种影像规训盛行之际，一些形态风格各异的纪录片作品也以颠覆直接电影的方式为自己开路，通过将这个自我表征的过程深入直接电影所声称理念的各种论点之中，消解和重构着纪录片的意义生成秩序。

所有这些转变，都在对纪实影像的反复强调和质询之中将其历史与现状复杂化了。虽说"忘记初衷"这种批评可能苛责太甚，不过与20世纪六七十年代孤注一掷地将问题的解决投注到摄像与录音技术的前辈们相比，此时的纪录片人所不得不应对的境况实在太过令人分心也是事实。所以也难怪这一次，无论是纪实影像的创作实践者——"作者"们，还是纪录电影史与纪实影像研究者们，都在为其命名时体现出疲惫，近40年来都没有从"后直接电影""后现代主义电影""新纪录电影"等参照性范畴中达成共识。的确，与前文所述那些能够相对明确地达成历史事实与广泛认同的纪实影像流派相比，这次转向风格形态差别甚巨，彼此之间矛盾重重，似乎唯一的抓手，只有"与直接电影不一样"；而这种有意的反制背后还是发扬光大了与直接电影和真实电影自我表征的逻辑，典型地表现为"把影片的摄制过程和制作者浓厚的反讽意味明显地中心化"，就为了站在直接电影所高调宣称的对纪实影像生产进化历程的"成功"终结的对立面，而"体现出一种失败美学"[②]。纪录电影

[①] McLané, B. A., *A New History of Documentary Film*, Second Edition, New York: Continuum International Publishing Group, 2012, p. 274.

[②] 孙红云：《真实的游戏：西方新纪录电影》，文化艺术出版社2013年版，第5页。

第五章 作为"建构"的秩序:20世纪八九十年代电子媒介全球化扩张与纪实影像的"社会复制"

史的线性历史叙述,于是与传统史学一样开始失效了,进入了一种"等待事情发生"的自我否定状态;线性历史叙述所依赖的标志性人物、事件和思潮,也因定义的无力而众说纷纭。

一 纪实影像创作的"反让渡":为颠覆而重新引入的主体性

在直接电影话语的强势之下,一方面纪实影像作为一个观念储备得以在20世纪六七十年代形成,无论是电视纪实节目还是纪录片电影都及时地利用纪录片相关的理论资源来生产大量内容,并潜移默化了观众的影像认知;另一方面对直接电影的反制也必须有,否则达不到直接电影与真实电影这一系列运动激发争议、激活意义协商的深层价值。这一反制早在20世纪60年代后期德·安东尼奥那种仿佛对直接电影宣战般的汇编纪录片创作中典型地体现出来了,他的《猪年》(1968年)等作品一反直接电影对当下的时间投注,重新唤起了运用编辑与并置手法处理访问或档案材料的汇编电影传统,不过这一次,历史影像不仅用于索引性说明,而更多地用来表达创作者个人观点,甚至由于后者的存在与凸显,前者已经被消解了——通过戏剧化、误导性的重新加工,创作者的观点取代了档案的索引性。

这种颠覆力量是德·安东尼奥这样的创作者引以为豪的:"我正好产生了强烈的感情,怀揣梦想,我的偏见存在于我所做的每件事之中,或在它们之下""只有失去感情与信仰的人们才会想到制作真实电影(cinema vérité)"[①]。但细究其颠覆力量的来源,恐怕并非仅仅是创作者所凸显的主观感情与信仰。历史叙述永远是会在不同历史时期的重建中被修改的,以档案影像呈现的历史叙述亦如此。就

---

① 转引自布鲁兹《新纪录:批评性导论》,吴畅畅译,复旦大学出版社2013年版,第42页。

像《猪年》等汇编影片所引发的反思那样，早在 20 世纪 20 年代苏联的汇编影片《罗曼诺夫王朝的覆灭》，以及 20 世纪三四十年代"二战"期间的《我们为何而战》、20 世纪 50 年代《夜与雾》《普通法西斯》为代表的一系列汇编影片，都以使用敌对一方当时出于完全不同的目的留下的影像重构叙事。而德·安东尼奥等导演在这一时期所做的，与其说是重新编辑档案，不如说是在直接电影所代表的观察式纪实影像基础上重新编辑"观察"本身，而这是在媒介影像大大普及的语境下才做得到的。一个最明显的表现是，这一时期带有强烈主观色彩的汇编纪录片使用的所谓档案影像多为电视节目与直播实况，也就是说，与以往将难得一见的档案影像大白于天下并以影像内容本身形成冲击力相比，此时的汇编影片是把那些被认为已经展示给所有人看过的、具有"透明"属性的媒介影像，重新请观众再观察一遍；这个过程审视的不是档案与历史，而成了创作者与观众自己。这种对于观看的想象，以电视媒介的遍在化与录像技术的深入人心为前提，而不是以创作者的形式"颠覆"为前提。事实上，彰显自己援引和改造档案影像行为的透明性，与彰显自己与摄像机不带任何预设的观察的透明性，两者内在逻辑上的相承性恐怕远比断裂性要高。

德·安东尼奥的影片资料来源甚至还有这样的传奇故事：他接到匿名电话，对方告知从某电视网窃取了尼克松总统的全部资料画面，并愿意无偿提供给他；于是某天夜里大约 200 卷胶片被放在他的编辑室所在大楼前。为了保护信源，确保美国情报机构不会追踪到，德·安东尼奥消除了所有胶片编号[①]，将最基本的记录顺序索引性也舍弃了。是电视节目影像本身成为现实材料，而不是影像内容；通过艰苦努力甚至甘冒风险获得的不是所谓真相，只是使用材料的能力。德·安东尼奥较早的作品《秩序之点》（1964 年）就完全使

[①] 布鲁兹：《新纪录：批评性导论》，吴畅畅译，复旦大学出版社 2013 年版，第 46 页。

第五章 作为"建构"的秩序：20世纪八九十年代电子媒介全球化扩张与纪实影像的"社会复制"

用麦卡锡1954年陆军听证会的188小时公开影像档案，但通过将影像去情境化和再情境化对麦卡锡进行不动声色的尖锐讽刺；《米尔豪斯》（1971年）也是如此对尼克松苦心孤诣的政治表现"以其人之道还治其人之身"。达成强烈意义效果的关键，在于使用的材料恰恰不是出自创作者，而是第三方，以此为自己的尖锐表达树立正当性。说到底，都是摄像机的直接记录，世界业已充斥着镜头的长枪短炮，是在自己肩上还是在别人肩上很要紧么？通过"反直接电影"，"后直接电影"落实了直接电影的历史地位，将直接电影时代引发的各种争议成功地延续到新的媒介环境。

另外，对个人视角与观念情感的强调与着力描绘，也构成了"新纪录电影"的话语特征。就像对各种媒介材料的挪用体现出对观察式影像透明性的"否定式肯定"一样，一些创作者认为直接电影方式所摈弃的个人判断与情感恰恰是最可珍视之"真实"，这反过来也表明了要达到创作者的某种坦诚而必须设置的观察视角。以《细细的蓝线》（1988年）为代表，埃罗尔·莫里斯也在旗帜鲜明地"反直接电影"："我相信直接电影使纪录片制作水准倒退二三十年。它把纪录片视为新闻的次生类型……没有理由认为纪录片不能如剧情片那般具备个人风格，抑或带有导演自身烙印。风格或表达并不能保证真实。任何事情都不能保证真实的产生。"[①] 他的作品尝试超越关于真相的视觉证据陈列，而着力将一整个质询过程进行影像外化，但是对直接电影"次生于新闻"的批判与超越，是建立在直接电影业已协助划定的对现实世界的观察基础上的，如果不先达到可能描述的表层现实，就没法去触碰与之相对的"深层现实"。莫里斯的作品乐于如直接电影一样等待和观察被拍摄对象的神态，进而发展到甚至某种程度上期待着他们在镜头前的"表演"——自我呈现。

[①] 转引自 Arthur, P., "Jargons of Authenticity (Three American Moments)", in Renov (ed.), *Theorizing Documentary*, New York & London: Routledge, 1993, p. 127。

这种显得更"高级"而机敏的深度观察,当与以搬演、挪用等方式的主观表达结合在一起时,就使镜头后导演的那双眼睛本身变得"可观"了起来——变得呈现出一种可供观看的意义。莫里斯自己也正是认识到自己的这一意义,并且认识到他是可以用摄像机将这一意义实现的:"我用不同的方式使用电影,我想,比起他们以前使用的方式……我用摄像机调查了一起谋杀案——这本身就是一件怪事,它并不是在讲述一个关于谋杀案调查的故事,而是调查本身——而且用那台摄像机收集了证据。"①

二 纪实影像观看的"自机构":因媒介而膨胀的个人表达

在各类影像日益充斥日常生活各个领域的20世纪八九十年代,观看他人变得习以为常。梅罗维茨认为电子媒介的主导性使媒介信息的"表情"优先于信息的"传播"成为人们的媒介接受模式②;而在纪实影像里,"表情""神态"更是作为卖点被反复刻写,这个基础由直接电影与真实电影扎实打下,又在全面统治了视听媒介呈现方式之后,在进一步寻求新卖点的路上扩大将现实图景"表情化"的可能。如果惯于从人的表情上窥视其不为人所知的秘密——无论从影像的供给中还是主动使用摄像手段去制造,那么那些存在于心理层面"黑匣子"中不可见的事物,现在都可以被想象成影像呈现方式了。就像20世纪六七十年代电视媒介与便携设备的发展使人们逐渐无法接受什么东西"不能拍",到了20世纪八九十年代,被电视和录像设备"手脑连结"得更为紧密的人们则逐渐无法接受什么东西"不能讲"——就算暂时很难,肯定也能够找到某种方法。个人表达成为新的"真相",成为新的影像伦理。无论莫里斯或迈克

---

① 转引自 McLane, B. A., *A New History of Documentary Film*, Second Edition, New York: Continuum International Publishing Group, 2012, pp. 343 – 344。

② 梅罗维茨:《消失的地域:电子媒介对社会行为的影响》,肖志军译,清华大学出版社2002年版,第101页。

第五章 作为"建构"的秩序:20世纪八九十年代电子媒介全球化扩张与纪实影像的"社会复制"

尔·摩尔在其影像调查中体现出多么明显的倾向性和非理性,其个人表达的诚实才是观看的趣味所在。在创作者的立场来看,这是一种"战略性的相对真实"①,是在直接电影与真实电影以摄像机为自己免责的策略基础上,向前一步用自己的观察本身为自己免责,某种意义上已经将摄像机完全内置于自身;而在观者的立场来看,业已培养起来的"有权观看一切"的妄想将会不断延伸,与"不可能穷尽观看一切"的永恒遗憾一起,构成对纪实影像的一种持续的焦虑;再加上自20世纪60年代开始形成的影像"自我表征"的各种话语制作行动,如电影研究与批评的盛行、电影专业教育的全面建立、迷影社群的扩散等,这种焦虑又衍生出各种纪实影像创作手法之间的博弈,在你来我往争论不休之间,纪实影像正式开始进入一个以不断观照自身来获得话语权的阶段。

Corner 在描绘 20 世纪 70 年代起纪录片研究与评论的转变时发现,自 20 世纪七八十年代起,与纪录片创作开始有意反制直接电影话语步调一致的是,纪录片批评也从过去普遍的政治意识形态批评,开始向一种由"纪录片伦理"主导的批评转变。② Corner 认为这与当时政治领域日益不确定的语境有关,不过这种语境的形成,很大程度上又是纪实影像的表征领域大举扩张的结果。同样,这一时期对纪录片美学,尤其是艺术创造力的着力强调,实际上也将过去对纪录片在"使用价值"与"交换价值"层面上的探讨,转为将纪实影像作为一个基本的现代社会"观察"规训,人人皆可以影像"讲"出些什么的可能性一旦扩散为一种媒介前提,那么即使这个可能性实际上远未完全落实,却已经足以形成一种想象:单纯将现实世

---

① 威廉姆斯:《没有记忆的镜子——真实、历史与新纪录电影》,载单万里主编《纪录电影文献》,北京中国广播电视出版社 2001 年版,第 587 页。
② Corner, J., "Documentary Studies: Dimensions of transition and continuity", in Austin, T., de Jong, W., *Rethinking Documentary: New Perspectives and Practices*, New York: Open University Press, 2008, p. 25.

界中发生的事实记录下来或者传递特定信息，俨然成为新的"读写能力"，需要在此基础上建构起特定的观照方式，才能让意义浮现出来。

事实上，到现在还有很多因权力不平等而导致的媒介表征失衡，比如还有很多贫困与战乱地区的生活图景还缺乏最基本的媒介复制手段去有意识地记录；不过正如人类其他领域一样，当"观察"被越来越多地委托给机器以后，人类的参与也越来越多被排除在外。如果说在20世纪六七十年代"直接电影"与"真实电影"来看，这种排除总体还是被人们主动赋予期许的、积极的，是可以产生新认识与新意义的，那么在这个积极排除参与的强力推进下，20世纪八九十年代开始，排除人类参与所具有的积极性，已经因影像的遍布与易得而开始失去价值活力了，它不再被期许，但它仍然是现实，它因电子视听媒介的全球机构化扩张而势不可当。那么此时影像表征所形成的秩序，就开始呈现出新特征。

第三节　作为"建构"的秩序：从以现实建构影像到以影像建构现实

弗卢塞尔在20世纪80年代探讨摄影的"自动机制"如何使照片的接受日益变得无意识时的表述，就十分契合当时的时代趋势。当相机从摄影师的影像生产工具普及到大众时——在弗卢塞尔所处的环境来看当时已经具有了"人手一部"的规模——相机自动机制的作用就从"摄影者"的工具意图变成了"快照拍摄者"的无意识：

> 快照拍摄者并不寻求"新的步法"、信息、不可能性，而是希望越来越完美的自动化让相机装置的功能变得更简单。……相机需要它的拥有者（或者是被它拥有的人）不断地拍照，继续生

第五章 作为"建构"的秩序:20世纪八九十年代电子媒介全球化扩张与纪实影像的"社会复制"

产越来越多的多余的影像。这种摄影狂热,即永远在重复同样的东西(或相似的东西)最终达到了这样一个程度,拍照者如果没有了相机,就觉得自己失明了:这成了一种药物成瘾。……这种狂热的结果,就是无意识地制造出来的一股影像洪流。它们形成了一种装置的记忆,一个自动化功能的存储器。……拍快照者越多,就越发难以破解照片:所有人都觉得没有必要对照片进行破解,因为每个人都以为知道照片是怎么生产出来的以及意味着什么。……在历史的进程中,文本曾主导一切,现在是影像主导一切。而且技术性的影像占主导的地方,文盲就呈现出新的姿态。文盲不再像过去那样,被排除在文本编码的文化之外,而是几乎完全参与到影像编码的文化当中。……我们并没有以一种历史的方式,而是用仪式化的魔法的方式,对黎巴嫩战争的摄影记录作出反应。……讯息处在这样一种状况下:影像的一个因素转而求助于其他的因素,为其他因素赋予了意义,而且又从其他因素获得了自己的意义。[1]

从"摄影者"对工具和被表征物的主动使用,到"快照拍摄者"这种几近强迫性的主动重复,诚如弗卢塞尔所说,"人手一部照相机"所代表的电子视听媒介的全球化扩张与深入,不断确保着作为前提的技术与社会环境;而纪实影像在此技术与社会环境下遍在而充分的"社会复制"式影像实践,则在表征的增量上不断强调着这一环境继续加深的重要性:如此多的"快照"为何出现、我们又是何以将其作为表征现实世界的方式,既然它们本身的意义是互相建构出来的?于是之前作为"反思"的影像表征秩序,开始并不足以解释这种越来越显著的新特征;我在这里将其称为作为"建构"

---

[1] 弗卢塞尔:《摄影哲学的思考》,毛卫东、丁君君译,中国民族摄影艺术出版社2017年版,第50—51页。

的影像表征秩序。

在前文围绕"新纪录电影"的新趋势及其典型人物与作品进行分析后可以发现，此时纪实影像与以往作为"改造社会的锤子"或者作为"墙上的苍蝇"这种对现实进行影像表征建构的意向相比，逐渐因无所不至的电子媒介文化工业产品传播，以及"人手一部"的影像媒介深入日常生活实践，而转而开始建构现实本身。创作的"反让渡"使被让渡给机器的观察再次被问题化，正像任何影像的使用、编排及其情感态度表达都更关注颠覆本身而非赋予意义；观看的"自机构"则将观看影像一直以来隐含的对现实进行反思的意义，消解在对反思意义本身不断的追问和否定之下。

在电子视听媒介全球机构化扩张的媒介技术与社会环境下，纪实影像实践的"社会复制"使影像不仅无往而不至，更显得好像"无所不能"。某种程度上，它甚至不必再客观呈现现实，它对现实的建构本身仿佛就足够了：前者我们已经习以为常，毕竟客观呈现现实这种"小事"现在谁不会呢？而后者则成为影像表征之于我们新的兴趣点，成为新的意义可能生发之处。

当这种作为"建构"的影像表征秩序成为20世纪八九十年代的主要特征后，弗卢塞尔在20世纪80年代还感受得到的那种症候性的"快照"，已经迅速成为我们日常生活的常态。当然和之前一样，作为"建构"的秩序与作为"反思"的秩序之间并非替代关系；我们可以看到，正是"反思"与"建构"的共存与接续让世界的电子影像化速度如此之快：一方面，作为"反思"的影像表征秩序还在不断揭示更多反思领域；另一方面，作为"建构"的影像表征秩序已经得以让"反思"再被"反思"，让所有的"快照"都有了不必被实现的意义可能性，从而不断地增殖着。当影像可以建构出现实时，影像存在的本身就成了合理的。体现在具体的纪实影像话语上来说，就像前文所述，原本作为以显示材料建构影像的个人表达、情感态度乃至影像能够被重构的潜质本身，也都是这个世界的"真实"。

第五章 作为"建构"的秩序:20世纪八九十年代电子媒介全球化扩张与纪实影像的"社会复制"

第四节 小结

以电子录像为代表的存储记录媒介以及以有线电视、卫星电视技术为代表的传播渠道媒介的技术推进，使电子视听媒介的力量在当代继续扩展、深入并取得全球霸权。电子媒介一边开始武装到个人，无论是存储与传播上的录像带、磁带、光盘等介质，还是记录与生产方面个人 DV 录像机、非线性编辑等技术手段的社会普及，都打造出了时刻准备消费文化产品的新受众。另一边，作为大众传播电子媒介，电视也在服务于新受众需求，从信号传输入手来做自己最擅长的事——将路网越铺越密，有线电视、卫星电视使影像在我们之间的穿梭日益加速与密集。这些媒介发展的影响，在宏观社会结构和微观个人生活实践两方面都显著体现出媒介生产与消费的日趋同构：一方面媒介产业的"生产者""被迫主动"对原本是其意向客体的消费行为加以敦促和牟利，一方面是"消费者""被迫主动"以对影像"操作"的种种个人实践而转变为生产价值的所谓"参与者"。视听媒介表征在不断"被迫"扩张，电影、电视等视听内容产品的媒介结构与解构过程日益同步，即使失衡也只能越来越多，非如此已不能对我们的各种问题加以解决。以电影工业的转变为例，随着种种武装到个人的媒介手段的普及带来令人迷恋的新兴市场，援引过去对媒介文化产品的产权占有反倒已经无法保护电影工业的利益；独立小制作在断裂的缝隙之间蓬勃发展的同时，也在成就着好莱坞高概念制作的崛起；新技术的威胁则从电影手段变成了目的，追求"视觉奇观"以及自动跻身各种媒介传输标准以达成利益最大化，成了原本更专注于反映、表现之整体性的电影制作不可避免的分神因素。所有这些悖论式发展，令电影看起来正在自身中努力生产着逐渐不再是"电影"的事物。

与之前的各个时代特征一样，纪实影像自 20 世纪七八十年代开始从"直接电影""真实电影"再次显现出转向,也既是受到以上种种媒介变迁的影响,同时又是促成种种变迁的重要推力:"直接电影""真实电影"以便携性设备的武装,为越来越高速的对现实世界的影像深描提供了一个具有普遍性的"社会复制"典型方式,也正是这一高效的典型很快就将自身也消解了——在作为文化工业产品方面以高度工业化的生产流程与"真实电视"节目类型的大热为特征,在作为对现实进行表征的创作作品方面则不断面对着将纪实影像自身向历史资料中"淘汰"的窘境,典型的反制努力就是像德·安东尼奥、埃罗尔·莫里斯、迈克尔·摩尔等纪录片创作者那样,在观察式纪实影像大行其道的同时也开始尝试观察"观察"本身,并通过个人视角与观念情感的"深层现实"描绘加以颠覆,彰显相对于观察式"表层现实"的进步——是建构现实而非反映现实、挖掘现实的力量,成为纪实影像的新诉求。在这个迅速发展的进程中,纪实影像在以电子视听媒介全面发展为条件而进行的"社会复制"式实践,不断加深和开拓着以影像来建构现实的可能性,并促成了作为"建构"的影像表征秩序新特征在这一时期浮出水面,"新纪录电影"带给纪录电影史研究的惊喜与困惑正是这一特征的典型体现。

  格里尔逊在 20 世纪 30 年代还觉得他手握影像如手握锤子,纪实影像是他加以取用以改变境况的工具;到了 20 世纪 60 年代,麦克卢汉已经开始认为"媒介是人的延伸",是一旦生长出来便不能也不应该舍弃的器官,因为他面对的环境已经是影像四面八方涌来,媒介作为器官就如同鼻子呼吸空气、耳朵接收声波;而对于 20 世纪 80 年代的梅罗维茨来说,以电视为代表的电子媒介已经推动了场景边界的改变甚至坍塌,反过来要求人们的所有感受跟着改变;"新纪录电影"自信能够达成的那些对"不可见"之过程的影像表征,无论是刺激观众对已有影像之意义的反思与颠覆,还是彰显个人表达相对于超然复制现实的优越感,也都在诉诸影像对

第五章 作为"建构"的秩序:20世纪八九十年代电子媒介全球化扩张与纪实影像的"社会复制"

现实的建构力量、对感受的实际改变。

当以传统的视听媒介技术方式的分离/客观化描摹与整合/组织化议程逐渐开始耗尽自身时,媒介形态在20世纪末的又一次转折——以数字化与互联网为代表的信息传播技术(ICT)即将在此基础上,将影像跨越时空的旅程以飞机一般"带离地表",直到原本被用来描绘地表的纪实影像如"没有记忆的镜子",不再能够也无意于描绘地表。人类即将出发去寻找更有描摹能力的工具,以便从拥挤不堪的媒介表征市场中再次创造交换价值。

第六章 作为"日常"的秩序：20世纪末21世纪初数字化、互联网的媒介巨变与纪实影像的"个人复制"回归

与第四章、第五章在电子视听媒介发展与扩张的不同程度和规模上进行的对比相比，本章将着手分析的媒介变迁则更具有转折意义：从"模拟"到"数字"的媒介表征形式转向，以及互联网高度控制协议下带来的高度传播自由，将人类的视听媒介图景所能达成的对现实的建构力量，以全新的表征逻辑和更加畅通无阻的全球普遍连接推向极致，乃至影像表征开始呈现出从建构现实到作为现实的一种"日常化"存在方式。

与影像表征在数字化与互联网媒介条件下生产、传播与观看前所未有的便捷与繁荣相比，纪实影像的理论与实践反而在这一时期更加充满困惑与挑战，以至于除了延续20世纪八九十年代以来"新纪录电影"尽可能彰显多元化艺术表达的话语策略以外疲于应付。本章则将尝试从媒介变迁的视角去概括深藏于纪实影像实践的发散多元化之中的共性——和之前的各个历史时期一样，纪实影像实践是对特定媒介条件的落实与发展，对共有特征的归纳有利于我们更好地认识时代特征与发展趋势，而不是单纯呼吁或质疑纪实影像的意义。

第六章 作为"日常"的秩序:20世纪末21世纪初数字化、互联网的媒介巨变与纪实影像的"个人复制"回归

第一节 视听媒介的信息化逻辑转向：
数字化与互联网

与广播、卫星技术如出一辙，数字化与互联网技术仍然发轫于20世纪50年代前后的战争需要："例外状态"往往能够将新的表征需求以近乎暴力的方式加以落实。世界上第一台数字式电子计算机ENIAC在1946年诞生，对它的开发起初是服务于二战中炮弹弹道计算的大规模信息处理；至于数码相机技术基础则是服务于太空争霸，1970年美国贝尔实验室发明了CCD（数字相机光敏元件：电荷耦合器件），被宇航局用于拍摄并传输来自月球的图片，以克服模拟信号在传输过程中的衰减问题；而世界上第一个分布式网络系统"阿帕网"也是在冷战期间的信息通信网络构想下，在美国国防部高级研究计划局（ARPA）建设下得以搭起并推广的，1969年正式诞生后，1970年就已经在美国各个研究机构与大学之间初具规模。同样与广播网、卫星技术等的开发与推广如出一辙的是，在一段时间的技术研发渐趋成熟后，数字化与互联网技术在传媒业的视角中也找到一个时机——20世纪80年代前后，以一种承载媒介内容的公共基础设施面貌出现，但背后的政治与经济议程规划绝不能被忽视：这表明新的媒介技术再次成为促成新的交换价值从已有媒介表征之中分离出来并加以客观化的力量，这种潜力既为人们所体认，反过来也迫使人们不得不逐渐卷入新的价值开掘过程，否则就会因无法成为"普遍联系"的一部分而失去新的价值机会。

一 数字化：高度模拟/高度抽象

对"数字化"的解释，经常采取"数字"与"模拟"（analog）对立的方式。如果说之前的现代媒介因各自表征的连续性而各有各的格式、要求完全的载体与内容改变才能够从一个到另一个的话，

那么数字化则以 0 和 1/开和关的二元方式将表征这一过程本身抽象化，而将之前连续的表征拆解成一系列抽象表征的再集合，也就是说，引入计算的过程来重新理解对现实的表征。这种对媒介表征加以计算的理念，如果不是因为关于世界的信息含量达到一定程度，是无可想象的；只有当媒介以模拟的方式进行表征现实世界的可能性逐渐穷尽、媒介表征过剩到了必须加以化约和抽象的程度，数字化才被想象为模拟的对立面。

事实上"模拟"与"数字"的对立，也是社会文化区分的历史建构产物：最早在 20 世纪 50 年代，"模拟"反倒是与当时数字计算机的理念与技术发展联系在一起的，言之"模拟"了人脑对信息的处理过程；到了 20 世纪 70 年代这个词则用于描述任何与当时代表先进技术的电子设备相对立的表征方式，以凸显电子媒介的非自然性；直到 20 世纪 90 年代"模拟"才被用于对比"数字"，同时又暗含了附加在技术层面上的"落伍""古老"等文化含义。[1]"模拟"概念是人类在现代进程中不断努力将自己的一部分能力委托给机器以加速生产的典型写照，它的这种转变则蕴含了从业已饱和的可能性中冲出重围的需要：过去的现代化进程中，人们如此卖力地"模拟"，以对变幻莫测的环境与日益复杂的社会关系加以控制，为此开发了各种模拟手段；同时为了达成相互理解，也必须超越语言文字的壁垒。现代视听媒介的自动机制一直致力于成为全人类的"公分母"，我们已经见证了一代又一代纪实影像先驱们具体地去开发人与机器之间的耦合——最大限度地以人的主体性影响机器的自动机制结果，同时也最大程度地以机器的自动机制为人尽可能搜刮未被看见的领域。

一直到这个可能性走到一个"骑虎难下"的高度，也就是如

---

[1] Balbi, G., Magaudda, P., *A History of Digital Media: An Intermedia and Global Perspective*, New York: Taylor & Francis, 2018, p. 7.

第六章　作为"日常"的秩序:20世纪末21世纪初数字化、互联网的媒介巨变与纪实影像的"个人复制"回归

"直接电影"与"后直接电影"那样,因世界图景的高度影像化而产生对主客观问题的全面质疑,反而调转枪头向我们表述着交流之不可能时,人们开始发现,机器不仅帮助人类模拟和操作着现实世界,也在帮助现实世界模拟和操作着人类自己的认知领域——我们所谓的世界,也不过是机器自动机制模拟给我们的产物而已。于是诺伯特·维纳早在20世纪50年代就提出来的控制论思想逐渐被认同:我们不一定非要一直陷在从A到B的模拟,而完全可以想象以一种信息的方式全面同一。数字化对模拟的抽象消弭了模拟本身,而将新的一种达成对现实进行操作的期许交给了模拟人类的"智能"(intelligence),正像当年人类的视听"观察"被分离出来一样。

从媒介传播的角度来看,维纳的控制论寻求的是一个悖论式的"曲线救国",以消除传播之内容意义的方式达成意义;以数字化为体现的信息控制方式是"物极必反"的视角反转,期待一种一劳永逸地解决区隔、耦合一切的可能性。维纳将"消息"(message)自身看作模式与组织的一种形式,消息集合是"其中有熵的东西……正如熵是组织解体的量度,消息集合所具有的信息则是该集合的组织性的量度"[1]。数字信号以二元抽象的表征将一切化约为信息,而将其重新整合组织,为人所用则仍需借助一种整合机制,毕竟信息本身就其抽象本质而言,不具有任何意义,也不承载任何内容。维纳所设想的控制论也因而不再去寻求以亚里士多德式修辞学传播妄图模拟无法捉摸的事物本质,而是去模拟关系、模拟系统,而系统是为我们这一"作为没有机会接触无媒介现实的有洞察力的受限主体"提供了唯一的含义[2]。

早期的数字化格式首先在物质上就外在化地体现出了"熵",如

---

[1] 维纳:《人有人的用处——控制论和社会》,陈步译,商务印书馆1978年版,第12页。
[2] 海勒:《我们何以成为后人类:文学、信息科学和控制论中的虚拟身体》,刘宇清译,北京大学出版社2017年版,第128页。

20世纪70年代诞生的激光视盘（LD）几经发展后形成了CD-ROM高密度只读盘片存储器；1982年在飞利浦和索尼制定的CD-DA激光唱盘红皮书标准下，第一种数字消费录音格式的压缩磁盘（CD）出现；1987年数字带（DAT）作为专业录音技术被引入并取得成功——在模拟媒介的物质性复制与数字媒介的信号同一化之间演练着这种整合机制，探索着数字化全面取代模拟的可能性。但是很快，物质载体背后所代表的那些绕不开的生产壁垒就造成了麻烦：一个典型的表现就是不同格式之间的标准之争，背后是各种政治经济力量的冲突与博弈。就像第五章所提及的，20世纪80年代的纪录片人经常疲于应对各种媒介格式的转换，如何让自己的片子尽可能在一个能存活相当一段时间的物质载体中保存下来，成了必须要应对的问题；早期的这些数字格式的更迭则带来了更大的苦恼，数字化呼唤着与之相匹配的一个能够摆脱分散的物质生产束缚而达成无障碍流通的体系。

二 互联网：高度控制/高度自由

互联网已经在发展中了，它首先是一个连接全球数以百万计其他微型网络的网络。该网络的技术基础设施部分源自旧的电信网络（尤其是电话网络），部分是专门为使用光纤、海底电缆和无线技术传输数据而创建的。这其中最有趣的方面是，"互联网将非同质化和多样化的网络聚集在一起，并通过共享协议使它们相互作用，即交互语言和过程允许不同的硬件和软件连接起来。其次，互联网也是一个计算机网络，尽管不同的计算机之间差别很大，但正是由于这个网络的存在，这些计算机才能进行交互而不会出现兼容性问题"。[1]

互联网的两个典型特征，都发端自其政治—军事背景，一个是

---

[1] Balbi, G., Magaudda, P., *A History of Digital Media: An Intermedia and Global Perspective*, New York: Taylor & Francis, 2018, p. 67.

第六章 作为"日常"的秩序:20世纪末21世纪初数字化、互联网的媒介巨变与纪实影像的"个人复制"回归

网络化的结构——确保在网络中某个节点被核攻击后不会对整个网络造成影响；一个是数据包交换（package switching）式的传输——为避免一整条消息集合的同时传送可能引起的泄密，被拆解成数据包的信息在到达目的地后才会重新组合到一起。[1] 这两个基础体现的都是高度控制，但在互联网之后的发展中又逐渐被描述为高度自由：对等网络化而非广播电视网式的中心扩散的架构，体现出平等精神；而数据包交换则保证了不同计算机与媒介载体在网络中的融合与对话，打破了壁垒。与数字化一样，互联网也是将一个悖论式的理想加以落实的过程；二者结合在一起，则可以想象成一个新时代的"上帝"形象：数字化将人类从语言隔阂的巴别塔赦免，以信息方式承诺了畅通无阻的联系，而这一切都有赖于网络基础设施如神祇般的悉心护佑。人们仰望并憧憬着自由平等、为所欲为的福祉，而为此必须不断努力忘记其高度控制的事实。

第二节 新一轮"个人复制"式纪实影像实践：从作为物的影像到作为行为的影像

在数字化与互联网发展之下，影像从"具有耐久性和个体价值的实实在在的人造物"，到大规模廉价复制的印刷品，再到显示屏上的瞬时播放，从作为物的影像进展到作为行为的影像；一方面是数字化无差别的信息回放，一方面是互联网的高效传输，无论是持有与观看的方式，还是控制影像分辨率与信息流通的复杂程度，都从影像发起者转移权柄给了接收者。[2] 作为对世界进行笛卡尔式"反思"判断的影像之意义已经被撼动，围绕影像可信性的争论在世纪

---

[1] Balbi, G., Magaudda, P., *A History of Digital Media: An Intermedia and Global Perspective*, New York: Taylor & Francis, 2018, p. 71.

[2] 米切尔：《重组的眼睛：后摄影时代的视觉真相》，刘张铂泷译，中国民族摄影艺术出版社2017年版，第119—123页。

之交愈演愈烈,"影像何为"这个问题逐渐浮出水面。

在影像表征方面,新技术对电影工业以及各种视听产品的生产与消费形成两个方向的巨大冲击:一方面,在数字技术加持下,对图像与声音的操作日益自由甚至随意,电影的表现领域大大拓宽。以1977年《星球大战》率先大规模使用数字特技为代表,电影可以任由想象力驰骋,搭建虚构世界,但"科幻电影吸引观众靠的是星空而非故事……空间景象的吸引力来自人们对空间的不了解,而非来自任何结论……好莱坞这样做自有其道理:一个可信的、有卖点的叙事时空是个更好的产品,因为这样的叙事时空能够被不同媒体和一代又一代的人循环使用。对于被加速的消费者来说,有了这样的叙事时空,意味着可以通过玩具与交互式游戏,更积极地参与叙事的生产"[1]。詹金斯对这种"参与文化"的研究分析认为,媒介融合不是技术设备上的集成,而是一种文化变迁;融合的发生并不是依靠媒介技术的进步,而是"发生在每个消费者头脑中,通过他们与其他人之间的社会互动来实现"[2]。如《星球大战》、《黑客帝国》以及《哈利·波特》等搭建"虚拟世界"的电影工业系列产品就被其作为文化工业生产日益受到粉丝参与文化影响的典型案例来研究,这些系列产品不得不在融合多种商业媒介手段、最大限度地挖掘产品的市场价值的同时,将消费、诠释甚至生产制作方面的各种权利也出让给同样以一种对等姿态出现在各种媒介融合地带中的消费者/参与者。不过问题在于,我们是否真的能够分清是产品为我们所取用、所参与创造,还是产品取用了我们来达成价值实现。好莱坞在过去30年来供给大众的各个虚拟世界正是信息时代的隐喻,它所模拟的不再是人类所生活的世界,而是人类生活世界的关系系统,至

---

[1] 库比特:《数字美学》,赵文书、王玉括译,商务印书馆2007年版,第123—125页。
[2] 詹金斯:《融合文化:新媒体和旧媒体的冲突地带》,杜永明译,商务印书馆2012年版,第31页。

第六章 作为"日常"的秩序:20世纪末21世纪初数字化、互联网的媒介巨变与纪实影像的"个人复制"回归

于这个世界原本的模样，反倒是越来越难以诉诸大众了。

另一方面，数字技术手段在之前的设备轻便化、低廉化基础上更进一步，成为标配的个人创作工具。在这种显著的技术民主理想召唤下，如果不达到相当程度的多元化、个性化，反倒显得不道德了。有20世纪60年代起风起云涌的民主自由运动打底，20世纪八九十年代的电影工业同时占有以大众追捧的虚拟世界巨片为代表的消费自由主义话语，以及肩负以影像为独立声音赋权之使命的政治自由主义话语。在数字技术的广泛应用下，独立电影虽然还是相对地"带着一种非法的灵晕"[1] 更加便捷而低成本地生产出来，但其制作规模与品质，甚至已经很难将其与以往那些带有寒酸气的"艺术片"联想到一起。到了20世纪80年代末，每年已经有200—250部独立电影发行，是制片厂电影数量的三倍多，其原因有好莱坞"新劳工政策"允许电影从业者灵活参与各种项目、以圣丹斯电影节为代表的独立电影孵育与交易市场的兴起、电视等其他资金源的支持等；其主要趋势则有去戏剧化、松散碎片式的艺术处理方式，偏离主流意识形态的主题选择方式，以及重拾好莱坞类型片传统的"利基"市场定位方式。[2] 无论是有意偏离还是有意回流，独立制作都围绕着好莱坞商业电影在言说自身：既然媒介技术的数字化与互联网发展趋势正在改变以电视为主的大众媒介时代，能够营造出相当规模的事件氛围就逐渐不再是好莱坞巨片的专利了，独立电影同样可以"反好莱坞"的姿态争取到不必大规模成本预算就能达到的话题度。擅长争议性的政治惊悚主题的奥利弗·斯通、专注于激进的反种族歧视议程的斯派克·李，都以这种有策略性倾向的方式，在冒着独立电影较低市场份额风险的同时，为自己挣到了跻身高盈

---

[1] 大卫·波德维尔、克里斯汀·汤普森：《世界电影史》，范倍译，北京大学出版社2014年版，第912页。

[2] 大卫·波德维尔、克里斯汀·汤普森：《世界电影史》，范倍译，北京大学出版社2014年版，第913—923页。

利市场的资格；相应地，彰显影像之反思精神的电影"作者论"发展到此时，已经同时成为以导演为代表的品牌营销策略：曾经是收割奥斯卡奖"大户"的好莱坞金牌制作人哈维·韦恩斯坦就是以发掘独立制作大片起家，讽刺的是，以"独立电影帝国"攫取的权力竟能纵容一个性侵罪犯横行多年，这正是自 20 世纪 90 年代起独立电影在商业市场中越来越明显的自反性的缩影。

21 世纪后，武装个人创作的技术更加精细而丰富，2008 年佳能推出首个能够拍摄 1080p 全高清视频的数码单反相机，这个技术标志的意义，不仅是大大降低了以往被认为限于专业电影技术领域的行业标准与生产成本门槛，更重要的是消弭了个人创作与独立制作在影像生产认知上的"玻璃天花板"：一部单反，一台装有 Final Cut 非编软件的苹果电脑，独立导演就得以将以往根本无法纳入影像创作的事物——付诸实践。

为了顺应日益发达的个人市场，在这之后的数码单反相机又陆续发展出对景深的更高控制、对低光照度的高度适应、广泛的镜头选择等；后期制作上，剪辑、调色与混音软件也能够在个人电脑上随时随地辅助制作工作。于是，原本作为相对于工业高成本电影产品之市场供求关系的对立概念，个人独立创作被允许超脱于市场供求之外而引入影像的更多可能性；不过在 21 世纪后开始丰富到显得"供大于求"了，影像生产的全面数字化作为生产力的变革，改变了影像的生产关系。

沉浸于虚拟世界投喂的幻觉，也可以反转为在这个世界中制造出主动；为直面现实话题之残酷尖锐而摇旗呐喊，也可以反转为帮片方"空手套白狼"。商业制作不必然意味着标准化、刻板化、娱乐化、麻醉性的影像，独立制作也不必然意味着有意识的抗争、独立的表达与无功利的艺术崇高。数字化和互联网抹平的不仅是语言符号的差异、等级的高低，也有人与影像表征之间的主客关系。以往被认为壁垒分明的技术门槛已经瓦解，曾经被认为无法逾越的边界

第六章 作为"日常"的秩序:20世纪末21世纪初数字化、互联网的媒介巨变与纪实影像的"个人复制"回归

也变得透明了——这绝不是说技术进步已经实现了这些理想,事实上我们稍加探究便会发现现实的鸿沟不但远没有弥合,还有扩大的危险;而是说,技术进步带来的这种所谓"远见"、这种可想象的可能性,大大影响了人们对待那些需要着手处理的事务的态度。

在技术的促成下,逐渐被表征得过于充分的世界里,主客关系变得不再可追溯,行动的方向性受到非常复杂的各方向反弹,于是这样一个"高度异质的、分裂的世界,基于模式/随机的形态与基于在场/缺席的形态在其中发生激烈的冲撞和竞争",既是很容易产生的,也是很容易在我们的头脑中预见的;"每一个环节——生产、含义、消费、具身经验以及表现符号——都处于同其他环节构成的不断反馈和前馈的循环中"。[1] 从电影工业就可一窥:视听产品最终通过数字化而具有无限的重组与再生能力,不再拥有不言而明的现实指涉,而是以各种资本、制作方式、发行渠道与交流对话,既融合为一体,又形成矩阵;而在理论上无所不及的信息网络传播中,组织化、机构化的规划策略与具体情境下的决定力量既无法完全厘清,在很多时候也没有必要。比如说,如果为了确认一部作品是否真诚地表达了对现实世界的观点,那么导演拿的是哪方资金、本人持什么立场是否重要?还有,表彰一部电影的"艺术价值"是否应该,并且有可能排除政治因素的影响?这些问题贯穿着影像的历史延续至今,逐渐从事涉是非之争的前提下可资分析的对象,变成了翻腾挣扎出新赌注的手段。总之只要一个影像化的世界能够运转自如,使各个利益方都自在其中,又何必在意其是否"实事求是"?就这样,影像借由信息技术达成了一个充分的"虚拟苍穹"可能性,它的"虚拟"又非常真实,已经成为我们赖以运作各种价值交换的现实基础。就如索布查克的评论:"(数字技术)着力表现的只是这样

---

[1] 海勒:《我们何以成为后人类:文学、信息科学和控制论中的虚拟身体》,刘宇清译,北京大学出版社2017年版,第37页。

一种神话：异质性可以轻易地转化为同质性，不用费力，不用奋斗，没有暴力，也没有痛苦。"①

和"新纪录电影"以及各种"新""后"的命名权宜之计一样，媒介的数字化与互联网转向也在20世纪末被指认为"新媒体"，其背后隐含的焦虑可能也一致：除了和过去"不一样"，人们对它一无所知；这种无知之感一方面可能随着时间推移、实践经验积累与研究深入而找到命名方式，但另一方面，对其加以判断日益变得不可能了。在这种情境下，原本作为对现实的表征而为我们带来处理他者、共同生活以及自我的重要意义的纪实影像，也以纷繁遍在的方式变得无法对之进行叙述。

与直接电影和真实电影短暂主导的电视时代相比，首先，纪实影像对自身的体认，如果说在20世纪60年代前后有一种觉醒的革命意味的话，发展到信息时代则已经在讲述一个失去主角的故事了——数字媒介以比特消解了模拟媒介建立起的影像对现实进行表征的权威性：胶片是瞬时铭刻光线，到了录像磁带已经要由电子中介转化，而数字信号对图像与声音的记录则是又一层模拟。当然，胶片与磁带记录存储媒介在20世纪末21世纪初还在广泛使用，同时从媒介较为发达的国家和地区扩散到广大发展中国家和地区，日益成为全球多元化发展的赋权手段，并没有立即为数字媒介所取代；但也正是这段共生时间，使数字媒介的图像与声音在对模拟媒介的模拟中真正开始统治人们的感受：在抱有对影像的自由表达期许随着模拟媒介发展的顶峰而成为共识时，数字媒介便以顺理成章的继承性姿态接过了这个任务；而在其强大的效率面前，人们是无暇也不情愿去强调数字信号实际上以抽象化的方式将现实变成可操纵对象的本质逻辑的。

其次，如果说20世纪六七十年代电视媒介将各种矛盾的影像

---

① 转引自库比特《数字美学》，赵文书、王玉括译，商务印书馆2007年版，第140页。

第六章 作为"日常"的秩序：20 世纪末 21 世纪初数字化、互联网的媒介巨变与纪实影像的"个人复制"回归

"推"到受众面前，使得揭示矛盾本身逐渐超越揭示现实或者说成为新的"现实"，那么纪实影像发展到世纪之交，一方面在揭示矛盾方面已经非常充分；另一方面，数字媒介内置的重组与改写手段也将影像背后的操控力量以技术的方式具象化了。我们原本期待从影像中洞察的那些力量冲突，现在则以极大的可能性内置在影像中，简直是我们习以为常的经验主义判断最大的梦魇；然而也是前所未有的割裂以往羁绊的大好机会，因为一到必要的时候，为了合法地自由表达，或者说自由地将任何表达合法化，都可以援引这个可能性。于是进入一个矛盾的状态，一方面影像对于现实的复制仍然是必要的消息与证据来源，另一方面出于各自的动机，人们又形成了随时去打倒影像可靠性的默契。

最后，如果说在 20 世纪六七十年代直接电影与真实电影的纪实影像潮流以一种诉诸机器的本真性策略，将人们从处理日益复杂的他者的困境中豁免了出来，那么其实在这个诉诸机器的本真性策略之下，得以被表征出来的他者相应地也越来越多，反倒更将无法着手处理的他者渗入日常生活的肌理之中。直至今日，我们已经普遍感到自己被各种视听所包围，以至于如果离开了这些视听媒介手段，就没法定义真实；任何事，从政治行动到婚丧嫁娶，没被拍摄下来就相当于没发生过；当媒介记录存储工具武装到个人之后，这种感受影响使用行为，甚至逐渐发展为这样一种焦虑：如果没被拍下来，就相当于自己没有看到听到过。视听媒介手段原本作为对"观察"的分离来参与社会意义建构的流通运作过程，现在因为其普及程度之高，反倒将人们的"观察"本身也给他者化了。人们感到获得了莫大的权力，以至于可以将自己眼前所见都制作成影像；同时也陷入了生活的彻底影像化。

20 世纪 80 年代前后在直接电影的影像储备基础上发展起来的"新纪录电影"，在 20 世纪末 21 世纪初继续以援引纪实影像传统的方式实践着自身媒介的转换：就如数字影像以抽象信息的组织来模

拟现实影像，新纪录电影以越来越凸显自身的干预与介入手法来搬弄虚构与真实的边界，例如迈克·摩尔等导演的持续走红，以及历史纪录片越来越多地使用搬演重构手法。对此，布鲁兹的观点——"纪录片是一种展演（performative）行为，与生俱来地具有流动性与不稳定，并以表演与表演性为特色"[1]——体现出一定的洞察力，不过这里的"展演"／"表演"如果只是理解成纪录片拍摄者与被拍摄者在镜头前后有意识地伪饰行为——像评论界当年对《别回头》里鲍勃·迪伦是否在镜头前刻意表现的争论——就狭隘了；更多的是，这种"展演"是在操作一个叫作"纪录片"或"纪实影像"的人类表达方式，人们在镜头前后都会不由自主地对已经看过的那些关于现实世界图景的影像进行援引。但是，说纪录片"与生俱来地"具有流动性与不稳定性，这个论断又只能是站在当下这种媒介条件下才是可能的。总之，无论是"展演"一种形式，还是保持意义的流动与不稳定；无论是对形式的拿捏还是对开放性的维护，都体现出这样一个事实：我们对于影像的制作实践很可能已经到了"无意识"的阶段，它不再体现为人体延伸出的工具造物，从而必然具有言说特定目的或达成特定意义的工具指向性；而是体现为我们看待世界的方式，对其真实与否加以判断本身就是个可以随时取用的话语策略。

纪实影像的当代实践日益体现出这种无意识，但是很难为我们所把握和命名，因为当"无意识"的、对日常生活中制作（包括拍摄与观看）影像的经验"归并"，必须具体化为一部纪录片作品时，就是要将其以"铭写"的方式加以减损。体现在特定的纪录片或者其他媒介文化形式中时，影像从被操作的对象变成言说的唯一可能，而影像的言说也是对它所努力描述之物不可避免的破坏。这给电影学界、评论界甚至传媒行业的评估传统都带来了困扰，因为没法以

---

[1] 布鲁兹：《新纪录：批评性导论》，吴畅畅译，复旦大学出版社2013年版，第1页。

以往那种社会传受互动的视角对纪实影像加以区分和规约。为了尽可能为"新纪录电影"这一模糊的概念提供一个参考框架，近年来很多纪实影像研究者与媒体机构都对一些著名纪录片导演进行了大量访谈，他们或在世纪之交纪录电影"重回影院"的复兴曙光中取得过辉煌的票房成绩，如迈克尔·摩尔、凯文·麦克唐纳，或在各大艺术影展中得到奖项追捧、引发激烈讨论，如亚当·柯蒂斯、尼克·布鲁姆菲尔德。名单大同小异，唯一的界定标准可能就是尽可能地多元和创新；甚至说"新纪录电影"是纪录片学界与业界圈地自封的一个虚假意识也未尝不可。但是就如"后现代"或"晚期现代"可视为现代性逻辑的一种断裂式的延续，如果能够抓住纪实影像发展脉络的线索，那么从这些材料中还是有可能一窥"新纪录电影"作为断裂式的延续的本质。

　　对于纪录片研究来说，以下对"新纪录电影"美学特征的观察总结从20世纪90年代末开始就非常耳熟能详了：比如高度个人化的叙事与阐释取代了宏大叙事与客观主义，以丰富的技术与美学表现手段将微观隐秘、情感氛围等不可见的体验进行可视化，以自我反射、戏剧化与游戏化等反讽手段消解传统纪实影像话语等。聚集在这些对纪录片传统的反叛旗帜下的影人与影片通常有德·安东尼奥《猪年》（1975年）式的对汇编影像资料的再阐释；迈克尔·摩尔《罗杰和我》（1989年）、《科伦拜尔的保龄》（2002年）、《华氏911》（2004年）式的个人散论；埃罗尔·莫里斯《细细的蓝线》（1987年）、《又快又贱又失控》式的个人陈述与情景再现并置；阿里·福尔曼《和巴什尔跳华尔兹》（2008年）式的以动画等非指示性影像表征；克里斯·马克《日月无光》（1983年）、维姆·文德斯《寻找小津》（1985年）式的日记散文体个人记忆；克劳德·朗兹曼《浩劫》（1985年）式的寻找真相之旅；伊文思《风的故事》（1988年）、郑明河《姓越名南》式的视觉性舞台表演与自我反射；安德鲁·杰瑞克奇《追捕弗里德曼家族》、沃纳·赫尔佐格《灰熊人》

式的残存影像再探究；等等。这个名单在不断地被富有创造力的纪录片人刷新，比较晚近且获得很大声望的，还有约书亚·奥本海默《杀戮演绎》《沉默之像》、阿涅斯·瓦尔达《脸庞，村庄》、哈佛感官人类学实验室《利维坦》等。其实无论是个人化叙事、看见"看不见"、自我反射与反讽，都在以往不同时期的纪录片实践中屡有体现，并且就如前文所述，"新纪录电影"往往以一种修正式的反思、反制与反叛姿态出现，断裂的风格转变背后实际上有着延续的逻辑。那么，如此显而易见却难以把握之"新"，其意义产生于影像表征之"无意识"转向的三种外在表现：同样是处理自我、处理他者与处理共同生活，纪实影像从作为现代化潮流典型体现出的"精神生活的外化"——一种材料、一种工具、一种欲求之物，对其占有则意味着资本地位——逐渐开始成为"物质世界的内化"——一种界面、一种空间、一个"无意识"，这里的无意识是拉康的无意识，是"大他者的话语"。对影像的接入、近用，取代了对其占有；"后现代"或晚期资本主义的个体在影像化的现代媒介世界中被塑造出来。

一　从材料到界面：外域主观化的纪实影像

纪实影像被用于"处理他者"的工具正当性，一直以来是最不容易被艺术表达、商业利益等所谓纪录片"严肃话语"之外的因素冲击而被放弃的说辞；而且某种程度上随着真实与虚构的形式在各种媒介产品中越来越模糊——纪录片也开始大量使用搬演与视觉重建手段，剧情片也开始衍生了大量伪纪录片式的亚类型——对纪实影像的工具主义诉求，有时反而更加被一些影像制作者与研究者表述为无论如何不能放手的坚定信念，正像普兰廷加针对后结构主义怀疑论而坚持纪录片工具主义立场：纪实影像具有宣称或暗示的特征，使公开地表达、说服成为可能，着力于实现非虚构话语的功能；而"传统的修辞学，虽然已被转化和现代化到采用视觉话语的程度，仍然是评价非虚构电影的说服效果的手段；后结构主义者坚持认为

第六章 作为"日常"的秩序:20世纪末21世纪初数字化、互联网的媒介巨变与纪实影像的"个人复制"回归

修辞必然是骗人的,只会使问题混乱"[1]。

只不过,这种信念感从影像所提供的信息告知性功能潜移默化地转移到了修辞功能,寻求在视觉话语场域中不断发动协商,从而也不得不与之前各种对纪录片的质料性能标准一刀两断了:它不能够再持有自己的本质性特征而具有不可转移的特权,因为那种能够轻易被纷繁多变的现实表征摧毁的所谓"特权"是最要不得的,有了还不如没有。大约在20世纪80年代以后纪录片美学实践上的各种反叛变革与意外爆发,都体现出一种吊诡:就算影像之不可靠已经是众人皆知的秘密,我们仍然已经无法不用影像资源来处理他者;而为了处理他者,既被迫又主动投身无处不在的话语协商游戏,也要愉悦地放弃纪实影像传统上的话语权力来源。视听媒介材料的极大丰富使个人搭建自己的视觉世界成为可能,这比起在类似纪录片这样的封闭实体中如何取用,更重要的是作用于我们想象世界的方式。比起以前的纪实影像是将外部领域尽可能地加以分离/客观化,从而转换成搭建现实图景的材料、赋予其意义价值,这时的纪实影像已不再奇货可居;为了赋予其意义价值,唯有将责任"推卸"给个体,将外部领域主观化,每一个"自我"都通过影像的方式尽可能向外扩张,才能激发出新的价值来。

从而,原本是以将外部领域的他者进行恰当表征、向人们对现实世界的认知与理解提供原料为志向的纪实影像,开始呈现出与原本的志向相反的面貌——典型的如:强烈的主观倾向,娱乐化与反讽,以及对整体图景展陈与对视觉细节表现的双向追求。这些面貌特征往往被作为与纪实影像传统所"坚守"的客观性、严肃性、原真性相背离的典型表现,以佐证"新纪录电影"的决裂与创新,但同时不能否认的一点是,所谓客观性、严肃性、原真性这些"传统"

---

[1] 普兰廷加:《运动的画面与非虚构电影的修辞:两种方法》,载鲍德韦尔、卡罗尔编《后理论:重建电影研究》,麦永雄等译,中国社会科学出版社2000年版,第435页。

也是在与"决裂和创新"进行对比时才凸显出来的,作为它们的对立面,"新特征"其实贯穿整个纪录电影史,从未"新"过;只不过在这个高度影像媒介化的境况下,"将外部领域主观化"是纪实影像在着手处理他者时某种程度上无可选择的选择。

可以在诸多被认定为"新纪录电影"代表人物与作品身上看到这些特征,他们以摧毁纪实影像传统特权的方式对这些可能性加以落实。纪录片的客观性就是在"新纪录电影"的潮流中首先被摧毁的特权。德·安东尼奥在20世纪70年代前后开始创作《猪年》等档案汇编纪录片时就开始采取一种将影像召集到自己周围、为己所用的方式:在广泛阅读越战相关文献基础上,构建自己的历史叙事,然后再出发去寻找支撑叙事的档案资料。他甚至用包装用的纸板将墙面铺满,在上面写下自己头脑中的构想:"我会围绕主题汇集出一个混沌无序的草稿。我知道我会遵循一个历史脉络,虽然未必是时序性的……我从写'汉朝'开始,即使我知道我不会将这段放到片中……我显然会写下'1954年5月8日奠边府之战'并把一些类似'折磨''非人性'等抽象概念以及其他我感兴趣的东西写在上面。有时我还会贴上图片。"[1]德·安东尼奥照着自己绘制好的历史宫殿草图,按图索骥地到类似布拉格、苏联以及法国军事档案馆等地寻找影像档案素材。比起纪实影像以往被给予实在事件以"讲述自身"或被再现得像在"诉说自己的故事",德·安东尼奥实际上则是以既有的影像在"展演"着他自己的历史叙事,以自己的叙事实践,施行出了所谓历史影像单纯再现事件这一"人为虚构"[2]。德·安东尼奥对自己备受争议的主观倾向性曾回应道:"诚实与客观性是两回事。"[3] 他用汇编纪录

---

[1] Crowdus, G., Georgakas, D., "History is the Theme of All my Films: An Interview with Emile de Antonio", *Cineaste*, 12 (2), 1982.

[2] 怀特:《形式的内容:叙事话语与历史再现》,董立河译,文津出版社2005年版,第5页。

[3] Weiss, 转引自布鲁兹《新纪录:批评性导论》,吴畅畅译,复旦大学出版社2013年版,第44页。

第六章 作为"日常"的秩序:20世纪末21世纪初数字化、互联网的媒介巨变与纪实影像的"个人复制"回归

片的方式所声称的不是客观真实,而是自己的诚实——将外部领域纳入自我的范畴,将"他者"接纳为自我。

如果说汇编影片因使用档案影像而在外观上尚不明显(因此当时很容易将"宣传"的指责扣在类似德·安东尼奥这样的个人表达上),那么类似迈克尔·摩尔那种以个人视角驱动整个影像行动的创作方式则更将纪录片结构成了一个移动的"水晶宫",到处炫耀它日渐丰富的砖瓦,既是折射出更多真实世界图景的方式,同时也照耀出核心中的那个特定的人。罗杰·艾伯特的影评形容摩尔在片中"像一个玩具世界里的孩子"[1]:穿着休闲,以发现GM公司电梯按钮的猫腻、跟随一个驱赶失业工人的副治安官等琐事为乐,各路所谓名流在片中来来去去,严肃论证与抗争话语和松散荒诞的反讽交织在一起——现实世界仿佛以一种汇集的方式向影片创作者的主体性聚拢过来;就像川流不息的电视与电影视听流以各种渠道向个人笼罩,纪实影像则将这种媒介感受以同样的方式外在化了出来:类似摩尔这样的创作者,与其说有意采用这样一种风格,不如说包括创作者在内的、生活在晚近现代社会的人们,在现代视听媒介的高度浸染下都是以这种方式看到世界,并且除了将之汇总至自身、称之为"真实"外,没有其他的替代选择;反过来也将采用这种方式再现真实。就如"新纪录电影"另一位致力于打破信息传递与诗意表达的预设壁垒的干将郑明河所言,"真实世界"对她来说"那样真实,以至于真实本身成为唯一基本的指涉——纯净、具体、固定、可见,总是太过可见(all-too-visible)"[2]。

作为一种"诚实"的品质,纪录片中那个可见的"自我"成为衡量真实性的新基准;甚至某种程度上,主观性的坦白与明目张胆,

---

[1] Ebert, R., "Roger & Me", in Cousins, M., Macdonald, K., *Imagining Reality: The Faber Book of Documentary*, London: Faber & Faber, 2005.

[2] Trinh T. Minh-ha, "The Totalizing Quest of Meaning", in Renov (ed.), *Theorizing Documentary*, New York & London: Routledge, 1993, p. 94.

比起随时有可能被指责为伪装的现实影像更为"真实"。在摩尔这样的纪录片人身上，取代了纪录片处理他者的超然客观性的，是其无比真实的主观性；唯有围绕着一个核心的"自己"，原本不会有什么意义的那些外部领域才开始具有真实性特征。这也难怪对"新纪录电影"的探讨总是绕不开那些"纪录片超级巨星"（documentary superstar）①，他们之中有些人特别喜欢出现在自己的镜头前，或以挑衅的姿态，或以"小丑式"的人设，设法用自我来吸纳外部领域中的事物，呈现出一种自我庆祝的"自恋"。迈克尔·摩尔、尼克·布鲁姆菲尔德等都是媒体明星，他们不像里考克、彭尼贝克他们那样处处彰显谦逊的姿态、甘于隐身为人们揭示肯尼迪、鲍勃·迪伦这些名人明星光晕下的"真实"；他们自己就可以造光晕；你喜欢还是不喜欢，他们在刺激你去生发出好恶的时候就已经成功了。保罗·阿瑟就评论摩尔的《科伦拜恩的保龄》是"辞藻浮夸、政治冒险式的自我庆祝"②；导演乔恩·容森（Jon Ronson）直接骄傲宣称迈克尔·摩尔、尼克·布鲁姆菲尔德、路易·特鲁和自己是"新自恋者"风格的代表③。

这种作为"自我"的特权取代了客观性特权，在处处强调个性化、独异化的晚期现代性社会中无疑能够更为便利地通行，但因此就说主观倾向强烈的纪录片是创作者旨在作自我表达而非履行纪实影像"处理他者"的责任，则还不够贴切。最毁誉参半的那些"纪录片超级巨星"们往往也是最积极地在着手处理外部领域、自命一种强烈使命感的人，在新的"自我"特权护佑下，他们认为自己可以更好地完成使命。比如擅长用各种视听拼接手段、在纪录片中滔滔不绝的亚当·柯蒂斯，把自己比作"在派对里会遇见的那种有些

---

① McCreadie, M., *Documentary Superstars: How Today's Filmmakers Are Reinventing the Form*, New York: Allworth Press, 2008.
② Arthur, P., "True Confessions, Sort Of", *Cineaste*, Autumn, 2003.
③ Ronson, J., "The Egos Have Landed", *Sight and Sound*, November, 2002.

第六章 作为"日常"的秩序:20世纪末21世纪初数字化、互联网的媒介巨变与纪实影像的"个人复制"回归

执着于某件事的人":"驱使我做纪录片的不是对这一边或那一边的同情,而只是一种对描绘现实的方式的普遍焦躁。……我不认为我是在做纪录片。我是一个记者,一个现代记者。我以想象的方式使用图片来形成一篇新闻性的论说文。纪录片这个词是留给那些痛苦地凄切呼喊但不作评论的影片,对它们来说电视与影院是最好的归宿;但我做的是其他的东西。我向人们讲述关于这个世界的事情,用我的声音,告诉他们我的所思所想,展示我喜欢的画面……其实是在试图找出现实是如何起作用的。事实与虚构是如何混合在一起,然后又怎样为强权组织所使用,以及为什么会这样……"[1] 尼克·布鲁姆菲尔德也一直在身体力行地通过同时担任配音与报道者、永远跳到自己的镜头前,着力挫败"墙上苍蝇"的客观性宏大幻觉:"我一直以某种小丑式的人设为乐,且我认为,观众嘲笑你远比嘲笑你拍摄的人要重要得多。"按英国Channel 4对他爱恨交加的上司Peter Moore的话说,布鲁姆菲尔德是"油膏里的苍蝇"(the fly in the ointment)。[2] 再比如追踪阿尔兹海默症患者生活与爱情的《马尔康姆与芭芭拉的爱情故事》导演保罗·沃森,认为自己经常向被拍摄对象抛出尖锐问题、在被拍摄对象抗拒拍摄的情况下也不为所动的这种"残忍的诚实"是自己之为自己的一种道德律令:"当事情变得棘手时,我认为自己有义务见证这些困难是如何被解决的。……你必须去记录你生活着的这个世界,这个在不断改变的世界,包括这里发生的所有好和不好的事情。这是一种责任!……你并不是为了某个时间而存在的改革者。"[3] 以纪录片的方式向人们展演如何用影像将外部领域主观化,让纷繁复杂的现实图景可能被理解——哪怕是观

---

[1] Eaves, H., Marlow, J. A., "Adam Curtis: 'I'm a modern journalist'", in Cousins, M., Macdonald, K., *Imagining Reality: The Faber Book of Documentary*, London: Faber & Faber, 2005.

[2] Pearson, A., "Nick Broomfield: The Fly in the Ointment", in Cousins, M., Macdonald, K., *Imagining Reality: The Faber Book of Documentary*, London: Faber & Faber, 2005.

[3] 奎因:《听十四位导演讲纪录片》,张诗隽、崔佳妹译,世界图书出版有限公司2018年版,第36页。

点偏颇的理解,这是纪录片人给出的一个悖论式的答案。

在影像对现实的复制已经如此便利的情况下,将纪录片作为"肖像画"的隐喻经常出现在纪录片导演的言论中,这是非常有趣的:现代媒介影像一直自豪于与绘画相比具有绝对优势的现实表征能力,现在反过来要向画笔投诚。如非常热衷于出现在镜头前的尼克·布鲁姆菲尔德说"拍摄纪录片就是在为你的拍摄对象画一幅肖像画,我能做的就是尽可能准确、全面地把它画出来"[1];而更倾向于观察式纪录片拍摄的导演莫莉·德宁则将绘画隐喻用于表述自己如何用个人视角达成影像真实的超越:"在此(拍摄歌星杰瑞·哈利维尔)之前,我对她的公众形象有些抵触,所以在拍摄时我更希望能为她和她的家人画一幅肖像画,更私密也更真实。"[2] 保罗·沃森认为自己"就像一位画家在作画,只不过你的画板是胶片和荧幕",他认为正是这种"作画"的方式确保了纪录片的可看性:"为什么纪录片会如此有趣:它们是由不同的人拍摄的。……我觉得自己更像个画家,只不过手中拿着的不是画笔而是摄像机";影像作为画笔当然也在随时冒着失真的危险——"如果我跟他们走得再近一些,那么这幅肖像画就会扭曲了"[3]——也正是由于失真的可能性如此之大,画笔的"诚实",即创作者将外部领域进行主观化所付出的劳动程度,才显得如此可贵。

"肖像画"是否"诚实",一方面是持"画笔"的人在多大程度上吸纳、消化了真实的面貌,另一方面也在于其多大程度上能将真实的面貌传递出来。尽管摩尔的纪录片表达方式被公认为非常个人化,观众和影评人罗杰·艾伯特一样还是可以认为自己仍然接收到

---

[1] 奎因:《听十四位导演讲纪录片》,张诗隽、崔佳姝译,世界图书出版有限公司2018年版,第84页。

[2] 奎因:《听十四位导演讲纪录片》,张诗隽、崔佳姝译,世界图书出版有限公司2018年版,第109页。

[3] 奎因:《听十四位导演讲纪录片》,张诗隽、崔佳姝译,世界图书出版有限公司2018年版,第36、47、49页。

第六章 作为"日常"的秩序:20世纪末21世纪初数字化、互联网的媒介巨变与纪实影像的"个人复制"回归

了影片传递出的某些消息——20世纪80年代以来新自由主义经济政策的实用主义与现代管理手段积极表象之下的冷酷真相。悖论的是,摩尔使用的正是与艾伯特所批评的里根政府一样的言辞"伎俩"——以传递出乐观情绪的"空谈"方式去碰触问题,在深知现代公关手段的图像操纵机制基础上"以同样的玩世不恭与机敏狡诈加以反抗"①。GM公司的罗杰·史密斯精于此道,里根政府精于此道,迈克尔·摩尔也是;在《罗杰和我》这样的作品中,还可以明显体现出另一个被放弃的特权——严肃性。

"新纪录电影"鲜明的反讽与娱乐化倾向,也是20世纪末的一个广泛的文化现象,被大量具有洞察力的研究所凸显出来:人们从将反讽视为孤立的修辞比喻,转变为将其看作一种生活观、一种在充斥着媒介文本阐释的前提下反讽之"场景"的形成②。这一时期的纪实影像同样如此:与研究界、批评界罗列并关注的那些相对"艺术"的"新纪录电影"相比,致力于说服的纪录片被认为是主流媒体渠道上的常规产品,有这些常规的持续重复,才令一种反讽之"场景"成为可能。如果说,说服的乐趣在于意识到我们可以通过改变他者的思想来控制他者,那么反讽的乐趣则在于意识到可以通过改变他者的心态来控制他者③;在《罗杰与我》这样的纪录片中,反讽的乐趣通过现实情境与事件以天真面貌的汇集并置,邀请观众与创作者共享,创作主体固然可以被认为是有反讽意向性的——有意用反讽手法来控制观众的情绪,但观者也从对真实再现的自然材料中自主展演着反讽的乐趣,想象着这种种不稳定、多元的、理论上具有无限可能的反讽阐释可以在多大程度上控制除自己之外的其他人,

---

① Ebert, R., "Roger & Me", in Cousins, M., Macdonald, K., *Imagining Reality*: The Faber Book of Documentary, London: Faber & Faber, 2005.

② 哈琴:《反讽之锋芒:反讽的理论与政见》,徐晓雯译,河南大学出版社2010年版,第3页。

③ 莱昂内:《论无意味:后物质时代的意义消减》,路正兰、李俊欣、黄蓝译,四川大学出版社2019年版,第25页。

甚至控制了创作主体。这可能是带有明显意向性声明的虚构形式所无法比拟的乐趣。

为什么这种反讽的乐趣不会发生在格里尔逊时代的纪录片上？当时电视尚未起步与普及，反讽的风险大大盖过了乐趣。只有当资源深厚甚至过剩时，包括创作者与观看者在内的人们才会共同地发现并接受这个追逐游戏的乐趣无穷，既能够使严肃话题得以讨论，又不会冒任何风险。"观众对（格里尔逊式的'受害者纪录片'）这个持续的晦暗之流已经变得非常麻木了。观众需要《细蓝线》《大漩涡》或《罗杰和我》那样的作品所带来的新鲜的、陌生化的表达，以此重新激起他们收看的兴趣。"[1] 以娱乐化和反讽的方式，主观性向外部领域的扩张能够最大限度地吸纳种种阐释的可能性，而从因某个严肃的目的而导致的自我封闭逃逸出来，也由于娱乐化与反讽的过滤，观者对这些经过主观视角描摹的现实可以同时享有对其重视和无视的选择自由，尽管假如不是经过这些纪录片人的主观性扩张，这种选择自由根本不会存在。以这种方式，纪实影像延续着"处理他者"的意义，尽管已经从工具性的意义转向修辞上的意义。典型的如柯蒂斯所总结的，创作者们通过影片说出的是："看，这个世界是多么复杂，这就是我的论点，它是基于众多并非不真实的事实的总和。"[2]

同样面对大量棘手的信息，纪录片人与观众之间不再能够延续前者为后者"打开窗户"的传统传播关系。"打开窗户"的意义在于还有很多遮挡视线的"墙"，那么当"墙"都变成透明的了呢？能看到的就只有彼此了。事实上，影像创作者与潜在的观看者共享着影像信息过剩的焦虑，埃罗尔·莫里斯在完成2011年的纪录片作

---

[1] 温斯顿：《当代英语世界的纪录片实践——一段历史考察》，载王迟、温斯顿编《纪录与方法（第一辑）》，中国国际广播出版社2014年版，第60页。

[2] Cousins, M., Macdonald, K., "The Burning Question", in Cousins, M., Macdonald, K., *Imagining Reality: The Faber Book of Documentary*, London: Faber & Faber, 2005.

第六章 作为"日常"的秩序:20世纪末21世纪初数字化、互联网的媒介巨变与纪实影像的"个人复制"回归

品《小报》后坦承:"现在有太多信息来源,以至于你会脱轨。……或许有些人可以对这种信息的供大于求(glut)有其他应对之道,但现在我已经记不起来是从哪里听说某件事情的了。就像一个充斥镜子的大厅,人们报道别人,这些别人也在报道别人。与这个信息海洋、这个供过于求的现实的联系,有时候会中断。这些东西都是打哪儿来的呢?"[1] 以《超码的我》等充斥幽默元素的纪录作品为代表的导演摩根·史柏路克也表达了相似的一种既被淹没又被封闭的信息接收感受:"新闻的外面好像总是有一个巨大的泡泡。"[2] 与过去将多样性的他者带到观众的视线之内的功能不同,现在的纪录片人自己制造出他者影像的同时,也发现自己迷失其间:一直以来唯恐现实图景不足以丰富到令人们作出正确的判断,无论是纪实影像的生产者还是观者,在这一境况到来之前从未想过现实图景居然也可以"供过于求"。

在"供过于求"的现实图景面前,提炼新的"现实"成了新兴的表征市场需求:除了将个人主观倾向作为新的"现实"、将娱乐与反讽精神作为新的"现实",更具大众传播可能的往往就是"拼贴画"或者"马赛克"式的纪实影像组合了,以不作判断的姿态,诉诸一种对现实图景进行统计学判断的可能性。早则有类似《人生七年》那样的大型长时段分层抽样跟踪,晚近则有《浮生一日》模式的内容众筹,以"我们的世界今天看起来怎么样"为主题,尝试"建立关于现在的影像档案"[3];围绕某一议题、以几个典型案例的并置对比来促成一个整体视野的形式更是频繁见于电视纪录片与院线纪录电影中。这种现实图景融汇的典型形式,正是对人们设法融

---

[1] McLane, B. A., *A New History of Documentary Film*, Second Edition, New York: Continuum International Publishing Group, 2012, p. 343.

[2] 奎因:《听十四位导演讲纪录片》,张诗隽、崔佳姝译,世界图书出版有限公司2018年版,第249页。

[3] 奎因:《听十四位导演讲纪录片》,张诗隽、崔佳姝译,世界图书出版有限公司2018年版,第223页。

汇繁多影像以形成意义的主观认知过程本身的示范和模拟，也是在现代媒介的表征不断积累下最具有达成有效社会互动潜力的一种想象纪实影像价值的方式。它是在高度发展的现代社会之下个人自我认同的典型外化。"如果一个人要在日常世界中与他人保持有规则的互动，那么其个人经历就不能全然是虚构的。它表现为持续地吸纳发生在外部世界中的事件，把它们纳入关涉自我的、正在进行着的'故事'之中。"[1] 亚当·柯蒂斯将自己的电视系列纪录片制作实践比作19世纪经典现实主义小说："它们描绘一个社会的全景，然后让角色穿行其间并讲述角色的故事，同时也讲述关于这个社会的一些事情。因此我着迷于电视节目的结构，因为电视是分集的。"[2] 纪实影像过去是作为促使外部世界事件被看到的工具，现在则转变为吸纳外部世界的过程本身。每个个体，无论是影像的制作者还是观看者，都可以徜徉其间，"把这些经历聚集在一起，思考一下'这是我们的世界，你能为它做些什么'"[3]。想象这个吸纳外部世界的可能性，很大程度上为制作者和观看者都卸下了现实问题其实无法解决的沉重负担。

　　"拼贴画"结构的纪录片演绎着持续接收外部事件的过程，而对外部事件的各种超越单纯复制的视听表现方式，则演绎着以影像语言讲述故事的过程，如搬演、动画等手段的应用，以及对影像呈现细节投入的越来越多的关注。这些看似高度主观、个性化的表征方式，实际上也正是使以往被认为不可见和不可理解的外部领域主观化，以达成纪实影像处理他者的使命。当然，比起拼贴画结构的通行性，这些表征方式争议往往更大；如果将"拼贴画"比作定量

---

[1]　吉登斯：《现代性与自我认同：现代晚期的自我与社会》，赵旭东、方文译，生活·读书·新知三联书店1998年版，第60页。
[2]　Eaves, H., Marlow, J. A., "Adam Curtis: 'I'm a modern journalist'", in Cousins, M., Macdonald, K., *Imagining Reality: The Faber Book of Documentary*, London: Faber & Faber, 2005.
[3]　奎因：《听十四位导演讲纪录片》，张诗隽、崔佳姝译，世界图书出版有限公司2018年版，第51页。

第六章 作为"日常"的秩序:20世纪末21世纪初数字化、互联网的媒介巨变与纪实影像的"个人复制"回归

研究方法的"统计",那么搬演、动画、细节描摹等就好比定性研究方法的"深描",但本质上,它们都是在努力达成对外部领域的消化理解。

在很多被质疑应不应该算作"纪录片"的"新纪录电影"中,我们实际上可以看到影像制作者为了尽可能吸纳外部领域可以"绝望"(desperate)到什么程度。一个典型的情况是如何令一个已经发生、无法现时纪录的历史事件变得可见:如果说在以往影像对现实的表征尚不充分、影像承载事实信息的功能还能占据优先地位的时候,纪录片人的主要工作就是搜集史料、找到见证人进行采访录制;那么在影像遍在的当下,只是为了尽可能客观而将史料照片以幻灯片的形式放映一遍、让"大头访谈"(big talking head)充斥全片,已经不再是当代以影像方式吸纳外部领域的常规了。新的常规是,信息早已不会稀缺,稀缺的是视角,是一个坚持不懈的"注视",是那个有能力进行主观化的"自我"。比如纪录片《走钢丝的人》以搬演再现等十分细腻的影像表达方式,将1974年一位法国杂技大师在纽约世贸中心双子塔之间完成的钢丝行走事件放置在犯罪悬疑片这一类型片惯例中,以求观众能够迅速以早就被大众媒介充分培养起来的影像感知能力,来将这一事件纳入历史阐释之中,尤其是在"9·11"事件之后,观看片中双子塔的影像又具有了新的意义阐释的可能。导演詹姆斯·马什以注重细致影像呈现著称,他的影像是对影像本身的"注视",这和永远盯着屏幕的当代人媒介经验是一致的:"如果看得太久,它们会变成别的东西……如果你思考的时间足够长,画面将在你眼中发生变化。你会在画面上投射自己的某种想法,会跟画面产生一种联系。"[1]

将自我以"注视"投射到外部领域的努力,还体现在世纪之交

---

[1] 奎因:《听十四位导演讲纪录片》,张诗隽、崔佳姝译,世界图书出版有限公司2018年版,第201页。

《微观世界》《帝企鹅日记》《迁徙的鸟》等自然类纪录电影的不俗表现上——主观特写视角的细微观察,将作为整体的人类"自我"尽可能扩展到自然界。与科学教育信息功能占主导的传统自然类纪实影像有所不同,这些细致入微的自然观察是出于以新视角展示事物的目的,《微观世界》导演 Nuridsany 直言"我们一开始并没有什么特别想拍的,我们的目标是找到一个新的展示方式"[1]。拍摄昆虫需要布置特殊的场景环境,拍摄企鹅等野生动物则更需要精心设置摄像设备,这些又都建立在对自然事物在已知环境中的可预测行为充分把握基础上。说到底,目光从辽阔的自然环境俯瞰转移到从昆虫与企鹅们的细微动作中想象一个有趣的故事叙述,核心关切还是如何去看,而不是看到了什么。

如此影像何以再履行纪实影像传统上处理他者的公共职责?看起来一切都只关乎自我,而与使用影像对社会现实的分离/客观化的理想渐行渐远了:如何能指望种种不屑于为自己辩护的主观偏见、沉迷于投射美学欲望的注视最终达成广泛认可的价值呢?这也是在高度发展的现代社会背景下一个普遍忧虑:我们的社会越来越碎片化、我们越来越自满于"个人庙宇"之中,在失去传统社会的先验性信仰根基、唾弃启蒙理性的幕后操纵后,现在已经开始将自我当作神来庆祝。桑内特在《公共人的衰落》中认为,现代社会普遍存在的"自恋主义"源自 19 世纪起公共生活的衰落:伴随资本主义的发展,社会的世俗化使得人格的概念侵入公共领域,日益取消了非人格体验的意义。[2] "新纪录电影"所囊括的很多"纪录片超级巨星"固然是典型的自恋者,以揭露自我为荣,甚至将其视为道德上最为良好的行为("诚实");对整体图景的"拼贴画"式展陈

---

[1] Ferraro, M. X., "Angles on Insects", in Cousins, M., Macdonald, K., *Imagining Reality: The Faber Book of Documentary*, London: Faber & Faber, 2005.

[2] 桑内特:《公共人的衰落》,李继宏译,上海译文出版社 2014 年版,第 306 页。

第六章 作为"日常"的秩序:20世纪末21世纪初数字化、互联网的媒介巨变与纪实影像的"个人复制"回归

和对视觉细节的投注,也体现出现代社会普遍的自恋主义文化:日常生活中每个人都日益成为自己和他人的"鉴赏者"。《微观世界》的创作方式被评论为"舞台真实"①,而这也是如今很多纪录片的核心技术。

"新纪录电影"创作者们的"自恋"如今普遍地存在于各种自发的个人影像制作中,与其预设它与外部现实社会的对立、揣测它必然代表当今人们对"他者"的普遍无视、只关注自我,不如将其看作在当下境况里悖论式的一种介入外部世界的努力——搭建"舞台真实"意味着在公共生活中一种"表演"尝试的延续,而社会角色的"表演"正是前现代公共生活延续的核心体现②。只不过,问题现在由于影像的中介又加了一个套层:如果说现代社会中人格概念的主导使人们不再延续在公共生活中的角色"表演",那并不一定意味着我们真的可以将现实世界中的他者置之不理;事实上,影像对现实的表征正是新的寄托,通过影像跨越时空,我们期待不必在公共场合具身实践就能达成的那种操控自由。"个体要建立起一条人生轨迹,这条轨迹只能够通过对广泛的社会环境的反思而变得首尾连贯。为了控制和反思的目的,而把自我推到先前从未有过先例的外部世界当中去。抽离化机制侵入到自我认同的核心中来,但是这并不使自我'虚空'(empty out),而只是把先前的自我认同根基上的支持挪走。相反,这允许自我(原则上)在社会关系上有较多的隐秘性,社会情景超越了先前的可能性并通过反思融入到自我认同的形塑中来。"③吉登斯论述的这种现代社会自我认同在社会环境中的能动性,其实非常明显地体现在前文提到的德·安东尼奥、迈克

---

① Ferraro, M. X., "Angles on Insects", in Cousins, M., Macdonald, K., *Imagining Reality: The Faber Book of Documentary*, London: Faber & Faber, 2005.
② 桑内特:《公共人的衰落》,李继宏译,上海译文出版社2014年版。
③ 吉登斯:《现代性与自我认同:现代晚期的自我与社会》,赵旭东、方文译,生活·读书·新知三联书店1998年版,第174页。

尔·摩尔、埃罗尔·莫里斯、亚当柯蒂斯等纪录片人对社会环境的个人化反思中。在20世纪末高度媒介化了的晚期现代社会中，以纪录片作为界面而非材料，对媒介表征的自我反思本身就是努力去处理他者、介入外部领域的方式，因为对于个体而言，整个外部领域即使不是在事实上被完全媒介化的，也是被置于媒介化的前提下的；换言之，个体没有资源，也没有动机去分辨什么是"本真"的现实世界，什么是被媒介化的形象。将自我向外部领域扩展，让尽可能多的他者沾染自我的氛围，可能是我们每个当代个体将现实世界进行分离/客观化的必然选择；唯其如此，我们制造出的影像才至少有可能在无处不在的影像信息流中体现出还有"他者"的显现之处——只是这个"他者"也必须是"自我"的他者。周边充斥的影像过剩到一定程度以后，每个个体都可能受到过多选择的困扰，而导致在所有的地方，都需要自我的充实。

二 从工具到空间：私域客观化的纪实影像

努力打造自我的"水晶宫"、将自我尽可能向外扩、将外部领域最大地主观化的"新纪录电影"，由于与之前20世纪六七十年代"直接电影"与"真实电影"果断地切割，而在"新"这一点上十分明显，吸引了很多论述与探讨。但实际上，在世纪之交被传媒业界与影像学界普遍体认的纪录电影在院线表现上的"复兴"，既有迈克尔·摩尔、尼克·布鲁姆菲尔德这样明星效应、主题噱头很强的作品，也有风格更加温和，甚至相对于直接电影传统来说具有更多延续性的作品，如《篮球梦》（1994年）、《是和有》（2002年）等。另外，更多富有人文精神，同时能够适应电视叙事的独立纪实影像作品得到电视媒介机构的资金与发行资源支持，如英国Channel 4那样的电视媒体机构也着力于培养和挖掘具有独特风格且可持续制作的纪录片制作团队与题材领域，它们在大众媒体上的不俗表现共同促成了世纪之交这股曾令纪录片人欣喜不已的纪录片复兴潮流。在

第六章 作为"日常"的秩序:20世纪末21世纪初数字化、互联网的媒介巨变与纪实影像的"个人复制"回归

强烈个人化风格的纪录片显现出的"自恋",与墨守成规的流水线生产式电视专题片这两个极端之间,更多被认为具有巨大传播潜力与人文价值的纪实影像作品一方面以谦逊的姿态虚心地探索世界、质询真相,一方面也突破了纪实影像传统的束缚,重视人与人之间的关系与感受,对现实采取积极介入的主动态度。在延续纪录片作为社会改造工具的传统方面,这些纪录片正是在以一种工具的方式进行实践,也就是以影像的方式,寻求个体的自我如何在一个日益复杂的现代社会良好地运转下去。以纪实影像工具来"处理自我",这既是纪录片人的创作动力,也是纪录片观众的观看动机。

这样看来,被"新纪录电影"这面大旗招致麾下的纪录片的确呈现出差异甚巨的内容与形式,似乎只要与"直接电影"及其之前各种"靶子"有所不同就都可以放置进来。无论是以对传统发起反抗的激进程度来作等级划分,还是干脆否定对所谓"新纪录电影"的概念建构,都是不足以接近它们之间的内在联系的。继续沿着现代性分离/客观化与整合/组织化的双向逻辑来考虑这个问题很可能更有成效:如果说"新纪录电影"以悖论式的向外部领域扩张自我的方式来努力延续分离/客观化的任务——结果却可能呈现出更加主观化,那么同样也可以在诸多以尽可能地拓展与现实世界之间的关系、尽可能地呈现更多"深层真实"的作品中,真正发现一种向内质询的本质,其终极关切是将内部领域进行客观化,来努力延续整合/组织化的任务;最终形成的对现实图景的整合,却往往只是自洽于一个无法复制的内部领域的秩序。

和强烈宣称主观观点与注视视角的纪录片不同,当代很多观察类、调查类纪录片的姿态是非常谦逊的,也会尽量规避那种紧盯不放的视觉贪婪。这一点表面上与标榜冷静观察的"直接电影"前辈们一脉相承,实际上它们对"直接电影"在冷静观察上那种傲慢冷漠的姿态更加反对。诚实的直言是美德,谦逊的聆听也是;很多时候,聆听与感受对方,远比拍摄对方要重要得多;影像制作是一个

契机，真正具有意义的是拍摄者与被拍摄者之间的关系。在这个意义上，拍摄者的自我认同甚至在纪录片中占据着更加核心性的位置：将自我向外扩张暗含的前提是自我认同的稳态；而在当代很多采取了观察式、调查式路线的纪录片中，对关系互动与情感共鸣的强烈关切，实际则是以自己周边的外部领域不断叩问自我，纪实影像则是将这一内部领域进行客观化、为它找到影像具形方式。

"自我指涉"被认为是很多"新纪录电影"的典型特征：拍摄者在影片中不再着力掩饰摄像机的存在、伪造自己"不在场"，而是在影片中表现出主动的介入、将自己与拍摄对象的互动作为整个影片展现的现实图景的一部分。当然，将拍摄者等同于摄像机器，认为可以尽可能降低拍摄者的在场影响程度从而尽可能接近真实，这种纪录片真实观尽管通行甚久，却并非一开始就理所当然的纪实影像范本；实际上"自我指涉"早在维尔托夫《持摄影机的人》就开始了：这部影片是关于自身作为电影形式是如何拍摄和剪辑而成的；直到让·鲁什《夏日纪事》则是关于自身作为电影叙事是如何被拍摄者与拍摄对象构想和互动实践出来的。不论是形式还是叙事，纪录片自身作为被表征的对象，这一手法并不鲜见，尤其是在"直接电影"所推行的纯然客观的纪录片真实观发展成熟之后，立即成为能够为作品带来高光时刻的秘籍，比如当《灰色花园》梅索斯兄弟将摄像机转向一面镜子，"自我暴露"于画面中的那一瞬间，即使在这之前片中的母女俩与拍摄者的互动已经非常显明，摄像机胆敢公然出现在画面里，还是坦荡地将关于影片是否诚实这个在纪实影像制作者与观众之间微妙的控制权问题牢牢掌握在自己手里。不过在当代很多纪实影像作品中，"自我指涉"已经不是一种技巧选项，而是内在于整个纪实影像的制造之中：如果说维尔托夫、让·鲁什都是通过自我指涉来对影像制作的理念、动机、目的加以说明以更好地实现它们，类似梅索斯兄弟那样是将自我指涉作为叙事关键零件来取用。那么对于很多当代

第六章 作为"日常"的秩序:20世纪末21世纪初数字化、互联网的媒介巨变与纪实影像的"个人复制"回归

纪录片来说,自我指涉就是动机,没有内在的自我指涉就不会有特定的作品产生。

一个很常见的现象是,在常规化媒介影像泛滥的当下坚持自己纪录片创作独特性的导演们,经常在访谈中强调自己对拍摄对象的感动、喜爱与认同是创作的前提——我和流水线生产的媒体报道不一样,不是什么人和事都能打动我,而打动了我的人和事则召唤我用影像去追寻。很多纪录片导演在这方面的表态犹如宣誓:"我绝对不拍自己不喜欢的人"[1];"我爱影片中的人物。我觉得热爱是纪录片制作的动机和动力"[2]。进而这种对拍摄对象的情感成为他们的纪录片表达,将纪录片视作"把我对拍摄对象的迷恋与热情传达给观者"[3];"我希望观众能够爱上片中的人物,因为我已经爱上了他们,并且希望观众也能跟我一样"[4]。在一个被表象全面覆盖的世界里,"掏心掏肺"尤其会显得真实;强烈自我意识驱动的诚实直言固然是一种,而在达成更广泛交流方面,以纪实影像拍摄的方式形成互相敞开的"纯粹关系"[5]则尤其与人们在现代社会体验到的自我认同形成机制吻合。社会的流动性日益增强,速度越来越快,在无数的"流"之中,自我的维护所需要的信任,要求互相完全地交出。在日常生活中,这可能体现为现代爱情、友情;而在影像上,经典的虚构与非虚构电影内容往往是去表现这些关系,当代以纪实影像为代表则往往是这种关系本身——拍摄者和被拍摄者互相交出自己,这

---

[1] 莫莉·德宁;转引自奎因《听十四位导演讲纪录片》,张诗隽、崔佳姝译,世界图书出版有限公司2018年版,第106页。

[2] 路易斯·奥斯蒙德;转引自奎因《听十四位导演讲纪录片》,张诗隽、崔佳姝译,世界图书出版有限公司2018年版,第163页。

[3] 尼克·布鲁姆菲尔德;转引自Cousins, M., Macdonald, K., "The Burning Question", in Cousins, M., Macdonald, K., *Imagining Reality*: *The Faber Book of Documentary*, London: Faber & Faber, 2005.

[4] 金·隆吉诺托;转引自奎因《听十四位导演讲纪录片》,张诗隽、崔佳姝译,世界图书出版有限公司2018年版,第178页。

[5] 吉登斯:《现代性与自我认同:现代晚期的自我与社会》,赵旭东、方文译,生活·读书·新知三联书店1998年版,第101页。

之中，有意识的互相索取与无意识的关系依赖交织在一起，几乎不可能分辨，因为纪实影像本身如今正是一个"内在参照"（internal referentiality）的存在，它依照一个内在标准把事物自反性地组织起来①，拍摄者与被拍摄者都被组织其中。

我们可以在一些相对更为大众媒体与受众所爱戴的纪录片的创作者言论中，看出很多下意识地跟随感受的拍摄动机。纪录片《9·11：生命的坠落》一片始于一个单纯的追问："9·11"事件时被抓拍到的一张坠楼图片中的人是谁？导演亨利·辛格解释自己的动机："我看到了那张照片，它非常有震撼力。那张照片其实非常美，但同时也夹杂着一种道德上的拷问。我当时就有一种感觉，那张照片背后会有很多值得挖掘的关于那一天的故事。人们看到那张照片，都会下意识地抛出这个问题——'那个人是谁？'……那张照片就像一面棱镜，能够折射出很多社会现实。"② 这个抛向外部的发问，目的却是要将更多外部折射进自身；纪录片的内容就是将自我内部这面"棱镜"本身加以表现的过程，它如何通过影像的方式得以从影像制作者个体身上抽离出来，而达成与观者的"棱镜"加以类比的可能性。当代的观察与调查式纪录片因此很"挑人"：要确定那个能够将关系的内部领域客观呈现出来的合适人物，经常需要创作者们的艰难"寻找"，还需要持续不断的关系"维护"，这些操作都已经成为纪录片创作常规，而大多数纪录片的可看性都取决于此。比如擅长挖掘人物故事的纪录片导演路易斯·奥斯蒙德寻找的是一种"综合型人物。他们身上有封闭性，让你想往里面窥探，同时又具有开放性，有能力把自己的各种情感描绘得很具体，让你感受到一段栩栩如生的生活，以及其中的复杂性。如果导演只能选择其中的一点，

---

① 吉登斯：《现代性与自我认同：现代晚期的自我与社会》，赵旭东、方文译，生活·读书·新知三联书店1998年版，第256页。

② 奎因：《听十四位导演讲纪录片》，张诗隽、崔佳姝译，世界图书出版有限公司2018年版，第61—62页。

第六章 作为"日常"的秩序:20世纪末21世纪初数字化、互联网的媒介巨变与纪实影像的"个人复制"回归

我想应该是封闭性"[1]。如果说开放性可以理解成将内部领域客观化的能力,那么封闭性则是内部领域可资客观化的丰富程度。

那种想让纪录片人"往里窥探"的封闭性,关键往往不在于通过特定内容信息——比如从他们嘴里挖出陈年秘密,这固然会使影片噱头十足——而是通过情感体验,这比起不知是否能够挖出的秘密更能稳定地为纪录片带来持久的价值。毕竟秘密作为信息,一次传递出来就结束了;情感体验却能够随着影片的传播不断引发更多共鸣,并与对抗式的阐释长期共存——拍摄对象是否在镜头前"撒谎"或"表演"的争议都可以交给每个人的感受自行判断。于是传递感受多过信息,成为很多导演的创作宗旨。比如偏爱拍摄女性解放题材纪录片的金·隆吉诺托,在影片中也并不避讳自己与拍摄对象共同经历斗争与日常生活的那些私人感受,这比条分缕析地推进一个貌似理性客观的抗争叙事更加重要:"我始终觉得我的首要任务是让观众获得一种体验。……我不会去列一个待办事项表……大多数纪录片里都存在一个问题——我在看那些片子的时候,总觉得自己好像被谁欺负了,有人想把他的想法强加于我。"[2]

然而,将观点强加于人固然并不可取,将感受、体验与情感强加于人也既不可取,又无法保证。由纪实影像所客观化的感受、体验与情感,这些本质上是人对于与自己处于不同时空的外部领域所进行的自反性过程,和信息不一样,是无法真正传递的。在这里,我们能看到相比起20世纪早期的关于现实世界的影像积累、20世纪30—50年代左右影像表征的秩序形成以及20世纪六七十年代影像的自我表征来说,"新纪录电影"新在何处:它"新"在一个再也没有办法将影像铺陈扩展或者化繁为简、将一切纳入规划的境遇,除

---

[1] 奎因:《听十四位导演讲纪录片》,张诗隽、崔佳姝译,世界图书出版有限公司2018年版,第170页。

[2] 奎因:《听十四位导演讲纪录片》,张诗隽、崔佳姝译,世界图书出版有限公司2018年版,第181页。

了不断以外部领域的人与事向内心呼喊外,它并不天然地具有意义。在这种境遇下进行纪录片创作的人们,以自己持续的焦虑亲身体验着,他们或如"自恋狂"恣睢直言,或以敏锐的洞察力与谦逊的亲和力与他人碰撞共鸣;前者如前文所述秉持着一种接近于"能力越大责任越大"的自我意识来对"处理他者"的任务投注心智,后者则显然更与自己的拍摄对象、观者之间相对平等,在各自的自我投射与反思中互相参照着:我们谁也没有优先阐释,我们都忙于以纪实影像的方式来"处理自我"。

"新纪录电影"代表性作品中,将这个转向典型地展现出来的莫过于《谢尔曼的征程》:导演原本要拍摄一部关于谢尔曼在南北战争时期对南方影响的历史纪录片,结果却因为感情创伤而变成了拍摄自己接触到的女性以及自己;他不是没有尝试回到"正业",但那些历史信息没有叩开他的心门。这部旅程式纪录片中,旅行本身就像在模拟创造一个将创作主体与其被认为归属的语境区分开的边界,这个边界存在的意义,或许只是让创作主体有可能从中获得某种触动,"向自己内心的黑暗世界传递消息,希望用某种方式证明其有效"[①]。

尽管最终往往能够达成一部作品的"完成",但是纪录片人在处理自我方面无法致力于作出权威性的示范,像维尔托夫影片的自我指涉那样;他们一样感到被情感淹没,甚至逐渐乐于被情感淹没:麦克艾威在《谢尔曼的征程》里以旅程和 DV 日记的方式不知疲倦地陷入一段又一段情感纠葛的体验中。影像手段可以介入关系与生活肌理的深入程度,即使是影像制作者自己也在不断地重新体验和反思。在这方面,纪录片或许比剧情片更有优势,剧情片更经常被视作一个作品,而纪录片捕捉现实图景中的偶发性与即时性,则更容易达到将情感体验"拔根"(disembedding)出特定时空环境,而

[①] 海勒:《我们何以成为后人类:文学、信息科学和控制论中的虚拟身体》,刘宇清译,北京大学出版社 2017 年版。

第六章　作为"日常"的秩序:20世纪末21世纪初数字化、互联网的媒介巨变与纪实影像的"个人复制"回归

促成在不确定的时空中重新组合的可能,在新的信息传播环境中,这意味着能叩问影像制作者的体验或许也能叩问更多的心灵,如布鲁姆菲尔德所言,"那些至关重要的遭遇都非常快速、没有脚本,它们让我肾上腺素激增"[1]。尽管在形成作品时总要面对很多处理自我上的焦虑,如路易斯·奥斯蒙德坦言"当你想倾诉自己遇到的挑战或者问题的时候,你往往不知道该何去何从。我甚至觉得应该为纪录片导演专门准备一部热线,你可以随时打电话倾诉'我很纠结那些技巧性的问题,我担心片子中的设计感太强了'……有好几次我都觉得快要剪不下去了,因为我真的不知道该怎样处理那种巨大的、原始的情感。我们必须要找到一种方法,让那些情感能够被观众接受,而不是被它压垮"[2],但纪录片带来的处理自我上的焦虑,正意味着自我反思的机遇,意味着"叩问"的发生,它对于镜头前后、屏幕前后的每个自我来说都那么真实可感,以至于对意义的阐释反而显得累赘:"我在制作时常常希望人们从这一幕中得到些什么、从那一幕中得到些什么,以及去思考每一幕与每一幕之间的关系是什么,但整体的意义我反而很少去想。"[3] 作为与自己的对照,隆吉诺托对迈克尔·摩尔审慎地评价道:"他所有的拍摄都严格按照日程表进行……他发起了一场运动,让大家以一种非常有趣的方式加入讨论中。……迈克尔·摩尔对他的作品拥有绝对的控制力。他会写剧本、设计情节、刻意地制造争端,让观众一起开动脑筋思考解决问题的办法。但我更希望观众在看片子的时候产生一些感情,哪怕只有一个瞬间或是一个情节触动了观众的记忆按钮。……迈克尔·摩尔的拍摄对象会源源不断地向他提供各种想法,当然,他也很善于

---

[1] Cousins, M., Macdonald, K., "The Burning Question", in Cousins, M., Macdonald, K., *Imagining Reality: The Faber Book of Documentary*, London: Faber & Faber, 2005.
[2] 奎因:《听十四位导演讲纪录片》,张诗隽、崔佳姝译,世界图书出版有限公司2018年版,第155—161页。
[3] 金·隆吉诺托;转引自奎因《听十四位导演讲纪录片》,张诗隽、崔佳姝译,世界图书出版有限公司2018年版,第187页。

利用这些想法。但在我的纪录片中，拍摄对象更像一面镜子，他们能让观众看到自己。"[①] 另一位主流媒体播映为主的纪录片导演杰弗里·史密斯（《英国医生》《推定有罪》），以海外题材著称；他对世界各个角落的探索与对各种人物的探寻，典型地体现出当代纪录片人通过纪实影像处理自我的内在动机："蚌病成珠，所以需要扔一些沙砾去刺激它们……我觉得在这个被过分粉饰的社会里（我是澳大利亚人），人们几乎已经麻木了，没有那种脑洞大开的感觉。我们仿佛生活在一团迷雾中。所以，我确实需要一些东西来刺激我，让我打开思路，无论贫困，还是过度拥挤的人群、压力、竞争。不管是什么，我就是需要一些沙砾！"[②]

这种"就是需要一些沙砾"的自讨苦吃，就是对当下信息社会网络化秩序的身体力行——以通信线路相连接的流动的"人—机终端"，自我包含（self-include）和自我认同到全球信息与通信之流的语境之中。[③] 这种向外寻求投射的自我认同，从过去掌握信息技术资源的文化精英阶层——比如影视制作人、媒体业人士——逐步扩散到更广泛的社会阶层，到如今何尝不是当代纪实影像的制作者与观看者共享的症候呢。因此与过去纪录片人（还有人类学家）广泛周游世界带回影像来促进不同社会与文化的交流有所不同，信息时代的纪实影像如此之便捷，以至于对它的制作和观看都更多地意味着"排除"而非"包容"，意味着越来越内在参照的选择行为。无论是感到必须要走出国门寻找"沙砾"的影像制作者，还是感到必须将一些"沙砾"放进眼睛里的观看者，围绕纪录片展开的行为都在努力叩问自我——拍摄者与观看者去关切那些不同的时空中的人和事，

---

① 奎因：《听十四位导演讲纪录片》，张诗隽、崔佳姝译，世界图书出版有限公司 2018 年版，第 191—192 页。

② 奎因：《听十四位导演讲纪录片》，张诗隽、崔佳姝译，世界图书出版有限公司 2018 年版，第 1 页。

③ 拉什：《信息批判》，杨德睿译，北京大学出版社 2009 年版，第 18—19 页。

第六章 作为"日常"的秩序:20世纪末21世纪初数字化、互联网的媒介巨变与纪实影像的"个人复制"回归

都像是某种程度的顾影自怜。

这也许也是为什么当代很多围绕关系展开的纪录片,尤其是在将访谈加入进来以后,显得越来越像心理治疗:无论是拍摄者、被拍摄者还是观看者,都通过纪实影像把自己的自我反思外化了出来;这种作为心理治疗的纪实影像"不是为个体所'做'的或者所'发生'的某种事情,它是一种把个体对自身的生命发展进程的系统反思包含在内的经验"[1]。其实早在20世纪90年代初期个人摄录设备开始普及时已经可以一窥这种"影像治疗"的趋势,当时BBC2的系列节目 Video Diaries 集中播映来自BBC社区项目的超8摄像机自制影像,其中"自制(DIY)精神分析多过自制喜剧"[2]。影像的分离/客观化可能性在经过媒介技术的拓展之后,立即与晚期现代社会中人们的自我治疗机制结合在了一起。保罗·阿瑟直接将以麦克艾威《谢尔曼的征程》为代表的自传体纪录片称为"自我治疗纪录片"[3];而比起个人化"自我治疗"不可避免地带有个人特殊性而传播范围受限,更多的纪录片则寻求以拍摄者与被拍摄者关系互动实践来达成广泛的心理共鸣。曾为歌星罗比·威廉姆斯拍摄纪录片的导演布莱恩·希尔,回忆了"一场采访莫名其妙就变成了心理治疗"的经历:罗比·威廉姆斯是一个极端,成日被媒体聚光灯笼罩的他,将纪录片导演当作倾诉对象,甚至主动找导演聊天;布莱恩·希尔另一部作品《未死》的主角克利夫则是另一个极端,一开始闭口不谈,在导演长时间循序渐进的坚持下终于完成了一场如释重负的倾诉。纪录片制作者大多数时候面对的都是后一种情况,而前一种则顺利得"让你忍不住开始怀疑"——耐人寻味的是,在为罗比·威

---

[1] 吉登斯:《现代性与自我认同:现代晚期的自我与社会》,赵旭东、方文译,生活·读书·新知三联书店1998年版,第81页。

[2] Barker, P., "The Rise of Camcorder Culture", in Cousins, M., Macdonald, K., *Imagining Reality: The Faber Book of Documentary*, London: Faber & Faber, 2005.

[3] Arthur, P., "The Moving Picture Cure: Self-Therapy Documentary", *Psychoanalytic Review*, 6, 1994.

— 277 —

廉姆斯拍摄了纪录片《喧嚣之后》后,希尔曾与威廉姆斯计划用完全不同于观察式的方式再拍一部关于他的纪录片——以对他的采访作为剧本,威廉姆斯自己当旁白,配上图片和资料。访谈进展顺利,威廉姆斯聊了很多私密内容,但第二天他就反悔了,表示不想再继续制作这部纪录片。"我想他应该意识到在见了我之后,他的叙述好像就停不下来了。"[①] 从观察互动式的互助治疗忽然变成对自我的"提词器",原本是双方一起无意识地通过影像处理自我认同的这一事实,突然作为一个单独的事物被提取出来,当然会让人油然而生恐惧。埃罗尔·莫里斯自创的访谈拍摄技巧"恐怖采访机"(Inter-rotron)就针对这种恐惧设计了反向应对之道:莫里斯与拍摄对象每个人都面对一台带有监视器的摄影机,莫里斯的影像就投影在拍摄对象面前的监视器上,而拍摄对象的影像也同样投影在莫里斯面前的监视器上。这样莫里斯和拍摄对象都直接看着人脸谈话而不是面对黑洞洞的镜头。"这就是人为的第一人称与真实的第一人称之间的区别。这个恐怖采访机是真正第一人称摄影机诞生的标志。"[②] 将内部领域加以客观化,意味着连各自的人称都需要甘于转让给机器化身,以便保证镜头前后两个"自我"都能够感受到自己的完整。

甚至连赫尔佐格将自己对拍摄对象的内部领域的阐释文本交给拍摄对象自己的做法,都比希尔和威廉姆斯设想的那种迫使自我面对被客观化的事实的方式更容易接受:赫尔佐格声称,《沉默与黑暗的世界》片头主人公菲尼回忆童年看到的滑雪画面的台词都是他虚构并请菲尼背出来的,因为他觉得这些画面对展现菲尼的心境具有强烈的象征力量,而菲尼十分理解并配合地完成了。[③] 正如赫尔佐格

---

① 奎因:《听十四位导演讲纪录片》,张诗隽、崔佳妹译,世界图书出版有限公司2018年版,第141页。
② 孙红云:《真实的游戏:西方新纪录电影》,文化艺术出版社2013年版,第102—103页。
③ 赫尔佐格、克罗宁:《陆上行舟:赫尔佐格谈电影》,黄渊译,上海三联书店2018年版,第333页。

第六章 作为"日常"的秩序:20世纪末21世纪初数字化、互联网的媒介巨变与纪实影像的"个人复制"回归

所说,通常被认为是事实的那些东西,到如今在无数无限反射的影像之中,只能是被"玩弄"的对象,反而是"通过想象与编造,我比那些官僚更接近真相"[1]。这里的"玩弄"不仅是如赫尔佐格那样的艺术家创造意欲,更不是单纯杂耍;事实上当赫尔佐格处理类似《灰熊人》那样主人公已不在人世的题材时也会因与拍摄对象交流的不可能性而十分谨慎地收起"玩弄"的意欲。"玩弄"的背后是不断地制造向内质询的可能性,无论怎么争论"真实"到底是什么,能叩开自我的那些才在"真实性"上具有产生什么意义的可能。

通过拍摄者与被拍摄者关系来将内部领域客观化,是"自我指涉"的一种常见的呈现方式,而这种方式表面上和之前的纪录片传统延续性更强。如果像《灰熊人》那样,无法通过互动的方式进行各自自我的内在参照的话,那么就必须还有其他方式。

另一类经常为"新纪录电影"所体现出的自我指涉方式,可以总结为"将影像生产为表征性空间"。"表征性空间"(representational space)来自列斐伏尔《空间的生产》,是相对于"对空间的表征"(representation of space)而提出的:如果说"对空间的表征"是对被表征空间中已经建立起的关系的表征,从属于一个迟早会因缺乏一致性而打破关系的逻辑;那么"表征性空间"则不必服从于一致性或凝聚性,因为充斥其中的想象的与象征的元素是以个人及族群的历史为其源头的[2]。

将纪实影像生产为一个表征性空间,就是让其本身成为象征符号编纂、抽象和传播,在其中流动与发展的则是关于内在领域的知识与信息——那些能叩开自我的"真实"。在这里,我们关注的不是

---

[1] 赫尔佐格、克罗宁:《陆上行舟:赫尔佐格谈电影》,黄渊译,上海三联书店2018年版,第333页。

[2] Lefebvre, H., *The Production of Space*, Nicholson-Smith D (trans), Oxford: Basil Blackwell, 1991, p. 41.

将纪实影像作为信息的存储物——"对空间的表征",而是一个生成中的"影像意义系统"[①],它应该能够将任何在其中的事物整合进自身的系统中,而不限于一种固定的阐释;反之,也意味着注定会有一些东西永远被排除出去,而在这个空间中我们并不知道那会是什么。

  作为"表征性空间"的纪录片,首先可以直观表现为空间意象化的手法,比如一些纪录片通过尽可能重现事件的空间环境来触发感受。马克西米连·谢尔(Maximilian Schell)1984年拍摄的传奇影星玛琳·黛德丽纪录片《玛琳》在当时是十分创新的尝试,也非常典型:它直率暴露出传记纪录片背后众人皆知的尴尬秘密——如果传主只愿出声不愿露面该怎么办?也就是说,如果影像被剥夺了以往因其对现实世界的模拟而被认为理所当然的那种对情绪与情感信息的自然传递——通过表情、动作以及与环境的互动,那么它还能做什么?几乎是一种"绝望"情绪之下的不择手段,谢尔雇用剪影演员、重搭黛德丽受访时的公寓空间,并将(重新演出的)调查、拍摄与剪辑过程以及与黛德丽之间的尖锐交锋呈现在影片中,尽可能将自己所经历的触及对黛德丽内部领域的认识与思考过程进行外翻。影评人加布里埃尔·安南评论道:"黛德丽与谢尔之间的对话仿佛一场决斗——黛德丽是那只斗牛。"[②]——而谢尔这个斗牛士被斗牛所激发出的挣扎与姿态,才使得我们能够看到一个"斗兽场"般十分丰富的空间生产,而非档案影片资料的指示性说明。这里面真正的问题是,为什么对这个空间的生产如此之重要?这在以往的纪录电影史上不成为问题,因为远没到这个程度,从前我们并没顾得上想到这个程度;不能否认这是纪录片人的"艺术创新",但更多的是,逐步积累的影像境况允许他想象这样的空间生产。

---

  ① 雷建军、钟大年:《纪录片:影像意义系统》,清华大学出版社2015年版。
  ② Annan, G., "Appearance and Reality: Gabriele Annan on Maximilian Schell's Ma rlene", in Cousins, M., Macdonald, K., *Imagining Reality: The Faber Book of Documentary*, London: Faber & Faber, 2005.

第六章 作为"日常"的秩序:20世纪末21世纪初数字化、互联网的媒介巨变与纪实影像的"个人复制"回归

然后,电影时间也经常被生产为表征性空间。在这方面"新纪录电影"最具代表性的特征莫过于剪辑上的"反叙事"或"无叙事"。比如埃罗尔·莫里斯为纳博科夫式"无线索叙事"的疯狂与不确定气质所吸引①,他的《又快又贱又失控》(Fast, Cheap and out of Control)片名即点题他在片中试图生产的这一不断流动和发展的空间:三个八竿子打不着的人物,对着镜头的自我叙述穿插着各种纷繁复杂的影像,每个观者都从这个空间中摸索出自己的行动路线;它并非随机而杂乱,作为制作者的莫里斯没有也不可能真正做到毫无态度地叙事,他在长达数年的《又快又贱又失控》剪辑过程中做出的种种选择就是他的叙事过程,他最后讲述的不是一个线性故事或线性认知过程,而是一个空间,三个互不相关的人共处其中、自说自话,而观者穿梭其间,与导演一样试图记下那些碰撞出对某种真理的洞察力火花的路径——就像我们在现实世界中所实践的那样;不同的是,比起现实世界中将人的实践能力几乎彻底淹没的空间,电影的空间还是大大单纯便捷了,通过最为严格的控制,达成了最激发空间中表征潜能的自由实践方式。

2003年名噪一时的纪录片《追捕弗雷德曼家族》亦以其超出常规的叙事技巧著称:与一般调查式纪录片努力寻找确凿真相与答案不同,这部影片将所有自己好不容易找到的、各自以为确凿的事物都染上了可疑的污点;它叙述得越清晰,挖掘得越深,溅出的污点越多。弗雷德曼家族喜欢家庭DV,就连深深卷入性侵儿童案件、接受调查、被告上法庭等待宣判的阶段都没有忘记用DV拍摄,而他们还愿意将这些素材提供给导演安德鲁·杰瑞克奇——但影片能够做到就算推进到这个程度都远远无法得出一个真相,哪怕是在这家人中间。由于影片拍摄时该事件还在推进,导演杰瑞克奇和剪辑师理查德·哈金一起历经两年的剪辑工作,"这部片子的大部分时间都

---

① 孙红云:《真实的游戏:西方新纪录电影》,文化艺术出版社2013年版,第104页。

在展现我们是怎样发现故事真相的。制作纪录片的过程就是去体验一种我们从未有过的经历，在我们看来，能否让观众感同身受十分重要———一点点去发现真相，并使人战栗"。真相带不来战栗感，是探寻真相的过程中感受到的人性之复杂，进而不由自主地与自我进行类比才真正令人不寒而栗；主创们将自己亲历的战栗感化作剪辑的构建方式，将自己的内部领域作为叙事资源开发了出来，使极其容易封闭的叙事得以不停地重新打开："我们只有一次向观众讲述故事的机会。怎么开始故事，怎么安排叙事结构——会让一切变得不一样。……导演要给观众空间，让他们尽情地去怀疑自己，同时也要让观众融入故事中，让他们循序渐进地得到新的信息。"① 本片生产这个表征性空间的方式与《又快又贱又失控》迥然有别：不是疯狂与不确定性，而是清晰地讲述；它就像导演所说好像一部"古典悲剧"，却放错了年代，因为它非常自省地认识到，自己的当代观众在信息资源上的富足程度远非自己所能预料，对这些观众来说，如果他们轻信了某一叙述，反而会使这个叙述失去生命力。当然，也可以像保罗·阿瑟的批评那样，认为这并非如导演在面对影片大热之后面对争议所采取的"真相不可捉摸/交给观众自己做决定"修辞策略所暗示的那么具有解放性，因为《追捕弗雷德曼家族》明显以将访谈与家庭 DV 录像资料交叉剪辑得极其细碎的方式，从中尽可能抽吸出戏剧化因素，意图尽可能引发观众情感反应，因此实际上是以貌似的放手来搬弄"反转"、控制观众②；不论是作为控制策略还是作为互动实践，这个空间被津津乐道的程度终究证实了其存在意义。

"新纪录电影"很多为人津津乐道的作品都仿佛是一个取之不尽

---

① 奎因：《听十四位导演讲纪录片》，张诗隽、崔佳妹译，世界图书出版有限公司 2018 年版，第 324—325 页。

② Arthur, P., "True Confessions, Sort Of", *Cineaste*, Autumn, 2003.

第六章 作为"日常"的秩序:20世纪末21世纪初数字化、互联网的媒介巨变与纪实影像的"个人复制"回归

用之不竭的空间,它们在上述视觉呈现手法与剪辑叙事上都有所体现。比如朗兹曼的《浩劫》,既以错综交织的访谈剪辑,也以静谧风景下对暴行的暗示,汇聚而成"一部习得了自身的记忆的电影……它是一个世界——人们需要去进入它"①。朗兹曼在访谈中曾激烈反驳那些针对影片为何没有提及西方民主对犹太人命运漠不关心,以及没有展现犹太人抵抗影像的种种质疑:"你休想给我下套——这些我都知道!我完全地、有意地将这些放在一边了。我认为艺术的视角更加具有力量,当你让(片中的波兰信差)Jan Karski说出'但我只是就我所见据实报告……'。所谓控诉,在它没有被说出来的时候才更有力。……每个人都是靠一系列的奇迹才存活下来。但这不是我探讨的重点:我建立起的是一个结构,一个格式塔,我没有讲述任何一个个人故事——这部影片的被拍摄对象是对犹太人的种族清洗本身,而非一小部分幸存者。"② 在纳粹对犹太人的大屠杀暴行这一斗争激烈的话语竞争场域里,朗兹曼以这个长达九个多小时的庞大空间,定义了一个关于大屠杀的界域,这个界域却以不跨越任何可能落实意义和判断的界限为前提。比如大量访谈的交织,来自各个方向的说法经常互相矛盾,或者干脆说的就不是一件事情,甚至有时要冒着给影片沾染上为某一责任方辩护的嫌疑,然而朗兹曼正是通过话语的对抗触及已经抽象到内部领域的对大屠杀的感知,"当两个人或者三个人在对同一件事情的表述上有差别的时候,这恰巧说明这个东西是真的,所以这些人的描述才是有差别的"③。再比如

---

① The Village Voice, "The Being of Nothingness: An Interview with Claude Lanzmann", in Cousins, M., Macdonald, K., *Imagining Reality: The Faber Book of Documentary*, London: Faber & Faber, 2005.

② The Village Voice, "The Being of Nothingness: An Interview with Claude Lanzmann", in Cousins, M., Macdonald, K., *Imagining Reality: The Faber Book of Documentary*, London: Faber & Faber, 2005.

③ 左靖、董冰峰主编:《纪录何为:对大师与他们的作品的凝视》,新星出版社2010年版,第10页。

片中大量静谧的风景,既是记忆的坐标,也是对心灵深渊的反向凝视,"引导人们去追寻他们自己产生迷恋的来源……会将你牢牢钉住,它使你失去知觉,最终——以其无止境的温柔与关怀——它使你恐惧"①。访谈与风景所造成的情感震撼既来自朗兹曼对空间的搭建,又不能说是他有意操控的结果,实际上他将自己的内部领域"献祭"(如《浩劫》片名 Shoah 这一希伯来语单词所具有的意义)给了这个空间:"在调研过程当中,我假设所有的人都已经死掉了……所以在某个时刻,当我意识到某个人还活着的时候,我就非常震惊,好像是我把他从坟墓里面挖出来一样。当一个活的证物被发现,那是如此恐怖,而且如此让人震惊!在我的意识中,把那个时代退回到了神话传说的时代,好像这些事情跟我们的时代没有关系,其实根本不是这个样子。……悖论之一就是我根本不愿意到波兰去,我扪心自问,我看得到什么,这有个前提——所有的东西都消失了,所有的人都死掉了。那我还去看什么呢?没有任何活着的,也没有任何事物的痕迹了。正如在片中出现的那个住在美国的红衣女士所提的问题一样:'还要让我回去吗?回去干什么?难道是让我参观"我"?'"②朗兹曼在用 Shoah 作为片名之前曾暂用《地点与话语》作为替代,这正是两种"参观'我'"的典型方式。

这个表征性空间的生产再往前走一步,就仿佛一只脚跨进了"对立阵营",我们会发现最能够带来争议激荡的"新纪录电影"类型——表演与虚构。一种典型的表现手段如《杀戮演绎》,用被记录下来的表演过程重现事件,在这个过程中,将不可重现之事视觉化只是最微末的任务,重要的是设法唤醒亲历者的身体与情感记忆、还原空间氛围,以及对拍摄者如何阐释事件的过程加以呈现;另一

---

① Hoberman, J., "Shoah: Witness to Annihilation", in Cousins, M., Macdonald, K., *Imagining Reality: The Faber Book of Documentary*, London: Faber & Faber, 2005.

② 左靖、董冰峰主编:《纪录何为:对大师与他们的作品的凝视》,新星出版社 2010 年版,第 26—27 页。

第六章　作为"日常"的秩序:20世纪末21世纪初数字化、互联网的媒介巨变与纪实影像的"个人复制"回归

种则如《风的故事》，动用一切（纪实影像传统所禁忌的）想象与象征手段将思想具象化。伊文思百折不挠地想要拍摄无形的风，正是纪实影像的终极追问：你如何将一个你确定其真实存在的事物变成影像，让它跨越时空起到特定作用？在扛着摄像机走过几乎整个20世纪之后，伊文思以及更多的纪实影像制作者都仿佛来到了这个追问的尽头：这个世界已经被相当充分地表征/再现（represent）了，以至于那些令影像的"对空间的表征"还能够起到作用的体验空白越来越少——我们要么早已能看到关于某个时空的大量影像，就像电视新闻频道里24小时滚动播出的国内外"要闻"以及重大事件的全方位直播，更不要说在信息网络时代可能来自每个人的自主记录和扩散；要么早已在大量影像的湮没中将特定的体验从自己的世界中彻底排除出去了，比如对某类知识与某些社会议题的影像，可以允许自己永远不涉足，或者以其海量储存与检索的信息化方式取而代之，正像很多关于少数民族文化、非物质文化遗产、口述历史、珍稀物种与自然环境的影像集成的网上数据库那样，作为体验与记忆的替代方案。如果不是成为转瞬即逝的影像信息流，也不甘在互联网一隅静待点击，纪实影像延续纪录电影史的批判与反思使命，继续能够以生产影像的方式真的"表征"什么的话，最便捷的生产资料就是去诉诸人的内部领域了。

　　从当代纪录片表现出的种种迥异特征中，一方面将之理解为艺术创造力的各种拓展与探索当然是可以的，这与当今世界的高度影像媒介化与信息化的语境相适应，毕竟在这个"信息社会"里，文化领域的创造力竞争愈加激烈，需要向各个方向"花样翻新"才能保障生存；另一方面，将种种特征稍加比较之后，可以在表面上差别很大的特征之间找到一些共通之处，比如同样是将内部领域客观化，有将纪录片"关系化"的方式，纪录片成为拍摄者与被拍摄者内部领域互相映照进而达成可见的载体，通常呈现出带有自我指涉的调查式或观察式纪录片的外貌，也有将纪录片生产为"表征性空

间"的方式，纪录片成为允许内部领域在其中编纂、抽象和生成的一个空间，通常呈现出在画面视觉上和剪辑上的强烈结构化色彩，甚至引入表演与虚构。但它们都在努力以影像的方式处理自我，通过纪实影像的外在化潜力，摆弄自我在现实世界中的位置。只不过，和"处理他者"却终究要通过将他者"染上"主观性才能达成一样，"处理自我"只能通过让"自我"变成处于不确定状态中的客观性才有可能——这关乎纪实影像何以能够在影像制作者与观看者之间建立经验互通。

三 从欲求之物到"无意识"：展演的纪实影像

果真如拉什所说，以往"辩证的时间"、延宕的时间占支配地位的时间形态里，表征/再现还是有可能存在的，电影和摄影便是表征了具有一定时间距离的旧事物并将它以物质方式保存了下来；而随着当代作为信号的客体无所不在，已经没有时间的延宕可言了，而且电子的、数字的"远距离即时在场"将物质性也取消掉了，影像至此不再是"表征/再现"（representation）而是"呈现"（presentation）[①]，那么纪实影像也从作为材料、工具的客体开始变得具有作为界面、空间的自反性——无论是纪实影像的制作者有意为之还是无心之果，它们实际上就在编织构型、进行阐释并交流。以往它们还在一个被表征媒介分离出来的一个文化反思领域，现在表征媒介本身的信息化则已经将自己的这种分离、这种能够被反思的条件消解掉了。影像成为即时的展演，将自己呈现于我们的生活之中，越来越多地在无意识中发挥作用。在呈现中，重要的"不是直接经验或体验的经验空白，而是经验……不是因为一个创造性和自我闭合主体的内在性的表达：是由于它与经验、背后的假设、日常生活中的偏见的关联……是

[①] 拉什：《信息批判》，杨德睿译，北京大学出版社2009年版，第98—99页。

第六章 作为"日常"的秩序:20世纪末21世纪初数字化、互联网的媒介巨变与纪实影像的"个人复制"回归

非反思性地来自经验、来自惯习、来自自然的态度"[1]。虽然对纪实影像的"反思"还是可能的,我们还是在选择到电影院买票看纪录电影、选择打开纪录片频道或在视频网站选择观看一部纪录片,但麻烦在于,当即时呈现的纪实影像与传统上被认为供反思的纪录片作品共存在一起,甚至互为内容,那么所有围绕纪实影像的传统上的共识前提都面临瓦解,各种对立的标准都能随时随地成立。

于是在纪实影像传统上的第三方面意义——处理共同生活方面,纪录片也不再能够作为某个人或组织的"财产"(property),而更多地作为呈现或展演的一个契机。除了将特定信息与表达传播出来以外别无所求的那些更为传统的纪录片,仍然继续广泛存在着,但已经很难说它们能否在当代意义上继续去处理如何共同生活的问题了;现在那些得以进入人们视野的纪录片,是原本就强力地想进入共同生活之中的,至于是为社群团结、权益抗争等议程设置,还是为了票房收入、收视率等商业盈利指标,实际上都是一回事。

那些被留在纪实影像里的"人们",无论时空相距多么遥远,现在也不再是纳努克那样的卡通式形象了;既然影像手段的近用已十分便捷,对影像共情已经几乎是我们日常生活的直接经验;就算是地球另一端的人和事,也因传播手段的便捷而有可能激发出"邻里之情"。在这种通过媒介化的间接经验找回直接经验的悖论式共同生活中,"人们"需要变成"我们","看看那些人们如何生活"变成"搞清楚我们究竟如何生活";如纪录片导演谈到的创作动机:"那种感觉就像你在街上散步时,所有的窗帘都是拉开的。你知道,大多数时候走在英国的街道上,你会发现窗户紧闭。有时候你很想停下来,从窗子的缝隙里看看里面发生了什么,看看里面的人的生活方式是不是跟自己一样。当听到邻居的院子里有人喊叫时,你会停下手里的事情想:'他们在吵什么?我也会这样吗?我也会为类似的

---

[1] 拉什:《信息批判》,杨德睿译,北京大学出版社2009年版,第147页。

事情跟我老婆吵架吗?' 我想说的是'认识一下你的邻居吧',我们需要深入地了解他人。我们需要包容他人,只有在互相理解的基础上我们才能互相包容。为什么有那么多人不喜欢吉普赛人或者黑人?我觉得人们首先应该问问自己,反省一下自己的态度。"[1]

这个"走在街上停下来想看看某个窗户里发生了什么"的比喻,特别贴切地体现了当下的影像媒介环境,因为只有当媒介技术手段足够丰富时才可作此想象:随时停下来看看听听,不感兴趣则正常赶路。在这个意义上当代所谓的共同生活甚至没有必要有"共同"的什么东西,比如以往兼具政治性和地域性、社会性和文化性的实体如国家、社会等都面临这些兼具的特性的分解;以前团结一个社群的文化传统、价值观等,这些仍然存在,但不是以特定的区域或群体为前提,而是个体可以自行出发去"寻找"的。除了靠现代媒介的符号传播以外,就只能以"做出相同的姿态或使用相同的物品"的方式共同生活,然而这两者都不能真的保证沟通的发生[2]。

纪实影像一方面仍是符号传播的重要手段——传递事实信息,或者输出主观观点、思想与情感;一方面也能够促成人与人之间互相观看以互相参照各自的生命姿态与物质境况,因此毫不奇怪地仍然被赋予了促成共同生活愿景的最大期待。类似 Vlog 与直播等新型互联网影像传播都是呈现/展演性质的纪实影像的最直接方式:将传统纪录片所矜持的反思性放置在一边,专注于即时展开,就好像是向行人打开的窗户一样——这听起来特别日常、顺理成章,因为影像观看和使用的自然化,到现在才真的能够与语言文字作一类比。当掏出手机随手拍、打开个人电脑随时看成为大部分现代社会人的日常生活时,影像行动和思维在我们的意识中已经不是一个非要事

---

[1] 奎因:《听十四位导演讲纪录片》,张诗隽、崔佳妹译,世界图书出版有限公司 2018 年版,第 40 页。

[2] 图海纳:《我们能否共同生存?既彼此平等又互有差异》,狄玉明、李平沤译,商务印书馆 2003 年版,第 4 页。

第六章 作为"日常"的秩序:20世纪末21世纪初数字化、互联网的媒介巨变与纪实影像的"个人复制"回归

件化与合理化的存在了,阿斯特吕克关于影像的"自来水笔论"到现在才算真的实现。但纪录片人反过来则是努力说服打开窗户并要招呼其他行人停下来,要额外预置一系列说辞、辩护和合理化解释,更不要说在还没对将要拍到的是什么有何认知可能的时候,就要提前开始营销工作了。传统上的纪录片整体上还是具有主体性立场的"再现":要想"再"现客体,作为主体总得先拥有点什么;当下时空的压缩则使这个先后顺序逐渐消失了,没有了"再",所谓的"拥有"也失去了意义,成为近用或接入;类似Vlog、直播等好比自己打开窗户迎接接入,"自求沙砾"的纪录片人则是自己去敲窗户请求接入。可以说,纪录片处理我们的共同生活的第一步,反而是自己的"共同生活"。

于是,当代围绕纪录片展开的活动,就像其将外部领域主观化、将内部领域客观化本身体现出的展演特征一样,也特别像是一场"舞台表演",必须时刻将自身加以呈现才行。首先从策划与准备纪录片项目开始,前面提到的营销工作就必须开始了——如果还想通过纪录片达成一定的共同生活而不是任其躺在硬盘或美术馆里的话。提案展示与讨论日益成为当代纪录片工作至关重要的环节,这在专注于纪录片的国际影展上非常明显,会有大量专门的提案大会、工作坊来帮助纪录片制作人与投资者规避可能的风险;当然视频网站、电视台、电影院线发行等渠道也以各种方式和规模组织着类似的展示场合,世界各地的网络和电视台需要购买成千上万的非虚构类节目,这些影片由不同的制片人、销售代表、电视网络和大型制作实体在市场上出售,如阿姆斯特丹国际纪录片电影节(IDFA)上的"Docs For Sale"和马赛的"Sunny Side of The Doc"。传统的国际电视市场MIP每年在戛纳举行,在20世纪90年代中期增加了为期两天的MIPDOC特别会议,专门用于纪录片的买卖——尽管其中许多是自然题材,但社会议题及其他类型也有相当的需求。对于任何英语国家的任何一部纪录片来说,国际电视销售往往是最大的收入来

源。由提案和购买的营销模式衍生的国际纪录片场景,还包括大量的公众推介活动和会议,旨在帮助电影制作人与来自不同国家的合作伙伴共同制作他们的作品。20 世纪 80 年代后期,国际纪录片协会举办了阿姆斯特丹论坛等活动,90 年代后期美国电影艺术与科学学院和洛杉矶国际纪录片协会举办了三次国际纪录片大会。还有由欧盟媒体(如 Eurodoc)、Discovery 大师班、加拿大班夫电视节等资助的纪录片培训项目。还有细化到为历史、科学、野生动物等纪录片类型的制片人举办的营利性多日会议。[1]

在一个基于良好的行业愿望,但实际上实现所谓"公正判决"只是人为建构起来的场合里,纪录片人、评审与投资者们互相之间表演和观看,设法以表演的公开透明性来代替"公正"的分配。托马斯·沃曾讲述自己参加两年一度的孟买国际纪录片节的感受:即使是在印度这样一个行动主义纪录片制作十分显著和重要的地区,21 世纪后的纪录片在社会行动的意义上与 80 年代末相比还是明显放缓,整个业界至少在 2008 年已经开始痴迷于"提案",阿姆斯特丹纪录片节等世界权威纪录片交易市场以特朗普真人秀《学徒》式的提案"仪式",规训着世界范围内的纪录片从业者与艺术家。[2]在为我们所见的绝大部分纪录片还在孕育阶段的时候,社会与文化诉求、抗争政治等就已经通过类似的仪式与商业逻辑互为前提、混为一谈;这在过去影像还不丰富的时候还能保有一定的分开考量的时间,现在则只争朝夕地超前,以保障它们以尽可能低的风险顺利进入传播市场。但有趣的矛盾在于,尽可能降低风险的这种交易,所交易的东西恰恰就是不确定性、开放性,一个提案能否首先在行业内的舞台而非社会的舞台上表演成功,不在于它能够提出什么内

---

[1] McLane, B. A., *A New History of Documentary Film*, Second Edition, New York: Continuum International Publishing Group, 2012, p. 369.

[2] Waugh, T., *The Right to Play Oneself: Looking Back on Documentary Film*, Minneapolis & London: University of Minnesota Press, 2011, p. ix.

第六章 作为"日常"的秩序:20世纪末21世纪初数字化、互联网的媒介巨变与纪实影像的"个人复制"回归

容上的确凿保证,而恰恰在于制作它的过程本身就是设法去引入那些还不知道如何赋值的东西,为此连市场需求都需要提前积攒。以上种种,日益成为当代纪录片最常规的起步方式,然而也是悖论的、自反的,其吊诡之处能被轻易体会到,然而不如此又不行。

这种吊诡不仅体现在纪录片项目的策划筹备阶段,更渗透在制作过程中。对制作投资负责的压力固然是纪录片人显著的重担,但与格里尔逊、劳伦兹时代"不合意就断粮"的方式完全不同,它起作用的方式早已不是单向施压,而是高度合意。事实上与好莱坞工业为观众搭建的敞开参与与改造的叙事时空特别类似,当代众多纪录片投资与发行活动对影片制作给予了很大的自由度,甚至有的纪录片投资与播出平台的姿态与其说是"东家"不如说是服务商,为自己精心选择的纪录片制作者提供从资金、制作条件到营销发行全面到位的服务,最著名的如圣丹斯电影节的纪录片学院、Discovery,以及BBC、Channel 4、日本NHK等。很多纪录片人都会强调一些较有影响力的纪录片平台对创作的干预极少甚至完全放手;它们的确没动机也没必要这么做:没动机是因为,当下的媒体机构要的就是尽可能地开掘自由创作的价值潜能,就像粉丝参与文化那样,在如此遍在的影像竞争中,激起火花本身就已经很可贵了;没必要是因为,纪录片制作者自己预设的观众与评论反应已足够规训他们的制作过程。

如果说诉诸大众传播工业社会价值与商业价值回报的纪录片的制作过程不可避免受到质疑的话,那么宁愿与这个竞技场保持距离、采取独立姿态的纪录片制作就相对仿佛被赋予了期许与特权;只是再一次,独立的"姿态"本身必须先展演出来才行;和向所有人敞开的舞台一样,哪怕是自足于小众规模社群的"祭坛"也要先搭起来。当代纪实影像的小规模"祭坛"典型地体现为致力于纪实影像的学术与艺术研究机构,其中尤以与纪实影像的科学实用主义取向关系密切的人类学研究机构最为典型,如英国曼彻斯特大学格拉纳

达视觉人类学中心（Granada Centre for Visual Anthropology）、美国哈佛大学的皮博迪博物馆（Peabody Museum）和2006年成立的感官人类学实验室（Sensory Ethnography Lab）。依托学术旨趣的纪录片创作"进可攻退可守"，既可达成研究目的，也向大众传播的可能性敞开；这一点在20世纪六七十年代电视的"黄金时代"到来时就开始同时为学术界带来转向，以前被认为只要静静待在档案馆等待学者翻阅就可以的证据性影像——如以玛格丽特·米德为代表的视觉人类学先驱所设想的超然乌托邦那样——开始被认为值得更多的价值挖掘。为了搭建"祭坛"，学者们经常要将自己拖入质疑与辩护之中。如果说在20世纪六七十年代以蒂莫西·阿什、约翰·马歇尔为代表，开始在人类学影片的纯粹科学证据性中讲述故事、将活生生的人类生活经验叙事引入研究领域，而在人类学学界掀起了影像能否取代语言文字的"图像恐惧症"，那么到现在已经有了"文字恐惧症"的症候——影像被认为能够且必须传递不可化约的经验，以至于语言的使用，哪怕是在影片中单纯地以"大头谈话"的访谈方式留证，也对更加真实可感的经验造成了减损[1]。在来回挣扎中的学者并不比影视工业中的制作人，也并不比各种屏幕前、镜头后的人们更超然，而是共同处于一个影像遍在的环境中。对纪实影像的科学实用主义期许越强烈而深入，就越会发现悖反之处。正如有学者对美国相对于工业纪录片而言更具学术性与独立色彩的一个纪录片"波士顿群体"所做的研究发现的：一方面是以哈佛大学的人类学研究为代表，学术研究寻求更适应新社会环境的研究方式，而发现自己必须打开边界，尽可能纳入日益丰富甚至很难消化的现代经验；一方面是媒体与纪录片人寻求更多价值支点，将以往从属于大众文化领域的影像引入学术机构（如里考克从1968年开始在麻省理工学院建立电影

---

[1] Henley, P., *Beyond Observation: A History of Authorship in Ethnographic Film*, Manchester: Manchester University Press, 2020, p.392.

第六章 作为"日常"的秩序:20 世纪末 21 世纪初数字化、互联网的媒介巨变与纪实影像的"个人复制"回归

部门以推进拍摄设备的轻便化改进);结果依托和围绕着学术机构与相应的制作传播渠道,民族志纪录片与个人化纪录片这两个表面上相互矛盾的形式,在这个波士顿地区独立纪录片共同体中并行发展,它们实际上是硬币的两面:像罗伯特·加德纳那样的视觉人类学实践,与其说是探索文化"他者"不如说是同时在追问自我;而像罗斯·麦克艾威(深受里考克、Ed Pincus 的影响)《谢尔曼的征程》那样的个人化纪录片实际上则是通过对周遭人与事的一种近乎参与式观察的民族志方法达成的。[1] 这正是内部领域客观化与外部领域主观化这一体两面的具体体现。

在当代将逃避问题、激进个人主义、意识形态偏见等指责抛给包括纪录片人在内的任何一个个人"水晶宫"都是非常容易的,但也徒劳无益,因为我们已经不再像 20 世纪 30 年代以及二战期间那样,面对的敌人是某个不公平的行政法规、经济制度或者独裁侵略政府——也就是"暴虐的超我"——而是一种"无差别感染所有人"的隐喻式病毒[2]:既然在纯熟的现代技术辅助下一切都已经或正在透明之中,那么如果出现问题,一定是我们坐拥如此丰富的材料却没有妥善的行为;因此只要施行得当,现实会找到伸张正义的自然状态。纪录片人因此会特别地注意自己的"妥善行为",制作纪录片本身就像舞台表演一样需要"后台"。这种准备很多时候都是无意识中产生的,而非有意为之地以特定手段期待达到特定效果。赫尔佐格的一个比喻可以特别恰当地说明这个问题:"美学这东西,有时候确实会在你无意识的情况下,偷偷由后门溜进来……如果我要写一封意义重大的信,但心里想的都是字体、笔画,最终文字本身反而会失去意义……反之,如果你注意力都放在文字本身和情绪之上,

---

[1] MacDonald S., *American Ethnographic Film and Personal Documentary: The Cambridge Turn*, Berkeley and Los Angeles: University of California Press, 2013.

[2] 莱昂内:《论无意味:后物质时代的意义消减》,路正兰、李俊欣、黄蓝译,四川大学出版社 2019 年版,第 115 页。

你的个人书写风格——它和你这封书信的本质，其实并无关系——自己个儿也会渗透进去。"[①] 在努力处理共同生活方面，纪录片如书信一样，向来期待着收信人，但面对越来越不可预测的众多接受者可能做出的不同阐释，唯一能做的就只是将自己的展演方式站稳脚跟。类似迈克尔·摩尔那样的纪录片人在展演他的巡游方式，德·安东尼奥在展演他的历史叙事方式，纪实影像作为个体性的"水晶宫"、作为"可以将现实多样暧昧性融为一体的模式"[②] 的施行/展演示范，在一个被指责为"读图时代"的、视觉主导的隐喻式病毒"威胁"之下，以貌似的反抗建立起自己的合理性。就仿佛一个理直气壮地坚持自己行事原则而以斗鸡般的姿态面对指责的人，他人对其关注的重点往往会放在其行事原则本身上，而非其所行之事。莫莉·德宁曾在拍摄歌星杰瑞·哈利维尔的纪录片中将自己与杰瑞之间的一段关于影片控制权的争论放在片中：杰瑞不希望纪录片里出现未经她同意播出的片段，而德宁则说这不可能做到："我觉得这一幕是非常必要的，因为你要让观众清楚地知道你们之间的关系（是平等的）。"[③] 德宁自己也承认，这样的对话大多数时候没有也不应该出现在成片里；事实上这个片段被纳入正片，制作者这个行为本身就提前开始对观看者可能的对抗式阐释进行防御，恰恰是这个防御行为才引发了对抗式阐释。这种想"让观众相信你"的意图，需要让观众先怀疑你才能接近，必须设置观众可资疑问之处才能让观众不觉得被控制、被轻视。这个循环往返"鸡生蛋蛋生鸡"的游戏，我们围绕着影像乐此不疲。

这个游戏在纪录片完成、正式进入传播竞技场以后，体现得就

---

① 赫尔佐格、克罗宁：《陆上行舟：赫尔佐格谈电影》，黄渊译，上海三联书店2018年版，第257页。

② Barsam：《纪录与真实：世界非剧情片批评史》，王亚维译，远流出版事业股份有限公司2012年版，第548页。

③ 奎因：《听十四位导演讲纪录片》，张诗隽、崔佳妹译，世界图书出版有限公司2018年版，第111页。

第六章 作为"日常"的秩序:20世纪末21世纪初数字化、互联网的媒介巨变与纪实影像的"个人复制"回归

更明显了。一方面,观看者对影片不同的意义阐释,前所未有地与纪录片、纪录片制作者及其他观看者即时相遇、看见彼此。与当代文化领域的其他产物对主体间性的强调一样,纪录片也越来越多地被公认为制作者与观众共同完成的,这既是一个认识的转向,其实也是一个展演的策略:纪录片人认识到,"如果我们承认'纪录片价值'要依赖于'影片与观众之间的关系',将它更严格地视作一种接受行为,而非生产行为,则纪录片依然可以存在下去"①。尽管在影像叙事上风格各异,当代纪录片都最大限度地邀请着多种阐释:那些在叙事结构上呈现出开放性甚至标榜"反叙事"的纪录片固然非常愿意宣传这一特点,"把控制权交给观众";即使是援引类型片叙事模式的一些影片也着力强调,观众和制作者是完全共享这种从现实中看到"活生生的戏剧"的体验的。

另一方面,我们毫不意外地又一次来到吊诡之处——"我们不能一边夸耀着自己作品的开放性,一边抱怨观众总是作出我们不想要的结论"②。越依赖与观者的合作,越意味着自己作为媒介话语权掌握者与意义生产者的地位必须舍弃,反而将自己的影像创作合法性消解殆尽了。纪录片制作者不断向开放的可能性突进,同时又不断向自己曾几何时的文化正统地位退缩。郑明河就曾发觉,当作品因将拍摄对象进行了简单化处理,某种程度上强化而不是消解了偏见,而受到批评时,电影制作者总是倾向于反驳道"我不是为像我们这样的专业观众,而是为普罗大众拍片的",将自己与观众之间画出楚河汉界,观众仿佛又从意义的合作者变回了天真单纯、什么都需要制作者给出解释的影像"乡巴佬"③。在电影制作人那里,观众

---

① 温斯顿:《当代英语世界的纪录片实践———一段历史考察》,载王迟、温斯顿编《纪录与方法(第一辑)》,中国国际广播出版社2014年版,第65页。
② Vaughan, *For Documentary: Twelve Essays*, Berkeley: University of California Press, 1999, p.25.
③ Trinh T. Minh-ha, "The Totalizing Quest of Meaning", in Renov (ed.), *Theorizing Documentary*, New York & London: Routledge, 1993, p.96.

是"在那里"的一群，但不是传统大众媒介意义上的"大众"具有需要均质考量和发展的潜在需求；他们要么完全认同、团结在自己与自己的作品周围，自足于自己以"提供服务"的方式建造出的这个影像表征性空间；要么绝不会走进这个空间，从而考虑他们也就没有任何意义。正如 Waugh 以德·安东尼奥为例对"新纪录电影"的评论所言，纪录片人"有时候并不清楚自己的目标受众在哪里，也搞不懂通常这个目标受众就是中产阶级知识分子他们自己，但他们在自己的同侪中找到了观众，用影片启发他们挑战自身群体的意识形态基础……他们的贡献一般是基于他们能提出正确的问题的能力，能够穿透、打破自由派阵营里的平衡的能力"[1]。

在众多影像里尤其依赖声望的纪录片人，总是发现自己陷入信任危机：在格里尔逊的时代，能看到关于鲱鱼业工人的影像已经足够新奇了，以至于格里尔逊当时指导自己的团队拍片时所明确允许的重拍手段直到很久以后才被留意到；在德鲁小组的时代，摄像机举在政客头顶的长镜头跟拍提供的在场感已经足够奇观，以至于这背后拍摄者与被拍摄者可能的默许交易也无关紧要。如今大不相同，已经看得太多的观众在观看影像时尤其在意自己投入的时间与情感是否被"辜负"，对包括纪录片在内的各种类型都可能作出意想不到的苛求；对制作细节上是否有造假、操纵的关注，以及纪录片制作的动机，都格外敏感易怒。而且如今同时"审判"着纪录片以及各种文化产品的，是有着各种不同背景以及媒介经验的人们，区分所谓普通观众、特定题材爱好者、影像批评者与业内同行的舆论管理工作已经变得十分困难，一部作品如果想要进入公众视野，就要对自己将面对多少预料之外的挑战有所期待。这可能就是包括前文提到的印度行动主义纪录片潮流衰退的原因，纪录片人在这个问题上就很

---

[1] Waugh, T.：《直接电影之外——安东尼奥与70年代新纪录片》，载王迟、温斯顿《直接电影：反思与批判》，中国国际广播出版社2017年版，第21页。

第六章 作为"日常"的秩序:20世纪末21世纪初数字化、互联网的媒介巨变与纪实影像的"个人复制"回归

容易有一种委屈情绪,明明是为更良好的共同生活做出了努力,结果却不是被市场遗忘,就是因政治观点鲜明而陷入舆论声讨:"如果火药味浓烈的纪录片成为政治战争必不可少的元素,它们可能会损害纪录片长期积累起来的可信度,因为纪录片关注的热点事业和事件,由于大众传媒对于轰动事件和名人效应的热衷而显得浅薄了。"[1]

为了展演出"不浅薄"的可信度而被宣布出来的纪录片制作"教旨"层出不穷。在这方面,"直接电影""真实电影"当年所自我表征出来的那些对纪录片真实性进行保障的规则当然起到了相当大的示范作用;相应地,经常拿"直接电影"当靶子的"新纪录电影"先驱们也炮制出了很多声明,只是比起"直接电影"的真实性主张还只是作为纪录片作品本身的自我表征议程的一种辅助手段、一种回应策略,当下诸多关于纪录片的"教旨"则是"主动出击",在还没人邀请之前就自己给自己搭建舞台。朗兹曼到处批评其他关于大屠杀的常规媒体呈现形式;赫尔佐格关于"直接电影"无法真正揭示真相的《明尼苏达宣言》,是1999年他出席自己的作品回顾展之前准备好的[2];而没有这些"超级巨星"那么具有话语权的纪录片制作者则将激发社会讨论、为无法发声者赋权等公众利益作为主要的展演姿态。反正在自搭舞台上,上演什么都有道理可讲。当然在此情况下,必须要警惕剥削与利用的倾向,"以公众利益为借口,创作者就可以为任何层面的剥削做出合理辩护。不管怎么定义社会价值,在影片中它都很容易消失殆尽,最终只是单纯地迎合了观众的好奇心"[3],被换算成了商业利益,或者艺术领域的专利权和豁免权,但不能否认的是,在当下,非如此就很难令一部纪录片进入公众视野、围绕自身形成共同生活的可能。

---

[1] 奥夫德海德:《纪录片》,刘露译,译林出版社2018年版,第99页。
[2] 赫尔佐格、克罗宁:《陆上行舟:赫尔佐格谈电影》,黄渊译,上海三联书店2018年版,第517页。
[3] 温斯顿:《纪录片:历史与理论》,王迟、李莉、项冶译,中国广播影视出版社2015年版,第241页。

在纪录片业内,这种舞台表演式的地位之战就更多见了,也更加体现出吊诡的特点。前文提到的托马斯·沃在孟买国际纪录片节上的经历就非常典型:印度纪录片人在电影节上具有代表性的言论是,有人指责当下第一人称视角纪录片的滥觞埋没了纪录片应有的政治话语,也有人指责印度公共机构对纪录片创作的官僚式资助与干预使纪录片丧失独立性,号召加以抵制。[1]强调政治话语却不承认纪录片的主体性视角,或者不愿国家公共机构破坏纪录片独立性,却愿意接受类似盖茨基金会那样的国际非营利组织;这种种认知失调实在过于一目了然,就仿佛等待着被更具总体性的指导原则来拯救一样——或者完全相反,否定任何总体性原则存在的可能性。为此不仅雄心勃勃的纪录片人,还有自认为更能退后一步、更超然的电影学者与批评者都孜孜以求,希望能够拿出一个彻底终结掉这些荒唐的认知失调和信任危机的解决方案。这些争议与对话的姿态(gesture)本身就是纪录片的空间实践,围绕纪录片开展工作的人们必须像爵士乐的即席表演中那样,"每一位音乐家都与他人相斗",以呈现与操练的竞争,告别独白式的陈述逻辑[2],在这个实际上很可能并不再在乎纪实影像之意义的世界上,自食其力地让自己具有存在感。

第三节 作为"日常"的秩序:当"秩序"本身已不再必要?

作为在现代视听媒介自身力量的不断进化发展历程中呈现出的,同时促进与框限纪实影像实践的主要特征趋势,影像表征的"秩

---

[1] Waugh, T., *The Right to Play Oneself: Looking Back on Documentary Film*, Minneapolis & London: University of Minnesota Press, 2011, pp. ix - x.

[2] 拉什:《信息批判》,杨德睿译,北京大学出版社2009年版,第148页。

第六章 作为"日常"的秩序:20世纪末21世纪初数字化、互联网的媒介巨变与纪实影像的"个人复制"回归

序",曾几何时作为一定程度上有限的纪实影像实践得以展开和接受的特定认识型,在数字化与互联网的媒介环境下,日渐失去了像以往那样的必要性:作为"奇观""节日""反思""建构"的影像在这个媒介环境下得以毫无阻碍、随时随地地共存与冲突,而不必因以往还有较大限制性的媒介表征能力而必须形成一个特定的秩序框架。曾几何时,问题从"何以影像"到"影像何为";而现在高度发达的媒介表征手段,使影像本身并不必非得成为问题了,它已经回到了"日常",频繁地与我们擦肩而过。

"在由无处不在的计算创造出的信息富足的环境中,限制因子不是计算机的速度,也不是通过光纤电缆进行传播的速率,或者可以被生成和储存的数据总量。相反,稀缺商品是人类的关注。"[1] 要让习惯在虚拟苍穹的航线上飞行的人们驻足,纪实影像似乎必须从原有的那些各有意图却门扉紧闭的"居所"状态,演绎出越来越多的"酒店"与"机舱"式的"非地方"状态——与以前以影像方式对共处的现实加以分离/客观化与整合/组织化、"作为有机社会的庇护"的意义相比,新的信息传播环境中纪实影像不创造有机的身份与关系,"而是孤独与相似性"[2]。不仅纪实影像的生产制作如此,作为影像"使用者"的人们也共享着相同的悖论式境况:在影像的遍在中,我们似乎永远可以待在自己的"精神之家"中,自足于世界的普遍影像化,但又永远失去了可以真正封门闭户的"自己家",而必须去和影像发生种种联结才能够表达。视听媒介对现实的表征,以一种螺旋上升的方式回归到"日常"的领域:从早期电影那因贫乏而不具备被对象化与问题化的非秩序式"奇观",到一步步将自己的秩序铺陈得越来越清晰,一直到当下,以迥然不同的完全过剩状

---

[1] Lanham,转引自海勒《我们何以成为后人类:文学、信息科学和控制论中的虚拟身体》,刘宇清译,北京大学出版社2017年版,第388—389页。

[2] 欧杰:《非地方:超现代性人类学导论》,陈文瑶译,田园城市文化事业有限公司2017年版。

态而免于被对象化与问题化,成为秩序式"日常",内置于人类表达之中。

处于这一境况,纪实影像一方面可能随之"进化"——为了自身更好地存在而变成不再是原来的存在形式;另一方面则可能着力于"揭露"——为了保留自身固有特征与价值而从自身存在所处的环境中旁退一边。回顾本书在引言部分"决定纪实影像意义的因素"中提到的,围绕媒介那两条显著的"救赎之道"——诉诸"认知"与诉诸"技术",正分别与此两种方向的可能性相合:通过探索人如何通过媒介进行处理,纪实影像在当代境况下可能没有必要再固守旧境况下的规训,于是感官拓展与空间营建都得以进入纪实影像的范畴;而通过反思媒介如何通过人进行处理,纪实影像永恒的现实意义又必须延续,以反复提醒我们并非处于虚拟影像之中,必须持续实现影像中信息与价值的有效传递,而与这个世界发生种种接触。前者是由于,索引性是影像表征得以实现的基本——"所见"与"所信"紧密联结,纪实影像实际上是整个现代视听媒介历史的晦暗背景;而后者是由于,正因为"纪实"与"虚构"能够将对影像表征的传播与接受动机清晰地辨析出来,"纪实影像"同时还作为一种媒介内容形式而必须不断加强其清晰性。

麻烦似乎就出在这里。对概念表述的辨析永远是更容易被解释和理解的,正如格拉汉姆·哈曼对麦克卢汉的评价,之所以"媒介即讯息"在20世纪后半引发了激烈的争论,正是由于他在当时西方学界热衷于针对可陈述或争辩的媒介内容进行批判分析的时候,反而去关心这些明确推断背后"混杂且沉默"的前提,那些相对于"能被清晰表述的事物""模糊不清而含混无意义的词语"[①]。不只是学界,我们在尝试思考自身与世界关系的时候都会如哈曼所说,倾

---

① 哈曼:《铃与哨:更思辨的实在论》,黄芙蓉译,西南师范大学出版社2018年版,第128页。

第六章 作为"日常"的秩序:20世纪末21世纪初数字化、互联网的媒介巨变与纪实影像的"个人复制"回归

向于关注诸物清晰的表象,于是纪实影像如何更"纯粹"的问题一直以来都十分棘手,正因为作为影像媒介索引性的典型体现,它永远是"纯粹"不了的,既是清晰的文本,又是晦暗的条件。如果说在数字化与互联网时代影像之遍在之前,在纪录电影史还能够简断地为每个形式风格节点命名时,这个再简单不过的二重性根本没有任何言说的价值,那只是因为积累还不够多;一旦我们坐拥富足的影像财产与影像生产手段,乃至越来越过剩,财产就不再是财产,生产手段也不再是生产手段:俯拾皆是之物无法赋值,人人皆能之事也不再产生价值。纪实影像的发展史,正是现代视听媒介乃至媒介表征一般发展进程的绝妙隐喻。

第四节 小结

与第五章尝试从作为"建构"的秩序重述"新纪录电影"纪实影像实践对于影像表征秩序形成的作用一样,本章尝试对20世纪七八十年代至今这个主流纪录电影史暂时搁置线性发展叙事的当代时段作一叙述。一方面,社会与文化转向显著,体现在宏观结构与微观生活的方方面面,迫切地呼吁着阐释;一方面,媒介形态变化之迅速与高效又大大超出了我们的设计与承受力,不仅令纪实影像的历史叙述难以为继,也不断重组着现实图景与人类对现实的感受。这些瞬息万变,由于时间上的重叠而很难分开,本章只是在论述中对辨识延续与断裂作一尝试;对于这一历史阶段区分所做的特征概括,尽管因媒介发展之迅速而很难像之前远观"奇观""节日""反思"秩序那样确切,但"建构"与回归"日常"的秩序仍是可以作为可感的主要特征的,我们可以从前文所述纪实影像实践从材料、工具、欲求之物到界面、空间、"无意识"的概括中体认出来。

以电子录像为代表的存储记录媒介以及有线电视、卫星电视技术为代表的传输渠道媒介,使纪实影像的自我表征不断加深——从

"表征"到"自我表征",再到对"自我表征"的表征,这正是我们在20世纪末21世纪初日益被影像包围甚至取代的现实境况,而在20世纪末终于迎来现代传播媒介形态的转折:以数字化与互联网为代表的信息传播技术既建立在这一坚实而过剩的媒介表征储备基础之上,又以本质上的逻辑转变,将纪实影像跨越时空的旅程正式"带离地表"。同样以军事—工业基础促成新的交换价值从已有的媒介表征形式中分离出来,数字化相对于模拟媒介来说就是引入计算将表征这一过程本身抽象化,将模拟现实世界以供人类操作(分离"观察"),进一步到模拟人类对现实世界进行操作本身(分离"智能");而互联网则通过交互语言与共享协议,将非同质化的传输渠道融合而消弭,以最高度的控制和中心化,来消解广播电视等传统大众传播媒介的高度中心化。

在数字化与互联网深入发展之下,影像作为"反思"之判断对象的意义也进一步积累到不得不去反思自身的这一意义本身,从观看者—文本的"表征性文化"向一种以"游戏"性的实践操作为核心的"科技文化"转移[1]。比如从电影工业的生产与消费两个方向来看,在数字技术加持下,一方面电影的表现领域大大拓宽,电影工业生产得以以虚构世界叙事时空的搭建的方式,加速将消费者越来越膨胀的参与,纳入生产价值的流通;另一方面视听设备轻便化、低廉化成为武装到个人的标配,技术民主的理想占据主流,多元化、个性化则滥觞成了文化生产领域的道德准则。影像生产的全面数字化作为生产力的变革,改变了影像的生产关系:工业高成本电影生产与个人独立创作、电影商业市场被动消费与影像方式的主动文化参与,这些对立概念允许出现的隔离空间,随着影像技术的普遍渗透与影像表征的"供过于求",渐趋于无。电影工业生产关系的改变只是一个缩影,更大的图景是,我们在方方面面对媒介的"体"与

---

[1] 拉什:《信息批判》,杨德睿译,北京大学出版社2009年版,第272—274页。

第六章 作为"日常"的秩序:20世纪末21世纪初数字化、互联网的媒介巨变与纪实影像的"个人复制"回归

"用"都在变迁：数字化和互联网抹平了语言符号的差异、等级的高低，更抹平了人与影像表征之间的主客关系。

"新纪录电影"于是在20世纪七八十年代以某种"反直接电影"的姿态兴起之后，于世纪之交继续以援引纪实影像传统的方式实践着自身媒介的转换：就如数字影像以抽象代码的信息组织来模拟现实影像，新纪录电影所代表的纪实影像转向也是以越来越凸显自身的干预与介入手法来操作虚构与真实的边界，而这又不违背纪实影像的现实主义传统——这正是当此时的现实。对一个被称为"纪录片"的人类表达方式进行操作的"展演"行动，是我们当代的影像实践进入"无意识"阶段的典型表现，影像不再是具有工具指向性的造物，而是体现为我们看待世界的普遍方式。纪实影像从作为现代化潮流典型体现出的"精神生活的外化"——作为一种材料、工具与欲求之物，逐渐开始成为"物质世界的内化"——作为一种界面、空间与"无意识"。

这种转向，并非被动地受到社会经济与生活的结构变迁影响的结果，尽管假若真的是这种互相之间相对超然的因果关系的话，会对解决很多现实问题具有实用性。在人与社会的变迁中，媒介化表征的量变积累是一直以来与人类共同生存的现实环境的一部分——或者不如说是至关重要的部分。就如印刷不断上升的分离强度和数量，与人类一道进入了视觉线性时间观念的印刷文化，达成社会功能的分离、社会组成的分析，同时驱使其他被暂时搁置的感官开始出发寻找"潜意识"的栖身之所[1]，电影、电视等现代视听媒介技术发展帮助我们达成的现实环境，也既反映又塑造着人类的生存状况：一方面通过分离"观察"，一种与文字印刷文化共生的个性观点视角叙述，被诉诸集体化共性的图像与声音取代，可以说后者以拾起被印刷文化搁置

---

[1] 麦克卢汉：《谷登堡星汉璀璨：印刷文明的诞生》，杨晨光译，北京理工大学出版社2014年版，第364—370页。

在瓦砾堆中的那些"潜意识"的方式，成为新的原材料生产领域，于是通过纪录片人在世界各个角落架起的摄像机，那些曾经落笔千钧负责为我们讲述世界的了不起的人们仿佛成了我们自己，凭借基本的人体视听官能我们就在银幕荧屏面前人人平等；另一方面通过分离"传播"，以往必须由物质实体的位移——实现与切断的偶然联系，被预先设计、搭建并层层深入的必然联系代劳，即使我们不必"有话要说"，电话电报以及无线电系统仍然在那里昭示我们之间无法回避的关系，于是越来越多的纪实影像内容在我们的生活中越来越密集地流淌着，那是让我们聊以自慰我们花费甚巨搭建起来的人类网络的确物有所值的证据。

第七章 结论

第一节 研究发现

随着数字化与互联网的信息传播技术逐渐成为全球性价值生产与流通的基本设施，电影、电视等曾经在20世纪现代工业社会高速发展中频频带给我们"大开眼界"之感的现代视听媒介似乎渐处招架之势；曾生发于这些媒介的那些内容产品类型，也必须出发到新的数字网络苍穹上寻找新的容身之处。于是表面看来，媒介内容与渠道、信息与物质分开考量是理所当然的，一部电影（film）并不是非要用胶片（film）——这些名实之争在现实中人们的实践意向面前都是无稽之谈，但实际上，我们每个媒介使用者又身体力行地在推进这个"忒修斯之船"般的现代性疑难。

纪实影像尤其如此：这个从人们拿起摄像机那一刻起就在自觉制作的媒介造物，在现代媒介变迁的历程中是最具基础性与代表性的媒介表征手段，它典型地体现了现代化利用技术手段对纷繁复杂的现实世界进行分离/客观化与整合/组织化，尽可能将更多原本处于人类外部领域的元素进行赋值以便于生产与交换，进而实现人类利益的最大化的议程；以可通约的视听手段，纪实影像被认为比语言文字更为高效，成为现代社会中我们处理"他者"、处理"自我"、处理"共同生活"的最重要手段。

基于此，如果只是将纪实影像或"纪录片"作为电影艺术形式的一种，将历史叙述放在不同社会历史背景下影像实践者们在这一形式的创造性革新上，未免对纪实影像的重要意义造成了一定的浪费。事实上从纪实影像的意义变迁入手，可以更好地帮助我们认识现代媒介乃至现代性的发展规律；反过来从媒介发展变迁的角度，也可以对不同时期纪实影像的转向有更根本的认识。媒介技术基础与媒介表征之间处于持续不断地相互推进中，特定媒介技术可能性延伸出的媒介表征实践会推动媒介技术创新的需求，媒介技术的推进又会不断扩展媒介表征的可能性。

一　通过媒介理解纪录电影史

（一）重述与反思：纪录电影史"科学""政治""艺术"话语的局限

通过媒介发展的视角，我们至少可以破除以下几点主流纪录电影史的叙述话语，或者说对它们的话语策略在加以取用的同时，了然其只是作为操作性手段而非不言自明的真理：

（1）"科学"话语：纪实影像是社会治理的科学性证据（因此要不断对其本体进行原真性还原）；

（2）"政治"话语：纪实影像因其直接与人和环境发生关系，也就是在地、具身的文化实践，而具有道德伦理上更高的地位（因此要对各种社会力量对其的控制与影响尽可能规避和排除，以保有其纯粹的独立性）；

（3）"艺术"话语：纪实影像作为艺术创作，是人们积极发挥对现实世界的改造能力的体现（因此多样化的另类表达是推动其向前发展的关键决定力量，需要予以最大的尊重与包容）。

以上这几点在特定语境下都是有其现实意义的，将它们统统虚无化也绝非本书的本意，但归根结底，它们都是将纪实影像保留在

第七章 结论

象征符号领域里：影像是权威，是地位，是崇高，是其所表征之物与事。在前文的历史重述中，我们已经能够发现这几种话语某种程度上只是影像作为表征本身，在这个世界上扩张范围与程度的不同阶段所展现的不同面貌，虽然可以说明很多问题，但不能对其抱一劳永逸的幻想：作为社会治理科学性证据的巅峰，在20世纪60年代电视带来的影像集中爆发中崛起而后马上成为滥觞，逐帧分析泽普鲁德录像与罗德尼·金录像背后那种笃定很快就被湮没了；在科学性证据的寄托逐渐破灭时，直接电影与真实电影的在地与具身性实践，曾经使诸多被压制的社会力量得到了解放，紧接着也形成了这种纪实影像长期以来的某种伦理话语霸权；于是，"新纪录电影"的各种多样化突围，在艺术领域得到拥护，很快又成了无休止突破所有局限的话语交锋地带，众声喧哗之下，谁都听不见彼此。

对于纪实影像的"科学"与"政治"话语，纪录片研究中早已出现很多反思与批判，但"艺术"话语因其从20世纪后期开始就充当着为包括"新纪录电影"在内的多元化媒介表达保驾护航的角色，而仍然主导着对纪实影像的阐释。"艺术"话语将我们从无所适从的当代媒介环境中豁免出来，彰显我们的创造力、能动性，这是它的魅力与权力所在，也可能是它对我们进一步认识与媒介的关系的局限。

就如第六章所列举，当代纪录片人经常发现自己陷入"个人表达"与"观众接受"之间的矛盾中，于是很多纪录片人选择将纪实影像创作的传播方式分成"大众""小众"，或者将目标设定为"票房"或"拿奖"；当面临舆论质疑时会以艺术创作和个人表达自由为堡垒，当面对业界或学界批评时则可能强调纪实影像原真性的天赋价值。作为纪实影像的实践者，取用话语策略不存在是非之分，但如果去对纪实影像历史与当下进行理论反思时，对话语策略需要有所警醒，而不是以同样的方式重复其话语权力。一位纪录片导演可以笃定地说自己的纪录片不是拍给别人看的，以此拒斥任何负面评论反馈，但一位纪实影像研究者需要清楚，视听媒介表征之所以会经历本研究所初步概括的"奇观""节日""反思""建构"与当下"日常"的秩序变迁，从跻身社会意义整合，一直到主导感知，就是因为其源于人与媒介产生关系的本质——认识世界、把控世界，存在于世界。"艺术"话语将人从媒介与现实世界孤立出来，或许一定程度上可以保证纪实影像研究的广度，但可能会大大限制纪实影像研究的深度，停留在作品追认与评判的层面上。

（二）观念与行动：纪实影像是通过媒介达成的"知行合一"

纵观纪录电影史，之所以一直到本书都还必须将关注点集中到那些关键人物身上，一是他们典型地体现了特定的时空制约，二是他们各自的立场与方式既对比鲜明，又总是有沿袭与共享的观念，这既是叙事上的魅力，也是历史研究需要聚焦的地方：为什么相同或不同？是什么因素在推动这些对立与共享？

比如通过回顾各个历史阶段的关键人物，可以发现所谓"英雄"总是成对出现；或者说表面上大异其趣的纪实影像实践风格，实际上是面对同时代的宏观媒介技术前提以及各不相同的媒介表征积累基础，所做出的不同策略性努力，但都领受着特定媒介前提的逻辑。同样是电影技术的初创与影像的原始积累，卢米埃尔兄弟和爱迪生各有侧重；同样是着力赋予"奇观"以意义，弗拉哈迪和维尔托夫在各自不同的社会环境下向两个方向加深；面对世界性的乱局，英美德各方力量在相似的表征手段基础上，以自己各自的不同需要对纪实影像加以组织；"直接电影"与"真实电影"流派更是明显地用技术的交流往来进行着纪实话语的对话合作。

这些"同题异解"，"同"的是特定时代媒介技术与事业发展提供的表征前提——既是之前所有媒介表征实践积累所能达到的在社会上的位置，又因现代技术的突破而蕴含着转向的潜力；"异"的，则是人类在媒介的促进与框限下，对各自境况的应对，以及努力拓宽自己的行动范畴所做出的努力。关键人物之所以关键，绝不是因

第七章 结论

为他们的天才创新博得肉眼凡胎的崇拜，而是因为他们浓缩了人类既服从于媒介现实条件又努力实现着对现实世界的更多讲述的那些纪实影像实践，典型地体现了人们在不同时空制约下因为与媒介发生关系而激发的"练达"，它也正是人文与社会科学孜孜以求、想方设法要还原出来的人之普遍性——人如何以某种不可化约的特质，普遍地存在于这个世界上。无论是"个体复制""组织复制""机构复制"还是"社会复制"，它们在各自的媒介前提下都发展出了行之有效、能够以视听手段赋予意义与达成交流的表征秩序。从媒介变迁的角度切入纪实影像史的经典叙述的话，从第二章到第六章都可以发现这个媒介与人的互动关系（见图7.1）。而且，正如纪实影像实践体现出的沿袭与共享所表明的，每一个新表征秩序被体验和展开，都不是对之前秩序的替代，反而是以其为基础的；它只是因媒介技术发展与表征力量积累而体现出的主要特征趋势。

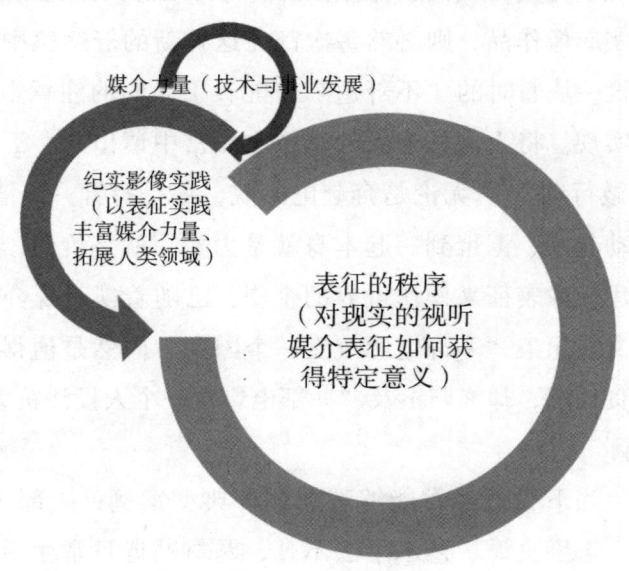

图 7.1 "表征的秩序"：媒介变迁与纪实影像实践关系所呈现出的不同特征

表征的秩序:重写纪实影像史

　　以"新纪录电影"为典型的近年来纪实影像新实践之"展演"（performative）性质，就已经展露出，纪实影像的"知—行"如何可以拓展影像泛滥现状下的更多可能性。在信息传播技术的遍在下，我们或许实际上已经在日常生活中内化了影像手段而不自知：它既可以像以前这样作为一个象征世界，一个"虚拟苍穹"，对它我们需要仰头观望；其实也已经成为我们看世界的方式本身，我们不用看它，因为它不在"那里"，而在我们"这里"。比如说有了手机等移动视听通信设备的广泛普及，纪实影像逐渐从一个需要时间、精力与相当经济成本来训练的媒介技能与素养，普及成了可以更加随意对待的日常能力；这不仅仅是在制作方面"人人皆可拍"，更重要的是在态度氛围里——我们现在对影像手段更有余裕地拥有轻松自在的舒适感，甚至超越了言语、语言与文字。

　　而传统上充当为我们解释社会价值与行动意义角色的文化产品，尤其是纪实影像作品，则必然每次都在这种新的舒适感中强加一些差异、创设一块暂时的"不舒适"才能吸引人们的注意力，力求将自己加以实现。将人们从个人的影像水晶宫中请出来，汇聚成各种形式的"微行动"①，无论是奔赴电影院，还是打开一个直播页面，能让人们动起来、汇聚到一起本身就是力量，就是价值；停留在象征领域、用影像表征来操作世界的企望，已随着视听媒介的遍在而冲淡了意义。想象"一部电影改变一个国家"固然是值得尊敬的行业理想与责任感，却终归不及"一部电影让一个人投注精力"重要、紧迫与实际。

　　比如，当下我们经常能够看到这种典型案例：一部纪录电影，制作精良、态度真诚、艺术手法不凡、题材贴近日常生活、蕴含的价值观念深刻而良善，然而"叫好不叫座"；这听起来和百余年来对

---

① 布艾希:《科技智人：从今天到未来的哲学》，刘成富等译，中国社会科学出版社2019年版，第265页。

第七章 结论

于"严肃"内容被大众文化工业排挤的埋怨没什么两样,很多人也将其归咎于晚期现代大众文化的"娱乐至死",或者那些自矜于作者主体性的纪录片人"曲高和寡"。然而还有一个重要的因素没有被我们考虑进来:纪录片与纪实影像,从一开始就没有和"严肃"或"艺术"话语画等号,而"严肃"或"艺术"话语也从一开始就没有和"无法交流"画等号。对于一部影像产品来说,在当代之悲哀莫不如说是甚至都没有机会进入"严肃"或"艺术"的话语场域争夺之中,因为渴求着我们的目光投注的东西未免也太多了。

与其绝望地抓着纪实影像在象征世界的地位不放,不如以纪实影像的方式达成可靠的行动与情感。影像"读写能力"将不再是对影像的表征力量的服从,而是"知行合一";就像法语里的一个微妙的复合词"savoir-faire"——"知晓、明了"与"行事、做事"连接在一起,通常译为"处世能力"或"应付裕如",我认为也可译为"练达"——其实电影也是一样,"人情练达即文章",这在纪实影像的实践中最为直接和直观。

我们不必指望纪实电影概念本身承担的象征意义——传达特定信息与价值给人们,虽然这个指望仍然在策略性层面上有效;事实上,我们是以每一个行为为影像赋值,就好比通常说的"用脚投票"——并非新一轮的"票房霸权"、"收视率霸权"或"点击率霸权",而是有余裕的我们绝不只能选择排片爆满的娱乐大片、占据黄金时段的高价大剧或不断推送到首页的视频,我们是可以选择不去影院、关掉电视、停下刷视频的手的。

同样,对于当代的纪录片人来说,纪实影像终于来到真正的自来水笔时代,人人提笔挥就,我们终于能够以影像方式真正地双向交流而非单向传播与反馈。作为文化产品与艺术作品保留在象征世界的纪实影像已经被经典化,它们仍将据有一席之地,吸纳权力与价值;而个体的纪实影像之"练达",则是积蓄与养育着自我,以让这些权力与价值有潜力实现。无论是作为影片、素材,还是作为记录存储与传播设备，纪实影像可以和我们一起真实地与现实世界发生着关系，并有可能将这些关系直接用于交流。可能有的创作者会产生某种被剥夺感，自身的创作主体性、专业性与权威性时刻被检验、被挑战，但这也正是交流之一种，逃避、压制或甚至自足于作品文本的圆熟，都可能只会更加"无人问津"。

本书开始时回顾的贝克"风险"角度与鲍曼"流动"角度对现代性及其转向的解读，其实最终的展望也来到了这一点：贝克在最后一章谈"破除政治的边界"，就是在体认"规划和自我意识"在政治系统（象征领域的操作与服从）扩张到一定程度而丧失功能时的浮现；只是贝克更强调社会层面，于是在探讨司法、媒介领域的"亚政治"可能性时，还是在援引哈贝马斯的"公共领域"推测市民团体和新社会运动的可能，尽管是分阶段、分化的公共领域；而对于相对公共领域的私人领域，贝克也谈及了亚政治的第三个领域："隐私"，因此从私人到公共便具有了一个"参与"的行动[1]。但贝克没有谈到或者说还未见到的是，公共领域与私人领域因媒介的变迁而可能从分立、对抗到弥合、同一，人们因惯习于生活图景的媒介化而进退自如，形成的新社会权力如市民社会、新社会运动很可能也不再是一个稳定可供社会学家加以对象化的实体，而其汇聚的过程本身就是其本质。

而鲍曼对现代性以"流动"角度进行的阐释也来到了这一点：在21世纪之交的《流动的现代性》中他延伸了贝克关于"现代性自己改变自己"的观点，认为当前问题是现代性的"熔化能力"的再分配和再定位的问题，对已有的社会模式、规范框架来说，这往往意味着一切都被打破重新铸造；而对社会个体成员来说，我们正"从一个前设的'参照群体'（reference groups）时代走向一个'普

---

[1] 贝克：《风险社会：新的现代性之路》，张文杰、何博闻译，译林出版社2018年版，第248—252页。

遍观照'（universal comparison）的时代"①。2011年他为该书新版撰写序言时承认，十年过去而他还是发现身处"过渡时期"，与当代大多数人一样对现状只是感受而非知晓；"能力（即做事情的能力）已经远离政治（即决定必须做哪些事、先做哪些事的能力）"，于是，能力与政治的再度携手是当下我们想要"重新固定化"的必要条件②。和贝克一样，鲍曼的落点更偏向"政治"一侧，这与我们迫切想要在"风险"或"流动"这样的不稳定性隐喻中突围而寻回安全感的意愿一致；不过正如纪录电影史向我们展现的，正是这种持续的社会整合意愿才使视听媒介对世界图景的大规模与细部描绘不断加深，从而使越来越多的"风险"或"流动"进入我们的生活领域；"能力"正是人与媒介互动的"练达"之道，这个互动并非一个需要接受或拒绝的事务——也就是说虽然不停地"政治"着，但终究无法画等号。

对于纪实影像来说，"纪实"这一与现实世界发生实在关系的表征方式，代表着"能力"与"政治"——做事情的能力与做决定的能力——基本的接合点。一方面，纪实影像产生、创作或生产，一直到操作、观看与传播，都为各种"作"与"不作"所包围着，它的魅力在于无论好坏，它是会有所导致的行动，不管是即时的反映，还是寄望存证以待来日，而非纪实性的影像则是在影像指示性基础上有意排除某些有所导致的行动才获得假定性的；另一方面，纪实影像又因其时刻"有所导致"的潜力而注定被各种决定与价值判断包围，离开这些就无法更有效地使其行动。纪实影像是现代视听媒介表征的基础特征，也是最典型体现；它听上去似乎只是一个媒介类型的微末之学，实际上却是现代人类已无法斩绝的表达与认知方式。如果说纪录电影史的经典叙述看上去更侧重于"政治"的一面，

---

① 鲍曼：《流动的现代性》，欧阳景根译，中国人民大学出版社2017年版，第31—32页。
② 鲍曼：《流动的现代性》，欧阳景根译，中国人民大学出版社2017年版，第4—13页。

那么当来到"重新固定化"如此之难的当下，应当把我们因此得以从"能力"与"政治"的接合点的理念出发审视当代影像，当作一个新的机会——"能力"与"政治"的携手正好还在失效，不如多看看我们的媒介"能力"究竟如何。

事实上，这个机会也正在被逐渐技术化地加以落实，比如对人类"智能"加以表征与分离的探索——人工智能，已经完全开始进入人们的当下与未来视野中。与百余年前分离"观察"与"传播"一样，分离"智能"的同时注定也是在对其减损的前提上进行的，那么留给影像的问题，也正是百余年前留给文字传播与人文科学的问题：究竟什么是人性中无法减损又无法分离出来的东西？而它又是如何与影像共生的？通过纪实影像以各种面貌与成果所展现的实践方式，而不囿于其一脉相承的对象化历史建构，我们才可以略窥一二，进而真正在这个"风险"与"流动"的社会中练达地共同生活。

二 通过纪录电影史理解媒介

当本书行至第五章，也就是到达我们当下境况的时候，开头提到的研究问题——作为一种由现实驱动的媒介表征形式，纪实影像对于现实世界的意义是如何在媒介技术手段变迁之下发生改变的——好像已经有一个呼之欲出而又无聊至极的答案：由于我们已经拥有了非常发达而富足的影像储备与影像生产手段，经典纪录电影史所书写与追求的重要意义已经不复存在，影像之纪实与虚构的差别已不再重要，反正怎么看取决于每个个体；我们因富足而不再需要只有在稀缺时才会作的省俭，某种程度上我们可以肆意挥霍带宽、监视密度甚至另类诠释，不因为别的，只因为我们可以。由此而论，纪录片这一贯穿20世纪的范畴，这一令一代代影人与观众另眼相看的、代表人类"天真之眼"所能够带来的神奇进步力量的高贵艺术形式概念，到如今已没什么太大要紧，它可以坍缩为那些被甩在冷门排片时段、被特定人群时不时追捧一下以凸显某种小众声音的纪录电影产品，也可以泛滥成随便什么人十分刻意或十分无意地上传网络的 Vlog；因此纪录电影史似乎也应该被扔进故纸堆了。

但是，站在媒介视角对主流纪录电影史漫长历程的回顾与重述，除了为纪录电影史提供了新的解释可能外，也发现纪录电影史背后蕴含的对现代媒介变迁历程的典型体现。本书通过视听影像表征的秩序概括，初步将这个可能性呈现了出来：纪录电影史仅仅局限于电影艺术史分支或类型电影研究的领域，或者成为泛政治化、泛艺术化的话语策略的资源，都是一种浪费；我们可以从纪录电影史相关的纪实影像实践中洞察很多关于现代媒介变迁的关键逻辑与特定境况。

（一）工具化对象的意义消解

纪实影像意义自我消解的后果，不是别的，正是由之前种种尽可能将纪实影像的储备与手段铺陈开来的努力挣扎，一力促成的。就像近年来关于信息技术与人工智能工程发展的种种写作所体现出的，人们普遍感到的那种站在十字路口的时代情绪同样在对纪录片这样的纪实影像经典概念上出现："人类掌握了巨大的知识库，却仍然没有学会如何思考。事实上，世界本应当被照亮，却变得愈发黑暗。……基要主义盛行于世，充斥着简约化的叙事、阴谋理论和后事实主义政治"[1]——我们掌握着巨大的影像库，甚至还掌握着看似无所不达的传播渠道，然而这似乎越来越只是意味着有更多无法判断的力量交织在所谓"天真"的观察与传播之中。这并非悲观，更多的纪录片人与自发的纪实影像制作者正在为寻找新方法、新答案而挣扎并兴奋着，就像我们在叙述各个领域的历史转折点时所期待的那样，觉得自己站在纪实影像历史的转折点，或者借用布莱德尔

---

[1] 布莱德尔：《新黑暗时代》，宋平、梁余音译，广东人民出版社2019年版，第10—11页。

的标题"新黑暗时代"——前方是令人兴奋的一片黑暗，它是对所有人平等的风险与机遇并存。于是对那些昭然若揭的"投机分子"们必须立即进行道德围攻，比如那些声称纪实性拍摄手段以牟利甚至骗取信任的自媒体创作者；对那些暂时无伤大雅的越轨行为又必须小心保护，比如动画纪录片、纪录剧等形式的反复争论，以"留足后路"，为其能够实现的可能性保有合理化的余地。归根结底，反正借助强大的现代视听媒介，足够我们想象自己的视听触及何种程度，于是我们愿意触及什么程度才更重要。

所以说，我们认定的所谓对象化"知识"——被我们赋予工具性重要意义的媒介表征，包括作为对现实世界客观真实反映的纪实影像——假如真如认定的那样具有无可争议的意义，以至于对于其量的积累并没有带来所期望的福祉这一点令人郁闷，那么这些"知识"的意义可能已经发生了改变：这种改变一方面与我们如何对其加以使用有关——不同政治与经济力量的控制与建构，以及相对地，彰显人类创造力与能动性的文化实践——然而仅仅归咎于我们自己，说这么丰富的影像财富我们却没有使用好，那我们之中一定有人犯了严重的错误，这种伦理化认定又会设置出许多虚构的对立，然后引入更多表征来增厚这些对立；另一方面，这些"知识"储备的增加与加速流通本身，也日益成为我们的存在条件，而不再能仅仅停留在被我们用于特定目的的客体地位。就影像而言，某种程度上我们的认知与思考方式是与现代视听媒介同步缓慢"进化"着的，视听媒介对现实的表征与其说是我们的物料资源，不如说已经是我们的存在方式的一部分，就好像离开语言文字我们就很难实现人与人之间的基本交流一样，如今离开影像我们也很难想象已然为我们所惯熟的现代社会建制与现代文化的普遍联系。在这个层面上，如果从文本或主体中心的角度分析什么样的纪实影像才是"正统""有价值"，或者预测其应该沿着怎样的形式风格方向发展，更多的则是在做启发式的操作实践，而非经验式的论证推理——无论得出什么结论，都不再有是非之分，只有"作"与"不作"。

这个答案其实并不新，只不过以往很少有论述肯"屈尊"到媒介领域，即使是来到信息传播技术几乎席卷一切的当代，媒介也更多地被作为人类的工具化对象来讨论，要让我们承认被自己的造物如此全面地改造成了一代代新人类，不仅是一件令人沮丧的事情，更是绝对不能放弃抵抗的；更别提"屈尊"到纪实影像这样一个如此具体地被赋予期望的范畴了，仿佛这既有些小题大做，又尤其不能为媒介的社会责任理念所容。

不过关于晚期现代或者说"后现代"体现在影像领域的表达形式与风格、接受渠道与体验方式的显著"断裂"，很多论述都已经深刻触及，其中对于纪实影像以及现实主义影像的讨论是至关重要的，因为隐含在纪实影像背后的分析重点，与其说是视听艺术创造力，更多的不如说是人类与现代视听媒介的典型关系。这里仅简要举两位学者的研究为例，一窥纪录电影史被忽视的媒介研究潜力。

（二）现代媒介表征秩序的起点：重新认识纪实影像及其历史

德勒兹在20世纪60年代前后以法国新浪潮与意大利新现实主义电影为典型体现，点出了电影从作为"运动—影像"到作为"时间—影像"的危机与转机：无论是角色、观众还是导演都"在一系列无意义的却服从简单的感知—运动模式的动作中"等待"纯视听情境"的显现，主观和客观之间的区分则逐渐失去重要性，"这不是因为人们混淆了它们，而是因为人们不应知道这些，甚至也没有必要去弄清它们，就像真实与想象围绕着一个不可区分点相互连接、相互反射一样"[1]；与电影的"运动—影像"状态以影像对时间的规范分割提供了对现实世界的间接表现相比，电影在来到"时间—影像"的阶段时则获得了表现时间先在性的可能，从而得以实现影像

---

[1] 德勒兹：《时间—影像》，谢强、蔡若明、马月译，湖南美术出版社2004年版，第2、11页。

对于我们来说的直接显现；电影正在尽其所能去接近影像中的过去与影像正在进行的现在，"这正是真实电影或直接电影的目标：不追求某个独立于影像而存在的真实，而是追求与影像并存的，与影像不可分开的那个以前和以后"[1]。以影像探寻真实的努力要从纪实影像的形式风格拓展开始，就如"运动—影像"到"时间—影像"的转向与真实电影的目标契合那样，虽然这一转向的原因可以有政治、经济、伦理等很多诠释方式，"外部世界和人们头脑中影像的增加和膨胀"也被德勒兹列举了出来，但并没有在影像媒介发展的角度对其加以展开，而只是被列举为相对于电影艺术领域之内的外部因素。事实上，我认为这恰恰是内在于电影这一技术媒介艺术的重要因素，正是这一因素使"电影的灵魂要求越来越多的思想，哪怕思想开始拆解一直滋养电影的动作、感觉和情感的体系"[2]。

　　德勒兹以电影入手体察后现代转向，不过《电影》两卷本的论述更倾向于电影文本分析，从而更容易被减缩成一种似乎是对特定艺术实践的意义价值高低判定———一些人的作品成为这个转向的经典之作，某种程度上是因为这些弄潮儿"敏锐"的艺术创造力。像维利里奥则更接近人与媒介的关系分析，关注媒介图像的逻辑变迁：通过被他称为"知觉的后勤学"的分析进路，从望远镜到摄像机，人类在设法看到自己能力之外的内容方面的技术发展，在各种光学仪器和光线的照亮下，以加速趋势奔向自身目光的凝滞与丧失，在他看来，这是"制度的逻辑性归宿，这个制度若干世纪以来将首要作用指定给了视听通信技术的敏捷，这是一个强化信息的制度"[3]。他的"知觉的后勤学"分析，同样从纪实影像与纪录电影史入手，从弗拉哈迪与格里尔逊通过建立公共视觉影像集的"参与未来的强

---

[1] 德勒兹：《时间—影像》，谢强、蔡若明、马月译，湖南美术出版社2004年版，第59页。

[2] 德勒兹：《运动—影像》，谢强、马月译，湖南美术出版社2016年版，第323页。

[3] 维利里奥：《视觉机器》，张新木、魏舒译，南京大学出版社2014年版，第31页。

大意志",到二战时期福特等战时纪录电影与希特勒纳粹政权的宣传纪录电影等将纪实图像作为军事与治安技术,从而使公共图像的工具化迅速加深①;然后就来到20世纪60年代,"如今倒是电影在需要证人"②——仍然是巴赞、让·雷诺阿、罗西里尼、怀斯曼等电影的现实主义声明及其背后飞速更新迭代的视听技术前提,为维利里奥设想"视觉机器"的形成提供历史梳理的线索。他设想的"视觉机器""不仅能够识别形状的轮廓,还能够全面解释视觉场域,解释场面调度……不用目光就能获得一种视觉的可能",进而可能引向"一个综合知觉的真正市场的建立"③;而今这种对于虚拟现实与"人工智能"的设想已经被逐渐落实为现实存在的技术了。继分离"观察"与分离"传播"的视听技术配置达到一定程度后,我们有了较为充分的条件得以想象进一步分离出人类的"智能",因为我们意识到我们"生理取景那过浅的时间深度",而能够意识到这一点正是拜现代视听技术带来的如许多的现实表征所赐。

维利里奥的口吻仍然带有20世纪末的恐惧感:对于人类历史上不同的表征技术发展阶段,他将绘画、雕刻和建筑的时代称为"形式逻辑的时代",将摄影、电影的时代称为"辩证逻辑的时代",而将视频通信、全息摄影和计算机制图即将开启的时代称为"反常逻辑的时代"——"到了20世纪之末,现代性的终结本身就由公共再现的逻辑终结来标示"④。对于逻辑的"正常"与"反常"之感,是从20世纪下半叶开始一个持续数十年最终为人们所落实到信息传播技术的发展上的普遍感受,但并不等同于这种"反常"之感是由这些技术导致的。倒不如说,这些技术是我们设法与多到难以处理的媒介表征继续共处下去而作出的不懈努力,而我们的努力本身,就

---

① 维利里奥:《战争与电影:知觉的后勤学》,孟晖译,南京大学出版社2011年版。
② 维利里奥:《视觉机器》,张新木、魏舒译,南京大学出版社2014年版,第104页。
③ 维利里奥:《视觉机器》,张新木、魏舒译,南京大学出版社2014年版,第117—118页。
④ 维利里奥:《视觉机器》,张新木、魏舒译,南京大学出版社2014年版,第124页。

如纪录电影史上这些经常被援引的案例那样，继续创造着悖论式的媒介表征扩张，不断将这个共处的状况加剧。

在现代视听媒介的发展历程中，纪录电影、纪实影像的历史仅仅作为艺术家受特定政治、经济、文化或技术环境制约而做出的回应是不够的，它能够带来更多启发。至少本书从媒介发展角度对经典纪录电影史进行的重述，就可以看出，类似维利里奥所述的相对于"正常"的"反常"逻辑，或许是真实的时代感受，却不是真实的经验事实。逻辑一直没有变过，本书每提出一个新的表征秩序，都只是新的境况下浮现的主要特征，不但绝不意味着与之前的秩序"一刀两断"，反而是在之前秩序的持续铺陈下才得以出现并显著的。它以不同的面貌出现在不同的历史时期，是因为不同历史时期的基础与境况，都在逻辑的延续性之下不断发展。与其期待或预测新逻辑，不如具体地应付一直以来的逻辑，至少它在纪实影像的领域曾经努力争取到了成效：在20世纪之初卢米埃尔和爱迪生各自带领的摄像师们让世界开始再也无法无视远方的他者；20世纪二三十年代维尔托夫、弗拉哈迪等则将现代媒介的组织化可能性逐渐付诸影像实践，之后又有格里尔逊、劳伦兹等将其具体落实，它们即使没有即时在社会改革进步上引发确定的效用，至少在二战时其立即服务于特定需要的能力立刻就显著了起来；这种即时效用的巨大可能性为世人所发现，使战后重新释放出细致描绘世界的欲望的纪录片人们如德鲁小组、让·鲁什等不懈开发着整套崭新的视听技术，无论是硬件上的设备改进，还是软件上的理论武装；只是现代媒介技术分离化与组织化之高效，轻易地超出了人类的认知速度，我们开始在自己贪婪的"自动目光"下目不暇接，而这再次改变着纪实影像的显在与潜在的形态。

每一个被观察到的表征领域范式转向，都伴随着媒介形态变迁；而媒介变迁并非技术自为，而是人的社会性行动共同作用和参与的。具体到现代媒介，每一个历史阶段的转向，第一个反应出来的就是纪实影像实践的变化，现代媒介的技术、事业等层面由此伸展拳脚、积蓄力量。说纪实影像是现代媒介表征秩序的起点，并不算夸张，它是人与媒介共同进化、相互生成的典型表现。

第二节 研究局限与展望

本书在构思之初，曾预计在历史研究之外，单留出一章以参与式观察方法深入当代纪实影像实践，包括跟随摄制团队的纪录电影创作过程、纪录片节展与创投活动、纪实影像的网络传播互动、观看者与舆论场的反馈等。但不久因世界范围内公共卫生风险的突然加剧，关于当代实践的部分只能仍然以文献研究的方式呈现，不得不说是重大的遗憾。

事实上，我从一开始便对这部分关于纪实影像的田野调研寄望颇高，也具备一定进入田野的资源。正如前文所说，纪实影像这种我们与媒介"知行合一"的典型方式，正呼唤着对当下实践的深入体察与重视，这不仅将大大丰富媒介研究，还将会为我们如何在这个所谓的"新黑暗时代"拨云见日、达成共同福祉提供洞见与激励。

当然，即使是在世界"停摆"的日子里，我们还是看到纪实影像首当其冲地体认着提供洞见与激励的任务。与瑟缩于书斋的我相反，各种不同背景、不同资源、不同规模的纪录片制作团队或个人都特地奔赴新冠肺炎疫情最危险的地方，一如整整百年前不畏严寒不顾安危地拍摄因纽特人的弗拉哈迪。不过，弗拉哈迪的影像还能够将纳努克的笑脸变成风靡全美的"吉祥物"，当今纪录片人的心血与汗水之作却很有可能不及一段武汉全市鸣笛致哀的直播视频传播得广。纪录片人在当下视听媒介环境下如何"练达做文章"，以及越来越丰富的影像表达手段如何影响着人们的认知感受，这些希望能够在今后可能的研究中加以探究。

附录　主要参考影片

本附录罗列了在研究进行中观看并对本书相关分析论述较有帮助的核心性纪录影片。但本书的研究对象包括但不限于此，研究进行中观看的大量其他纪录影片，甚至包括其他视听影像形式的作品，也对本书写作的思考与理论形成过程有所影响；考虑到这些其他作品在对经典纪录电影史进行对话与重述这一目的中参考价值略低，故不再列出。为确保准确、避免不同译法造成的混淆，本片单尽量使用影片导演及片名的原名，按照"导演姓氏 名首字母缩写. 影片年份. 片名"的顺序标示；按导演姓氏字母顺序排列。

Almond, P., 1964. 7 UP.

Apted, M., 1970. 7 Plus Seven.

Apted, M., 2005. 49 UP.

Asch, T., Chagnon N. 1975. The Ax Fight.

Buñuel, L., 1932. Las Hurdes.

Capra, F., 1941—1945. Why We Fight.

Castaing-Taylor, L., Paravel. 2012. Leviathan.

Cavalcanti, A., 1926. Rien que les Heures.

De Antonio, E., 1969. In the Year of the Pig.

Flaherty, R., 1922. Nanook of the North.

附录 主要参考影片

Flaherty, R., 1927. Moana: A Romance of South Sea.

Flaherty, R., 1934. Man of Aran.

Flaherty, R., 1948. Louisiana Story.

Folman, A., 2008. באשיר עם ואלס (Waltz with Bashir).

Ford, J., 1942. The Battle of Midway.

Franju, G., 1949. Le Sang des Bêtes.

Gardner, R., 1963. Dead Bird.

Gardner, R., 1985. Forest of Bliss.

Geyrhalter, N., 2005. Unser täglich Brot (Our Daily Bread).

Grierson, J., 1929. Drifters.

Hara, K., 1974. Extremely Personal Eros: Love Song.

Hegedus, C., Pennebaker, D. A., 1993. The War Room.

Herzog, W., 1971. Land des Schweigens und der Dunkelheit.

Herzog, W., 1992. Lessons of Darkness.

Herzog, W., 2004. The White Diamond.

Herzog, W., 2005. Grizzye Man.

Huston, J., 1943. Report from the Aleutians.

Ivens, J., Loridan, M., 1976. Comment Yukong déplaça les montagnes.

Ivens, J., 1928. The Bridge.

Ivens, J., 1929. Rain.

Ivens, J., 1937. The Spanish Earth.

Ivens, J., 1988. L'histoire du Vent.

Jacquet, L., 2005. La Marche de l'Empereur.

James, S., Marx, F, Gilbert, P., 1994. Hoop Dreams.

Jarecki, A., 2003. Capturing the Friedmans.

Jennings, H., 1941. Listen to Britain.

Kopple, B., 1997. Harlan County, U.S.A.

Lanzman, C., 1985. Shoah.

Livingston, J., 1990. Paris is Burning.

Lorentz, P., 1936. The Plow That Broke the Plains.

Lorentz, P., 1937. The River.

Lumière, L., 1895. La Sortie d'Usine Lumière à Léon.

Lunière, A., Lumière, L., 1895. L'Arrivée d'un Train à la Ciotat.

Macdonald, K., Andreadis, N., Michael, J., 2011. Life in a Day.

Marker, C., L'Homme, P., 1963. Le Joli Mai.

Marker, C., 1982. Sans Soleil.

Marsh, J., 2008. Man on Wire.

Marshall, J., 1980. N! ai: The Story of a ! Kung Woman.

Maysles, A., Maysles, D., Zwerin, C. 1969. Salesman.

Maysles, D., Maysles, A., Zwerin, C. 1970. Gimme Shelter.

Maysles, D., Maysles, A. 1975. Grey Garden.

McElwee, R., 1985. Sherman's March.

Mead, M., Bateson, G. 1952. Trance and Dance in Bali.

Moore, M., 1989. Roger and Me.

Moore, M., 2002. Bowling for Columbine.

Moore, M., 2004. Fahrenheit 9/11.

Moore, M., 2009. Capitalism: A Love Story.

Morris, E., 1987. The Thin Blue Line.

Morris, E., 1997. Fast, Cheap and out of Control.

Morris, E., 2003. The Fog of War: Eleven Lessons from the Life of Robert Mcnamara.

Nuridsany, C., Pérennou, M., 1996. Microcosmos: Le peuple de l'herbe.

Oppenheimer, J., 2012. The Act of Killing.

Østergaard, A., 2008. Burma VJ: Reporter i et lukket land.

附录　主要参考影片

Pannebaker, D. A., 1967. Don't Look Back.

Pennebaker, D. A., Leacock, R., Macartney-Filgate, T., Maysles, A., 1960. Primary.

Philibert, N., 2002. Etre et Avoir.

Reggio, G., 1982. Koyaanisqatsi.

Reggio, G., 1983. Koyaanisqatsi.

Resnais, A., 1955. Nuit et Brouillard.

Riefenstahl, L., 1935. Triumph des Willens (Triumph of the Will).

Riefenstahl, L., 1938. Olympia 1. Teil-Fest der Völker.

Riefenstahl, L., 1938. Olympia 2. Teil-Fest der Schönheit.

Robin, M-M., 2008. Le monde selon Monsanto.

Romm, M., 1965. Обыкновенный фашизм (Ordinary Fascism).

Rouch, J., Morin, E., 1960. Chronique d'un été.

Rouch, J., 1955. Les Maître Fous.

Rouch, J., 1961. La pyramide humaine.

Rouch, J., 1965. La Chasse au lion à l'arc.

Rouch, J., 1967. Jaguar.

Ruttmann, W., 1927. Berlin: Symphony of a Great City.

Spurlock, M., 2004. Super Size Me.

Trinh, T., Minh-ha. 1989. Surname Viet Given Name Nam.

Turin, V. A., 1929. Турксиб (Turksib).

Varda, A., 2017. Visages villages.

Varda, A., 2000. Les Glaneurs et la Glaneuse.

Vertov, D., 1924. Кино-глаз (Kino Glaz).

Vertov, D., 1926. Шестая часть мира (One-Sixth of the World).

Vertov, D., 1929. Человек с Киноаппаратом (The Man with a Movie Camera).

Vertov, D., 1934. Три песни о Ленине (Three Songs of Lenin).

Vigo, J., 1930. A Propos de Nice.

Watt, H., Wright, B., 1936. Night Mail.

Wenders, W., Salgado, J. R., 2014. Le sel de la Terre.

Wenders, W., 1985. Tokyo-Ga.

Wenders, W., 1999. Buena Vista Social Club.

Wiseman, F., 1967. Titicut Follies.

Wiseman, F., 1968. High School.

Wiseman, F., 1976. Meat.

Wiseman, F., 2017. Ex Libris：New York Public Library.

Wright, B., 1934. Song of Ceylon.

范立欣. 2009. 归途列车.

刘冰. 2018. Minding the Gap.

邱炯炯. 2010. 姑奶奶.

徐童. 2009. 算命.

张以庆. 2004. 幼儿园.

致　谢

　　我对纪实影像萌生兴趣，是本科时在清华大学影视传播研究中心组织的"清影放映"活动中，观看了当时还是"大师兄"的梁君健老师的纪录片作品《戏末》；硕士研究生阶段正式成为影传的一员，并负责"清影放映"的策划与组织工作，开始致力于研究纪实影像理论与实践，至今已有整整十年。十年来我无一日不在感激自己何其有幸得见如此多元、激荡的纪录片佳作，何其荣幸能与如此多的纪录片人与纪实影像研究者交流，又何其愉悦欣羡地目送着一届又一届师弟师妹自己扛起从索尼盘带摄像机到4k单反各种设备踏遍祖国大地、奔赴全世界。作为一个"辅助"性质的放映员与研究生，十年来我在这个纪录片学术与创作圈子里结识了众多慷慨悲歌之士，也难免遇到沽名钓誉之徒，但围绕着纪实影像迸发着热情、勇气、愤怒与纠结的人们都十分鲜活而富有力量。在此首先以此书向纪录片人，尤其是当代中国的纪录者们致以敬意与谢意。

　　本书是我成为博士四年来，乃至成为硕士开始的十年来与我的导师、清华大学影视传播研究中心主任雷建军教授无数次讨论、争辩并共同观察的基础上才能够完成的，而我仍然没能将导师与我慷慨分享的思想火花充分地加以呈现，对此我十分愧疚。

　　师恩之深，师情之切，无论我如何落笔也难以描摹万一。同样感谢清华大学影视传播研究中心尹鸿教授、张小琴教授、司若教授、曹书乐副教授、梁君健副教授,他们或睿智犀利或热忱温暖或循循善诱或勇于担当,使影传大家庭永远被人性最平凡但崇高的良善与温度包围着。

  最后但最重要的,感谢我的父母。博士这四年,同龄人养家糊口、生儿育女,享尽人间洪福,而我却还在父母膝下纠缠,眼见他们日益衰老,面临家中种种变故,却依然神采奕奕地迎接每一天。他们在这几年里从老家搬来北京,成为我的生活与精神支撑,伴我度过了最艰难的时刻。选一部好纪录片陪他们看,余光瞟到他们那永远充满好奇与善意的眼神注视着屏幕,是我最幸福的日常之一。愿他们永远健康、平安。